海外中国
研究丛书

刘 东 主编

[美] 王国斌 罗森塔尔 著

周 琳 译
王国斌 张 萌 审校

BEFORE AND BEYOND DIVERGENCE

The Politics of Economic Change in China and Europe

大分流之外

中国和欧洲经济变迁的政治

江苏人民出版社

图书在版编目(CIP)数据

大分流之外:中国和欧洲经济变迁的政治/
(美)王国斌,罗森塔尔著;周琳译. --南京:江苏
人民出版社,2018.10(2022.11 重印)
(海外中国研究丛书/刘东主编)
书名原文:Before and Beyond Divergence:The
Politics of Economic Change in China and Europe
ISBN 978 - 7 - 214 - 22232 - 9

Ⅰ.①大… Ⅱ.①王…②周… Ⅲ.①经济制度-经
济史-比较历史学-研究-中国、欧洲-英文②政治制度
史-对比研究-中国、欧洲-英文 Ⅳ.①F129②F150.9
③D69④D750.9

中国版本图书馆 CIP 数据核字(2018)第 151446 号

江苏省版权局著作权合同登记:图字 10 - 2013 - 529

书   名 大分流之外:中国和欧洲经济变迁的政治
著   者 [美]王国斌 罗森塔尔
译   者 周 琳
责 任 编 辑 洪 扬
责 任 校 对 康海源
装 帧 设 计 陈 婕
责 任 监 制 王 娟
出 版 发 行 江苏人民出版社
地   址 南京市湖南路 1 号 A 楼,邮编:210009
照   排 江苏凤凰制版有限公司
印   刷 江苏凤凰通达印刷有限公司
开   本 652 毫米×960 毫米 1/16
印   张 19.25 插页 4
字   数 243 千字
版   次 2019 年 3 月第 2 版
印   次 2022 年 11 月第 3 次印刷
标 准 书 号 ISBN 978 - 7 - 214 - 22232 - 9
定   价 65.00 元

(江苏人民出版社图书凡印装错误可向承印厂调换)

序"海外中国研究丛书"

　　中国曾经遗忘过世界,但世界却并未因此而遗忘中国。令人嗟讶的是,20世纪60年代以后,就在中国越来越闭锁的同时,世界各国的中国研究却得到了越来越富于成果的发展。而到了中国门户重开的今天,这种发展就把国内学界逼到了如此的窘境:我们不仅必须放眼海外去认识世界,还必须放眼海外来重新认识中国;不仅必须向国内读者迻译海外的西学,还必须向他们系统地介绍海外的中学。

　　这个系列不可避免地会加深我们150年以来一直怀有的危机感和失落感,因为单是它的学术水准也足以提醒我们,中国文明在现时代所面对的绝不再是某个粗蛮不文的、很快就将被自己同化的、马背上的战胜者,而是一个高度发展了的、必将对自己的根本价值取向大大触动的文明。可正因为这样,借别人的眼光去获得自知之明,又正是摆在我们面前的紧迫历史使命,因为只要不跳出自家的文化圈子去透过强烈的反差反观自身,中华文明就找不到进入其现代形态的入口。

　　当然,既是本着这样的目的,我们就不能只从各家学说中筛选那些我们可以或者乐于接受的东西,否则我们的"筛子"本身就可能使读者失去选择、挑剔和批判的广阔天地。我们的译介毕竟还只是初步的尝试,而我们所努力去做的,毕竟也只是和读者一起去反复思索这些奉献给大家的东西。

刘　东

目　录

序

李伯重

  二十年前,一批在美国加州不同大学中讲授中国社会经济史的中年学者先后出版了几本专著,对当时国际经济史坛的主流理论和观点进行了质疑和批判,并提出了新的见解。这些学者后来被称为"加州学派",他们的新见解集中体现在彭慕兰的《大分流:欧洲、中国及现代世界经济的发展》一书中,因此"大分流"理论也就成为"加州学派"提出的新见的代表。这些新见提出后,迅速引起国际学坛的注意,在赞同和反对这些看法的学者之间出现了热烈的争论。这个持续至今的大争论,从开始时主要针对中国和西欧的比较经济史的讨论,演变为题材广泛、涉及全球的跨地区、跨时代、跨学科的国际大论争,在国际学术发展上留下了自己的痕迹。

  2010 年,在关于大分流的论争开展十周年之际,著名经济史学家欧布莱恩(Patrick O'Brien)发表专文 *Ten Years of Debate on the Origins of the Great Divergence between the Economies of Europe and China during the Era of Mercantilism and Industrialization*,对十年的论争进行了一个总结,并对以"大分流"为代表的"加州学派"的观点进行了评价。到今天,又是八年过去了,又是应当进行总结的时候了。那么,在经

历了多年的争论之后,"加州学派"的学者们近来在"大分流"的研究方面有什么进展呢?这是诸多学者都关心的问题。

事实上,自"大分流"理论提出后,"加州学派"学者一直没有停止过新的探讨。对于在争论中受到的质疑与批评,他们都进行了认真的思考,借以改进自己的研究。2015 年 8 月,国际历史科学大会首次在中国举办,澎湃新闻专访了前来参会的彭慕兰。彭慕兰坦承先前研究的局限性,并表示正在完善"大分流"理论,作为自己最新的研究成果。王国斌和罗森塔尔的这本书,就是"加州学派"学者进行的努力所获得的新成果之一。

本书在一些重要方面,对于先前的"大分流"理论进行了反思和修正。例如,如本书书名《大分流之外:中国和欧洲经济变迁的政治》所示,本书在研究对象、范围和内容方面,都大大超出了彭慕兰的《大分流》。《大分流》强调进行比较研究要重视比较的单位,因此把英格兰和中国的长江三角洲作为比较对象;本书也重视比较的单位,但把欧洲和中国作为比较对象,英格兰只作为这个比较的一个特例。其次,《大分流》一书以及先前的"大分流"讨论所涉及的时间范围,都是近代早期(1600—1900),而本书认为中国和欧洲的大分流要早得多,不是公元 1600 年,而是公元 1000 年。

通过对以往"大分流"理论的修正,本书为欧洲和中国不同的经济变迁模式提供了一个新的解释。本书作者指出,欧洲和亚洲在 1000—1500年间的一个重大差别,是欧洲存在众多相互竞争的国家,而亚洲则只存在中国这样一个超级大国,其政治和经济的影响力在本地区都无与伦比。这种状况,对于欧洲和中国的政治和经济的演变都具有巨大的作用。尽管在中国和欧洲的历史上,统一与分裂都曾交替地出现,但是中国始终沿袭着统一帝国的模式,而欧洲却经历了更多的分裂。旷日持久的战争使欧洲陷于贫穷,但这些冲突与竞争却在无意之中催生了资本密集型的生产方式。相反,中国在长期的和平和统一中孕育了一个大规模的市场,并从劳动分工中获益。欧洲直到 1750 年之后,资本密集型的机器生产才显露出一些优势。在此之前,清代朝廷的经济发展理念乃是全世界各个地区的共识,即重农、薄赋、不干预国内贸易。因此,在以往的中西比较史方面,许多传统的观点缺乏充分的历史依据。

本书在方法论上也有创新。本书作者提出了若干可以被检验的命题或观点,以便后来的研究者对此进行证实、证伪或质疑。他们对以往解释"欧洲为什么成功,中国为什么失败"的传统观点进行了回顾和分析,否定了一些观点,肯定了另一些观点,将其置于一个更大的解释框架之内,与价格理论、政治经济理论配合使用,以进行深入的分析。因此,与传统的研究相比,本书的研究方法能够更加透彻地讨论"欧洲为什么成功,中国为什么失败"的问题,并得出更具说服力的结论。这充分表明:经济学理论与对中国和欧洲历史的专业知识相结合,能够产生更好的经济史研究。

此外,本书在研究力量的组织上也别具一格。先前"加州学派"学者之间,虽然也相互通气,彼此交流,但进行研究时基本上是"单兵作战"。本书的两位作者分别是中国史研究和欧洲史研究的专家,同时又都受过良好的经济学和历史学的训练,所以他们能够从不同的角度和不同的眼光,以共同的视野和问题意识来进行研究,识别具有可比性的历史过程,并进行细致严谨的比较。这一点,受到所有书评者的高度赞扬。在今天,进行历史研究已经不能只靠个人的努力了,特别是进行像本书这样的全球史研究,只靠一个学者的努力是很难胜任的。在如何合作进行研究方面,本书给我们做出了一个很好的示范。

本书的这些新贡献,受到了社会经济史学界重量级学者如德·弗里斯(Jan de Vries)、濮德培(Peter Perdue)、李中清(James Lee)、李丹(Daniel Little)等人的肯定。德·弗里斯是专治近代早期欧洲经济史的学者,对先前的"大分流"理论持有不同看法;濮德培和李中清是专治中国经济史的学者,也是"加州学派"的重要人物;李丹则是研究经济哲学的专家。这些不同领域、不同背景的学者对本书的肯定，也表明本书的确是很好地修正了先前"大分流"理论的一些不足之处，使之向前发展了一大步。

那么，本书对先前"大分流"理论的修正，是否"推翻"了"加州学派"的基本认识框架了呢？答案是没有。彭慕兰对"加州学派"的特点做了如下总结：

第一，"不能拒绝比较"。他指出：我们无法做到不去比较，所谓的"逃避比较"，其实是在做隐性比较。但比较最好是正大光明的。历史思维和社会科学的发展，暗示着一个隐藏着的欧洲，哪怕我们没有讨论，也会有意无意地将其进行比较。但要知道，这个欧洲是想象的、理想化的欧洲，而不是真实的欧洲。所以我们共同考虑的是，如果不能逃避，为何不直接进行比较？至少这样我们能尝试超越那种想象性的欧洲，和一个真正意义上的欧洲进行对比。

第二，尝试进行"互反比较（Reciprocal Comparison）"，以铲除以欧洲中心论为基础的比较方法。他说：当我们比较 A 和 B 时，我们不采取以往那种认为 A 是标准，而 B 如何与 A 偏离的方法。相反地，我们将 A 和 B 作为同时带有普遍性和特殊性的内容出现。换言之，我们既可以讨论中国相对于工业化而言更缓慢的城市化进程，也可以反向描述成是欧洲相对于进程缓慢的工业化更为惊人的城市化进程。这两者，没有一个是完全普适，也没有一个是绝对特例。

第三，工业化与前工业化的世界之间有一个极大的断裂。前工业化的世界发生的事件是和工业化的出现密切相关的，但两者并不存在因果关系。因此我们不能假设一个地方在前工业化时代出现一些与工业化相关的现象，这个地区就能自发地出现工业化。

本书并未抛弃这些共识，而是以更加开阔的视野和更加深入的研究，使得这些共识得以更加坚实可靠。本书作者提出三点希望：第一，希望读者能够体会到，"政治经济"从根本上影响着经济史的进程；第二，希望本书能够清晰地阐释，我们所讲述的历史对于理解当下的世界和其未来的走向至关重要；第三，希望通过对中国和欧洲经济史的"政治经济"分析，展现人们意力和行动的差异，以及这些行为意料之外的后果。充分理解了这些差异，才能更加审慎地规划未来，并对明天的成功持更加谨慎的期待。读了本书，我们可以看到，作者的这些希望，是从"加州学派"的初衷出发，而追求一个更高的目标。

我想由此发表一点感触。众所周知，法国的年鉴学派是当代西方最重要的历史学派之一，它发动的史学变革被称为"法国史学革命"，对世界史学的发展起到了重大的推动作用，即如著名英国历史学家巴勒克拉夫（Geoffrey Barraclough）所言："他们（年鉴学派学者）为旧历史学转向新历史学开辟了道路。"然而，年鉴学派本身一直处于不断的变化之中。1978年，年鉴学派第三代领袖勒高夫正式提出"新史学"这一名称，并主编了《新史学》百科词典，来阐明年鉴学派与新史学的联系与区别。这个"新史学"运动使得原先主要以西欧大陆为基地的年鉴学派，与英美史学的主流学派相互接近和交融，从而导致了年鉴学派在世界史坛上的影响进一步扩大和世界史学的进一步国际化。如果说"年鉴学派"自1929年诞生到1960年代还是一个纯粹意义上的学派的话，那么随着"年鉴学派"范型在法国史学界日益被接受并成为主流之后，它本身就逐渐丧失其学派性质，而成为一种不断更新、拓宽的史学范型或史学研究新趋势。勒高夫明确地声明："并不存在一个学派性很强的年鉴学派"，"我们的学派性越来越弱。我们是一个群体，有着共同的观念基础；我们又是一个运动，我们仍希望继续存在和发展，静止等于死亡。"在某种意义上，"加州学派"也正在走这样的道路。不同的是，"年鉴学派"用了半个世纪，经三代学者的努力才把一个学派变为一个"运动"，而"加州学派"则在二十年的时间内，第一代学者就已开始了这个转变，这充分表现了这个学派旺盛的生命力。

此外，本书中文版的翻译也要一提。译者周琳副教授是我当年的学生,对于新知识的不懈追求是她的一个不变的特征。她读了此书后,自觉收获良多,不敢自专,希望和广大中国学人分享,因此在繁重的工作和家务的双重压力下,尽力挤榨出时间,完成了本书的翻译工作。她的翻译忠实地转达了本书两位作者的思想,同时文字清新流畅,使得中文读者将更好地受惠于本书。

最后,作为"加州学派"的一员和国斌多年的朋友,我为国斌和罗森塔尔取得的新成就感到由衷的高兴,并热烈祝贺本书中文版的面世!

2018 年 7 月于燕园

译者的话

2014 年 11 月,我意外地收到王国斌先生的一封信,询问我是否可以翻译他和 Jane—Laurent Rosenthal 教授合作的新书。当时我的心情是非常复杂的:一方面很好奇为什么王国斌先生选择我来做这本书的译者,因为虽然在接受历史专业教育和走上大学讲台的十几年里,我都在反复地看他的书,讲他的书,但是我们以前的确是素未谋面;另一方面,我真的很担心自己能否胜任这份工作。因为我一直都是王国斌先生忠实的读者,所以我特别清楚他的作品究竟有多难。而且这本书还是与一位经济学家合作,而我几乎是经济学的门外汉。但是接下来,一种对未知的好奇和对学术前辈的"非理性信任"终于占据了上风,于是我就在忐忑之中成为了本书的译者。现在想来,这大概就是我与本书的缘分吧。

在翻译工作正式开始后,我才越来越意识到自己揽下了一个怎样的苦活儿。不说别的,光是疏通文字就是一个巨大的挑战。两位作者都喜欢用语法结构复杂的长句子,而且学术的语言又不会那么平实,所以常常是翻译一段原文就需要用半个上午的时间。除此之外,还有很多我没有看过的参考文献和不了解的社会科学理论。虽然做不到逐一通读,但是文献检索和大致的阅读还是必须要做的。就这样用了一年多的时间,第一稿终于完成了。接下来又是漫长的审校和修改,因为本书的作者、译者、审校者大概都有点"完美主义强迫症",所以大到全书的基本概念、写作框架,小到一个词、一个公式,都需要通过邮件或面对面讨论的方式反复斟酌、调整。这样一来,迟至今天这本书才能与读者们见面。当然了,这里面还有很多我们没有来得及修正的错误和疏漏,但是为了把她打磨得精致、耐看一些,我们的确付出了最大程度的努力。

不久之前,本书的原责任编辑陆扬小姐嘱我写一篇"导读"。但是对于我来说,这简直是一个"不可能完成的任务"。因为坦白地说,虽然我翻译了整本书,但是对于书中的许多问题仍然只是一知半解。如果冒失写来,必定会"以其昏昏,使人昭昭"。但是作为本书的译者,大概也是中文学界与这本书"对峙"时间最长的人,还是有些心得想与读者分享:

首先,这绝不是一本可以轻松愉快地阅读的书。在下决心阅读她之前,请您一定做好与她"死磕"的思想准备。在阅读的过程中您会接二连三地遇到新的问题,以及对这些问题独特的思维路径。所以可能您读完了一遍之后,会觉得好像有思维上触动,但是又记不得作者究竟说了些什么。没关系,这是正常现象,再多读上几遍再加上大脑的高速运转,您就能逐渐跟得上作者的思维节奏,好多问题也愈发清晰了。当然,在阅读的过程中您可能会觉得累,所以读书之前记得睡个好觉噢!

第二,这本书的英文原名是 Before and Beyond Divergence,中文译名是"大分流之外"。想必许多读者都看到了一个熟悉的概念——大分流。十五年前,这个概念与彭慕兰先生的经典著作一起,强势冲击了中文学术界,与其相关的研究和讨论至今仍牵动着大家的目光。显然,本书的核心关怀也在于"大分流",但是作者在书名中却用了 before 和 beyond 两个限定词。为了使题目简洁上口,我们最终选择了"大分流之外"这个中文译名,用"之外"笼统地概括了 before 和 beyond 的意思。这是翻译中常见的尴尬,但是应该提醒读者的是,因为有了这两个限定词,本书在时空选择、论述切入点和结论方面,都与《大分流:欧洲、中国及现代世界的经济发展》一书截然不同。所以这两本书放在一起，就好像是美国汉学界的"最强大脑"隔着十几年时空的一场激辩，是不是超值得期待呢？

第三，本书的一个基础概念。在本书"序言"部分的最后一段，作者写道："希望读者能够体会到，'政治经济'（Political Economy）从根本上影响着经济史的进程"，这可以说是全书的点睛之笔，但是作者在书中并未解释何为"政治经济"。我们都觉得在中文版面世的时候，有必要对这个概念进行明确的界定，因为毕竟在中文语境中，"政治经济学"有着特定的学术内涵。所以在这里，就将两位作者对"政治经济"的详细解释原文照录如下，以期有助于读者：

> 在论述制度的演进时，我们的关注点一头在政治，一头在经济。我们从经济学中借用了几个有益的思路：第一，组织和市场都是不断变化的；第二，统治者和企业都受到财政预算的制约，并依据信息和某些倾向性来配置资源。从政治学上，我们也借鉴了一些同样重要的思路：第一，统治者往往有许多复杂的目标，经济只是其中之一；第二，制度选择既要调动财富又要动用权力，往往是这二者的一个微妙的结合。我们在研究的过程中，有时要考虑到政治决策对市场和企业的影响，有时要考虑到经济对政治的制约。但是从本质上说，我们所定义的"政治经济"对"政治"与"经济"有着同等的关注，注重揭示其复杂的缠结与互动。因此，我们的研究方法与马克思主义政治经济学、新古典经济学都有所不同，这两种研究取向总的来说是以技术和物质财富来解释一切的变化。

第四，我个人认为，这本书不仅适合独自研读，更适合作为读书会、讨论会的素材。因为她涵盖了中欧经济史中相当多的时段和问题，还较多地运用了社会科学方法。不同学科背景、不同学术兴趣的读者，都可以在其中找到自己关注的那一部分。所以将这本书作为凝聚智慧大脑的一个纽带，或许是她的一种相当有益的打开方式。

关于这本书就谈这么多吧，最后要真诚地说出我的感谢。首先感谢王国斌先生的信任，也感谢两位作者高度的责任心。本书的每一句话、每一个重要概念、每一个数学公式都经过了他们一丝不苟的审阅。为了保证译稿的质量，王国斌两次来到中国与我面对面地讨论。不管是讨论的具体内容还是他为人为学的热诚，都令我受教良多。感谢加州大学洛杉矶分校的张萌博士，她逐字逐句的精准审校改正了我太多的错误，挽救了我经济学知识不足给译稿带来的严重缺憾。感谢李伯重老师、王剑老师、仲伟民老师、龙登高老师，是他们给了我赖以完成这项工作的知识储备，并不知不觉地与这项工作结缘。感谢我的先生张宏伟，他帮助数学知识几乎为零的我检查、编辑本书中的表格、公式，Rosenthal 教授根据他的建议，修改了栏 6.1、6.2、6.3 之中的部分数学公式。感谢我的女儿若霖，在我接下这项工作的时候她即将出生，现在她已经是一个活力四射的 3 岁小朋友了。在整个翻译的过程中，是她一直陪伴着我，令我在枯燥、烧脑的工作之余享受生活的灵动和瑰丽。我也希望把这本书作为送给她的礼物，她的妈妈虽然做事慢得像乌龟一样，可是从未放弃让自己变得更好的努力！

周　琳

2018 年 8 月 1 日于成都

序　言

　　为什么在 1400 年至 1980 年期间经济发展缓慢的中国,却在今天的全球经济中重振声威?为什么在罗马帝国灭亡后战乱纷起、经济残破的欧洲,却成为近代经济的诞生之地?这是今天的经济史研究所面临的首要两个问题。对这两个问题的解答不仅是一种学术的探索,更可以帮助人们了解今天世界的变化?

　　在 19 世纪和 20 世纪,我们生活的这个世界经历了史无前例的经济增长,这种增长的基础是起源于欧洲的一整套技术变革。这些新的技术既是资本密集型的,也是能源密集型的。进入二十世纪,人类开始越来越多地关注生态环境和自然资源。今天我们理想中的"技术革新",目标不再仅限于推动经济增长,还必须包括扼制环境退化和生态灾难。然而,现实中的人们还是无法彻底摆脱 300 年前欧洲的发展模式,我们仍然期待着用源于工业革命时期的技术去解决人类当前所面临的问题。

　　与此同时,我们还面临着一系列政治上的挑战,而且这些挑战也部分地肇始于 1700 年以来的技术变革。与在技术上的共识不同,人们对于"一个政权究竟要将其空间扩展到何种程度,才能最大限度地便利于商品、服务和生产要素的流动"这个问题的理解,却存在着很大的分歧。

而且在过去的半个多世纪中，占据世界舞台的国家已不再是小国寡民的"欧洲型国家"（人口数百万，幅员几万平方公里），而是像中国这样幅员数百万平方公里，拥有数亿人口的大国。

随着巴西、印度、中国、俄罗斯等国在世界经济中崭露头角，随着拉丁美洲、东亚、欧洲、北美等地区相继拓展自由贸易，我们越来越清楚地意识到地理规模对于经济发展的重要性。但是从东帝汶到斯洛文尼亚的分裂运动也显示出，一个国家的规模并不完全取决于其经济和技术发展的需求。而伊拉克和阿富汗的冲突更让我们看到，一国之内和平的政治竞争与内战和国际冲突是截然不同的。因此当我们讨论经济全球化的时候，就绝不能忽视国际关系的重要性。但是我们生活的这个世界并不是全新的、与过去毫无瓜葛的。那些历史上由来已久的政治与经济结构之间的互动，还清晰可辨地摆在我们眼前。本书即试图从一个长达几百年的历史视角，去解析这个世界的变动历程。

在我们看来，对于中国经济史和欧洲经济史的比较研究，最能够展现历史与现实之间紧密的关联。因为工业革命（技术加速变革的起始阶段）发生在欧洲，尤其是在英国，所以无数的专家和学者常谬于一种简单化的推论。他们的论证常基于一个已知的中国和欧洲之间的差异，继而建构一个这种差异如何导致欧洲富强、中国贫弱的似是而非的解释。在此后的章节中我们将会看到，这种解释既浅薄又不能与真实的历史发展进程相兼容。要知道，中国不仅曾经繁荣富裕，而且正在崛起为这个世界上一个欣欣向荣的经济体。所以，要真正理解中国和欧洲不同的经济发展轨迹，就不仅要解释近代欧洲的成功，还要解释中国经济曾经的繁荣和当前的崛起。

本书试图为欧洲和中国不同的经济变迁模式提供一个新的解释。我们认为，在此问题上许多传统的观点或者缺乏充分的历史依据，或者可以归结为国家规模的差异。尽管在中国和欧洲的历史上，统一与分裂都曾交替地出现，但是中国始终沿袭着帝国的模式，而欧洲却经历了更多的分裂。旷日持久的战争使欧洲陷于贫穷,但这些冲突与竞争却在无意之中催生了资本密集型的生产方式。相反,中国在长期的和平和统一中孕育了一个大规模的市场,并从劳动分工中获益。直到1750年之后,资本密集型的机器生产才显露出一些优势。在此之前,清代朝廷的经济发展理念乃是全世界各个地区的共识,即重农、薄赋、不干预国内贸易。

本书还希望能够实现方法论的创新。因为本书的两位作者此前分别致力于中国史研究和欧洲史研究,所以我们能够识别具有可比性的历史过程,并进行细致严谨的比较。我们会尽可能地提出可以被检验的命题或观点,以便后来的研究者对此进行证实、证伪或质疑。我们首先对一些解释"欧洲为什么成功,中国为什么失败"的传统观点进行了回顾和评论。我们否定了其中的一些观点,因为它们不能解释一些已知的事实。我们肯定和采用了另一些观点,并将它们放在一个更大的解释框架之内,与价格理论、政治经济理论配合使用。我们深信,与传统的研究相比,本书的研究方法能够更加透彻地讨论"欧洲为什么成功,中国为什么失败"的问题,并得出更具说服力的结论。而我们的合作也说明,经济学理论与对中国和欧洲历史的专业知识相结合,能够产生更好的经济史研究。

对于本书,我们有三点希望:第一,希望读者能够体会到,"政治经济"从根本上影响着经济史的进程;第二,我们希望本书能够清晰地阐释,我们所讲述的历史对于理解当下的世界和其未来的走向至关重要;第三,希望通过对中国和欧洲经济史的"政治经济"分析,展现人们意力和行动的差异,以及这些行为意料之外的后果。充分理解了这些差异,我们才能更加审慎地规划未来,并对明天的成功持更加谨慎的期待。

导言：经济史上的奇迹、神话与解释

在过去的三十多年中，许多学者都在反复追问是什么使欧洲从全世界中脱颖而出，成为民族国家的摇篮和工业化经济的策源地？其实在更早以前，许多伟大的思想家已经反复地思考过这个问题，从孟德斯鸠到亚当·斯密，从卡尔·马克思到马克斯·韦伯，概莫能外。而欧洲（尤其是英国）的成功则使学者们在探究其他社会时，自然而然地以欧洲作为参照物。以致诸多不同的社会科学理论先验地假定，欧洲经验是人类通向现代化和经济繁荣的唯一途径。然而在20世纪80年代，随着日本崛起为世界第二大经济体，随着韩国、新加坡和中国台湾、中国香港的经济变革，"西方优越论"逐渐受到人们公开的质疑。东亚的政治和经济变革，不仅挑战了源自西方的政治学和经济学理论，更动摇了以西方经验为依据的政治和经济制度。

近些年来，由于中国经济的高速增长，东亚再次成为当代世界经济中至关重要的一环。然而在经济高速增长的同时，中国的法律体系和政治制度却在近三十年的时间中变动甚微。这更加迫使我们反思，从欧洲历史中推演出的理论模型究竟能在多大程度上适用于中国的发展？如果欧洲的理论和制度不足以解释中国的成功，那么我们又能否提出一套

更加有效的比较方法,恰如其分地评估欧亚大陆两端诸多相似与差异的
重要性?

本书认为,这样的目标是能够而且应该达成的。我们并没有将目光
局限在晚近的时代,而是将研究的重点放在18世纪近代经济增长启动
之前就已经存在的中西经济"分流"进程。我们的研究建立在这样的前
提之上:社会科学家可以将可靠的历史研究成果融入可被证伪的理论体
系之中,以解释历史的变迁。与迄今为止绝大多数研究相比,我们的目
标可以说是微小局限,也可以说是宏大包容。说它更加微小局限是因
为,我们将始终聚焦于具体的制度,并游走于不同的时代与社会之间构
建比较的框架;说它更加宏大包容是因为,这些论证终将使我们对于中
国和欧洲历史上政治与经济之间的深层关联提出更加精准的阐释。

当然,我们并不是进行此种尝试的先行者。长久以来,比较经济史
就致力于解释:为什么在这个世界上一些地区如此富裕,另一些地区却
如此贫穷?显而易见,欧洲和北美是这个世界上率先经历近代经济增长
的地区,也就成为构建经济发展理论模型的经验基础。然而世界其他地
区却鲜少有此类的经验,于是比较经济史研究逐渐形成了一个固定的模
式:第一步,研究者们认定一些对于经济发展相关联的特征(如代议制政
府、核心家庭、基督教等);第二步,根据与这些特征的吻合程度,对不同
的社会进行分类定级。在研究者们看来,英国或欧洲的许多特征,大至
主流文化,小至社会、政治和经济的各种细节,都是其获致成功的影响因
素。而道格拉斯·诺斯(Douglass C. North)更是强调了制度对于经济
发展的重要性。好的制度可以提供完善的规则和约束机制,从而鼓励创
造性的行为。清晰稳定的产权关系,能够促使人们致力于生产和交易。
因此在经济发展的过程中,一个好的政府是至关重要的。因为只有国家
才能够制定法律、完善司法程序,以保障契约的制定与执行。这样的范
式很好地解释了英国在17、18世纪的崛起,以及西班牙和葡萄牙的衰
落?在早期近代经济发展的过程中,欧洲各国之间的差异在很大程度取

决于其产权关系的稳定程度、法律的有效性和司法系统对于契约的保障力度(North 1981)。因为英国是第一个实现工业化的国家,所以将18至19世纪诞生于英国的各种制度视为近代经济增长的关键性因素,看起来是相当合理的。而"英国经验"的价值也并不仅限于促进生产和便利交易。"私有财产"的逻辑其实与社会精英极力捍卫的"自由"理念息息相关。英国的有产精英阶层长期与国王的"掠夺之手"进行斗争,最后通过建立议会有效地限制了王权。在当时的整个欧洲大陆,精英阶层也基于相似的政治理念与王权谈判抗衡,并形成了保障他们话语权的制度,尽管这些制度可能在效力上稍逊于英国。这样一来,欧洲近代早期形成的政治与经济制度,就与其1750年以后的经济发展紧密地联系起来。

在最近出版的诺思与约翰·沃利斯(John Wallis),巴里·温加斯特(Barry Weingast)合作的《暴力与社会秩序》(Violence and Social Orders)一书中(2009),我们可以清楚地看到这种方法的优势和缺陷。该书的作者十分强调政治对经济表现的深刻影响,但他们的理论仅是试图将美国和欧洲历史上政治与经济的关系普遍化、一般化。此外,他们揭示了一条通向近代社会的必由之路,即由"特权社会"向"开放社会"的转变。在"特权社会"中,少数特权精英垄断着财富、地位和使用暴力的国家权力。而"开放社会"则相反,它允许每个成员分享经济机会、提出政治诉求。在一个开放的社会中,政治竞争和经济竞争乃是司空见惯之事,因为组建政治团体和经济团体的成本很小,而且人人都享有这样的权利。该书重点讨论的是被诺思在其之前的著作中称为"游戏规则"(rules of the game)的制度(North 1990:3—4)。在此书中,作者们强调:"制度包括正式规则、成文法令、正式的社会习俗、非正式行为规范、被普遍接受的观念,以及各种强制手段"(North 等 2009:15)。一个社会由"特权型"向"开放型"的转变,是一个复杂且充满着偶然性的过程,因为它需要政治组织发生巨大的转变,以保证国内的和平和经济结构的稳定。这一转变的成功还需要迅速培育起大量的政治和经济组织,使其有能力参与和平的竞争。从实证的角度来说,欧洲实实在在地经历了这样一个重建的过程,而英国则是其中最引人注目且最成功的国家。

然而我们用来与欧洲进行比较的中国,却很难被放进这个模型框架之中。举例来说,中国在20世纪80至90年代经历了工业化的过程。但是中国的工业化却并未像诺思所预言的那样,主要依赖包括契约、产权和国家强制保障在内的正式制度。在近期发表的著作中,阿夫纳·格雷夫(Avner Greif)为非正式制度正名。在他看来,非正式制度在交易的过程中至关重要,隐藏在其后的社会机制也强有力地影响着经济变迁的轨迹(Greif 2006)。在本书中我们也将向读者展现,许多不同的制度可以实现相似的功能。而且时至今日,一旦我们清楚地意识到中国和欧洲内部都存在着许多差异,那么许多前人的论述就不攻自破了。事实上在工业革命以前,大多数的欧洲人和中国人所面临的都是一些相似的制度,这些制度所应对的也都是一些相似的经济问题。直到较为晚近的时代,这两个地区的制度环境才出现了明显的分化。以契约制度为例,中国和欧洲的历史上的许多制度差异都可以从其正式性与非正式性的程度来理解。其实历史上的中国人和欧洲人都既利用正式制度也利用非正式制度,只是这两类制度在这两个社会中的重要性有所不同。当经济环境发生变化的时候,这两个社会都会自觉地调整他们对于正式制度的依赖程度,在原有的基础上或增或减。制度与环境之间的这种互动不禁使我们怀疑:前现代欧洲和中国许多经济运作方式的差异,或许只是因为它们面临着不同的经济环境。在这样的比较视角之下,交易的正式性程度也不再成为衡量经济效率的指标。

我们认为,将制度放在特定的时间和空间中进行考察也非常重要。被诺思与他的合作者用来作为比较单位的"国家",其实是相互竞争的"民族国家"。他们特别关注这些国家的内政问题,战争往往被视为一种特殊形式的公共开支。然而对于当时的欧洲国家来说,国际关系问题是很难与内政问题截然分开的。除此之外,这种方法更难以解释中国的问题。因为在公元 1000 年之后,中原王朝无论在疆域上还是在人口上,都超过许多欧洲国家之总和。直到今天,仍有许多问题在欧洲被视为"国际事务",在中国被视为"内政"。

社会科学研究者并非不知道,在进行实证研究的时候,要根据特定的问题划定适宜的区域分析单位,而不是简单地按照某个政权在特定时期的疆域。然而在现实的操作过程中,这一点还是常常被忽略。我们之所以不能那么做,是因为国家规模的差异和由此造成的暴力冲突的频度,是我们分析中国和欧洲历史的中心议题。生活在 21 世纪的我们,常常习惯于将问题分为"国际"和"国内"两种。但是对于历史上的欧洲和中国而言,这样的划分方式其实是很成问题的。所以在本书中,我们将重新审视将分裂的欧洲与统一的中国进行比较的传统做法,并论证大的地理空间在触发经济活性方面的优势。从这样的视角来看,欧洲高度竞争的政治体系是代价高昂的,它导致了旷日持久的暴力冲突,使欧洲长期陷于分裂,而这个竞争体系的优势却是意料之外的。

我们并不满足于提出一个大胆的分析框架,而是希望能够开创一个替代性的研究范式。在欧洲和中国的历史中,我们看到了许多尚未得到完善解释的事实,正是这些事实促使我们挑战诺思与他的合作者们所建构的研究范式。与前人的分析框架相比,我们所提出的分析框架显得更小一些,但也会更加精准。或许有些学者会认为,在研究诸如非洲、南美、东南亚这些地区的时候,不必过多地考虑政治结构的今昔差异。但如果研究中国和欧洲的学者也依样而行,许多历史事实就很难得到恰如其分的解释。尽管缺陷和问题在所难免,我们仍然极力主张:在研究长时段经济变迁时,学者们应该尽可能地超越"国际"和"国内"的二元思维。

基于民族国家作为比较单位的局限性,我们又得到了第二个重要的灵感。彭慕兰(Kenneth Pomeranz)开创性地揭示出"空间"在经济史研究中的意义。在《大分流:欧洲、中国及现代世界的经济发展》(2000)一书中,他引用了一些久已有之的"欧洲地理优越论",如欧洲内部的贸易、新大陆的资源等(E. L. Jones 1981;Wrigley 1988;Allen 2009a)。相比而言,中国并不具备这些优势,也未曾建立起一个向海洋扩张的政治体系(Wallerstein 1974—1989:第一卷)。但是与以往的研究相比,他的分析建立在对中国更加深刻的理解之上,因此形成了迄今为止对中国和欧洲最细腻的比较。

彭慕兰提出:即便到了18世纪,中国在市场发育程度、大众消费和民众预期寿命方面都与欧洲的水平有着惊人的相似之处。这个论点延伸了本书的一位作者之前的研究(Wong 1997;9—52)。彭慕兰的研究清晰地显示出,研究者面临的最大的挑战在于,如何解释18世纪拥有诸多相似性的两个经济体,在19世纪时却戏剧性地分道扬镳? 他给出的答案主要强调两个方面的原因,而这两个方面恰恰都是与环境和空间密切相关的。第一,欧洲(尤其是英国)的煤矿距离大量需求能源的城市更近。当木材变得严重匮乏时,这无疑是一个非常明显的优势。这个观点是在里格利(E. A. Wrigley)相关研究的基础上拓展而来,而罗伯特·艾伦(Robert C. Allen)此后的研究又为它提供了更加丰富的佐证(2009a:第4章)。第二,欧洲紧邻美洲新大陆,因此幸运地避免了因人口增加而导致的土地匮乏。作为历史学家,彭慕兰对于欧洲和中国的过去进行了相当精彩的描述性解释。而他的论述也同时基于经济学家所熟悉的理论(例如:欧洲丰富的土地和能源使节省劳动力的技术得以推广,从而促成了其经济的崛起)。但是到目前为止,这些解释都还仅聚焦于18至19世纪发生的一些关键性的变革。

与彭慕兰一样,我们的研究也是致力于揭示不同时间和地区的经济"分流"现象,尽管我们所使用的解释工具并不限于环境和生态(煤矿的位置、毗邻新大陆、未开发的资源等)。虽然我们强调不能将欧洲民族国家作为本项研究的空间单位,但是我们也不主张从全球的宏大视角来切入近代早期的经济史。我们认为,要对欧洲十八世纪末期至十九世纪初期的剧变给出具有说服力的解释,必须要比较大分流发生前几个世纪之中,中国和欧洲经济变迁背后的政治逻辑。当我们回顾过去的历史,中国和欧洲的不同状态的政治原因就极其鲜明地呈现在眼前。起初是中国居于上风,因为这个帝国已经进入了以专业化和市场整合为主要特征的"斯密型成长"阶段。然而欧洲在分裂之中却发展起了资本使用和运营的机制,使其逐渐后来居上。我们的研究将在这两个区域之间进行切换与比较,并关注它们之间的那些差异怎样形成了不同的机缘,致使欧洲而不是中国更有可能发生巨大的经济转型。

与彭慕兰一样,我们也会尽量避免用文化因素来解释中国和欧洲不同的经济发展路径。但和他不同的是,我们仍然会关注中国和欧洲历史上一些特有的现象,这些现象往往被人们认为在某种程度上反映了其文化特质。例如,18世纪的中国建立了一个庞大的粮食仓储体系,这显然是基于这个帝国的儒家政治理念,及其抚育子民的家长式义务。尽管18世纪的中国人用一些难以被翻译成欧洲语言的措辞来表达这些概念,但像孟德斯鸠这样的欧洲思想家仍然能够精准地将其界定为"开明专制"。欧洲的君主也曾流露过建立开明专制的愿望。但是在应接不暇的战乱之中,这样的理想几乎没有机会变为现实。欧洲的君主与农业帝国的皇帝面临着截然不同的政治挑战。我们认为,一些历史现象与其说是因为文化差异,不如说是人们在不同环境下的选择。这些不同的环境不仅包括彭慕兰所强调的自然和地理禀赋(如与煤矿的距离,与新大陆的距离),还包括不同的社会生态和自然生态所导致的社会与政治差异。

我们希望用一套普遍的经济学原理来解释欧洲和中国的经济变迁,也希望揭示政治环境如何影响经济的表现。除了阐释欧洲和中国的差异之外,我们还将用经济学理论解读中国内部和欧洲内部的诸多差异。价格理论将是我们最主要的分析工具。彭慕兰和许多研究欧洲经济史的学者都曾经论证:早在1750年"大分流"发生之前,中国和欧洲之间就已经出现了要素价格的差异,这种差异刺激了欧洲的投资,并促使其选择节省劳动力的生产方式。我们认为,当时中国和欧洲的要素价格之所以会出现差异,主要是因为中国的政权和欧洲的政权在地理幅员上的悬殊。在这一点上,我们的观点与罗伯特·艾伦关于英国工业化的研究结论颇有共鸣(2009a)。艾伦在他的著作中着重强调:较高的工资和较低的燃料成本,使得工业革命的一些标志性技术得以在英国问世并推广。但是他却未能很好地解释,为什么欧洲成功地孕育出一个产业工人阶层和相应的生产技术,当然这些技术革新在英国最为突出。此外他也未能解释,为什么1650年之后的英国,已经实现了比欧洲大陆更高的工资水平。我们认为,对于政治环境的比较不应拘泥于特定的民族国家,如英国、法国或中国,而应该将规模相似、各自发展的政治单位放在一起进行比较,如欧洲和中国。

与彭慕兰一样,我们也试图追寻大分流的源头,但是我们更加强调社会科学与历史学的结合。彭慕兰巨细靡遗地刻画欧洲与中国的差异,以及由此引发的种种历史变迁。我们的研究未能提供一幅如此细致的历史画卷,但却可以涵盖更多的层面和更长的历史时段。我们敢断言,到2050年,也就是中国和欧洲的经济差异比今天更小的时候,本书中所强调的两个因素——政治制度与地理幅员,仍然能够有效地解释中国和欧洲的政治、经济变迁。但相比而言,随着交通成本的降低,资源禀赋这个原本对经济发展影响至深的因素,却将逐渐变得不那么重要。例如中国的沿海省份,既远离煤矿又未能分享新大陆的"生态横财",却仍然蒸蒸日上地发展起来。然而在能够预期的未来,政治与经济的互动仍然是经济变迁的一个决定性因素。

我们相信在1750年以前,也就是能源和新大陆资源在历史舞台上大放异彩之前,中国和欧洲就走上了各自不同的发展道路。当然,新能源和新资源的确改变了欧洲的经济发展轨迹,也使得一些国家(如19世纪的英国)获得了日益明显的比较优势,但是这并不足以也并不必然会引发中国与欧洲的经济分流。除此以外,中国与欧洲的经济变迁也并不主要取决于人们的动机、能力与个人处境（尽管从个人或地方的层面来说，这些因素可能很重要）。从个人选择的角度而言，我们认为至少在近代早期，经济变迁常常是一些"无心插柳柳成荫"的过程——那些极大地影响了经济转型的可能性的因素往往来自一些并不以影响经济发展为目的的行为。最后，我们还极力摒弃个别的制度差异引发中国和欧洲经济大分流的观点。我们将要展示，在不同的环境下，不同的制度是可以互相替代的，制度间的差异并不意味着一种制度一定优于另一种制度。而我们试图证明的是：在19世纪末期以前，是一些政治性的因素使得近代经济增长更有可能发生在欧洲的一些地方，而不是中国的任何地方，这些因素与新大陆和煤炭资源的分布鲜有关系。

作为历史学家，我们绝不相信在大分流以前的数个世纪，"欧洲发展""中国停滞"的种子就已经深深埋下，这毋宁说是一个流传甚广的历史神话。要证明这一点其实很简单：在19世纪以前，中国的经济从来不曾停滞；而即便是在19世纪以后，这个帝国也并不是所有的地区都失去了发展的能力。客观地说，尽管当时的中国经济已经因为人口过多而笼罩着马尔萨斯的阴影，但"低速发展"和"停滞"仍然有着本质的不同。在1700年之前，中国和欧洲的许多地区也都经历了以商品化为主要特征的"斯密型增长"。所以欧洲率先跻身于近代经济之列，其决定性因素并不在于经济本身，而是在于政治。欧洲与中国不同的政治体制，意外地造就了其经济上的优势。

为了说明我们的观点，在第一章中，我们首先从历史的视角展现了欧洲和中国政治规模的巨大差异。然而历史的视角也告诉我们，中国历史上经历了若干个分裂割据时期，而罗马帝国即使将拜占庭时期排除在外，也曾经延续了好几个世纪。与绝大多数社会科学研究者不同，我们并不认为欧洲分裂和中国统一这样的差异是自然而然的，所以对这一差异如何影响到政治规模这个问题，我们的研究方法和最终解释都不会局限于传统的套路。

在接下来的章节中,我们围绕着这个问题构建了一系列分析框架。第二章我们将重新审视一些马尔萨斯经济学的概念,即将人口和家庭结构作为制度差异的可能性根源,并据此解释经济的"大分流",而亲属关系和人口变化却不可能导致"大分流";第三章旨在探讨 14 世纪中期至 18 世纪中期支撑中国和欧洲市场交易的各种机制。我们发现,中国和欧洲在此方面的显著差异其实是根源于政治规模的差异,但这似乎也不能导致经济的分流;第四章将关注制造业和手工业,我们发现欧洲的制造业大多分布在城市,而中国的制造业则更钟情于乡村。但是这一差别产生的原因却并不完全符合传统的解释,而是由于一些前人未能详尽阐述的因素;第五章我们将聚焦于保障生产和贸易的金融机制,与第二章和第三章相似,这一章也将主要探讨体制性差异。但是我们也发现,似乎并没有任何一种体制性因素注定能导致中国和欧洲的分道扬镳。第六章将转向公共财政的层面。我们发现中国和欧洲在公共财政方面的一些差异,但是这些差异很难用传统的、对于近代欧洲和中国政权的简单对比来解释。这些差异给当时经济带来的影响固然有限,但其实质却与此前一些学者的论断截然相反。在我们看来,中国和欧洲公共财政制度最大的区别在于,前者是施行于一个统一的帝国,而后者则生发于诸多相互竞争的欧陆小国。欧洲的胜出并不是因为政治竞争,而是因为克服了政治竞争的阻力。至此,我们对于传统观点的挑战就完结了。

在第七章中,我们将会回过头来审视第一章所提出的问题:为什么在历史上,中国和欧洲的国家规模长久以来都不在同一个数量级?我们在第二章至第六章中,将"国家规模"作为一个给定的因素,并论证了这个因素在中国和欧洲历史进程中的重要性。在第七章中,我们最终提出了对于欧洲和中国"国家规模"差异的一些解释。我们认为:从公元 1000年开始,中国和欧洲的政治逻辑就已经大异其趣,而在此后的演进过程中,这种差异又不断地被强化。13 世纪忽必烈汗重新统一中国后,中国和欧洲的政治分流也最终完成。

在本书中，我们提出的是一般性的规律，并用大量来自中国和欧洲的史料、数据作为例证。我们的论证不仅可以一定程度上揭示中国和欧洲之间以及它们内部的差异，更可以用欧洲和中国之外的资料、数据进行证实和证伪。同样的，我们对于中国和欧洲政权规模的许多论述，虽然主要是为了剖析"大分流"的经济现象，但对于晚近时代中的许多问题也有一定的解释力。因此这本书不仅是为了阐释过去，也是为了展望未来。我们的研究目标是：找出在不同的历史时段都发挥着作用的动因性机制（比如价格机制），并把它们放置于特定的历史时空之中，从政治的视角进行诠释。这项研究并不局限于记述过去究竟发生了什么，也并不仅仅依赖于历史的后见之明。其实真正有价值的历史解释不仅应该清晰地呈现过去发生了什么，更应该向人们昭示未来的种种可能性。因为今时今日许多鲜活的社会进程，恰恰是植根于那些过往的历史。

我们的研究路径有助于揭示出那些由来已久的关于中国和欧洲的迷思，它也使我们不再沉溺于探讨所谓的"欧洲奇迹"和欧洲的特殊性。我们将从各种清晰可辨的历史现象出发，解释中国和欧洲的经济变迁。我们衷心地希望读者对于这种研究方法进行评估和改进，并用它来研究发生在其他历史时空中的问题。如果我们能够促使读者用关于经济变迁的其他研究来检验我们的研究方法，评估其优长与局限，那将是我们最大的荣幸与欣慰。因此之故，本项研究的成败还取决于它是否能激发更多的研究，不管是在本书已有的基础上改进、扩充，还是另起炉灶以证实或驳斥我们的结论，我们都将满怀欣喜与期待。

第一章 空间与政治

1000 多年前的中国是一个辽阔的帝国,100 多年前仍是如此。1000 多年前的欧洲是四分五裂的,100 多年前也仍是如此。这么一对比可能会让人觉得,中国与欧洲在政权规模上的差异是一种由来已久而且不会改变的格局。从这个角度出发,研究者们可以很容易地将政治格局的差异作为给定因素,继而探究这一差异给经济发展带来的影响。我们完全可以借助"地理决定论"和"文化传承论"来说明,为什么中国能够产生并长久地维持一个大一统政治格局,而欧洲却不能。但是我们并没有采用上述的研究路径。因为我们意识到,中欧之间政治格局的差异其实既不是注定的,也不是一成不变的。从地图上可以看到,2000 多年前的中国和欧洲都是幅员辽阔的大帝国。当然,那时候的中国还是稍大一些,但无论如何罗马也称得上与汉朝比肩而立的大帝国。而更加耐人寻味的是,500 年之后两个帝国都分裂了。从公元 500 年至公元 1000 年,割据政权在汉帝国的旧疆上林立纷起,而欧洲人重建罗马帝国的努力也屡屡受挫。基于这样复杂的历史,本章希望探讨的是:为什么发展到公元 1279 年(即南宋灭亡的时候),欧洲的政治平衡已定格于分裂,而中国的政治平衡则归于统一。理解这一基本差异,对于分析欧洲大陆两端的政治经济变迁历程至关重要。因此,本章也是后面章节不可或缺的铺垫。

要从政治经济的视角观察中国和欧洲,并探讨其对经济发展的影响,首先要对中国和欧洲自公元1300年至1850年的历史进行一番全面的回溯。关于政权规模如何影响经济发展,我们在此先考虑一个广为人知的解说范式:即大帝国更有可能孕育出一个大的市场,从而促进区域分工和专业化;而割据政权则大多受制于战争和风俗习惯的壁垒,不利于贸易的发展。在本书的第三章中,我们还将更加深入地剖析这一理论。当然,当帝国统治者试图用权力取代市场的时候(比如用税收的方式调拨粮食,以供应如罗马、北京、伊斯坦布尔这样的政治心脏地区),当他们强行干预劳动力市场的时候(如俄国的农奴制、西班牙在美洲推行的被称为"恩科米安达"[encomiandas]的奴隶制度),以及当他们试图掌控土地市场的时候(如奥斯曼土耳其帝国的"蒂马尔"[Timar]军事采邑制),"斯密型增长"也会面临阻滞。但是干预市场并非帝国的专利,其他类型的政权也会这样做。所以,我们必须把经济制度视为政治结构和"大历史"互动的产物。

因为我们的目的在于比较欧洲与中国,所以我们并不打算介入关于"帝国"定义的争论。我们所说的"帝国",就是由一个最高统治者对绵延相续的大片地域实施有效统治的政治体制。这个概念显然既不够普适也不够规范。对奥斯曼土耳其帝国、哈布斯堡帝国和欧洲殖民帝国有所了解的读者都会知道,这些帝国既不拥有紧密相连的疆土,也没有一个足以号令天下的中央集权。而且众所周知,在卡拉卡拉(Caracalla)皇帝之后的罗马帝国,所有的自由人都是公民;而在中华帝国,汉族是占绝对优势的族群。但这并不是帝国的共性,其实大多数的帝国都是处于极少数人的统治之下,绝大多数人的政治权利被严格地限制着。我们为"帝国"下了这样一个定义,只是因为这个定义囊括了本书将要探讨的欧洲和中国的核心差异。因此,我们所要讨论的"帝国"既不是一个理想类型,也不是一个普遍现象,它只是对某个幅员广阔的政权的方便称谓,使其区别于那些小得多的政权。

在这本书中,我们将以大部分的篇幅探讨政权的空间规模对于其经济发展的直接和间接影响。我们将证明,政权规模的差异对于理解欧洲和中国的经济大分流至关重要。但是我们不会用太多的笔墨,去描述双方政治结构的细节。相反,我们单是从欧洲和中国政权截然不同的地理幅员入手,分析这种空间差异怎样影响两个地区的统治者,进而促使他们形成不同的政治理念和国家政策,而这些政策又反过来影响经济的发展。当然,其他帝国的政策与中华帝国少有相似之处,就像非洲和东南亚的许多国家虽然也处于分裂的政治格局中,但也很难复制欧洲的经验一样。所谓的"政治史"其实打满了具体历史时空的烙印。所以,既然我们致力于从政治的角度比较欧洲和中国的经济发展历程,我们就会将所有的分析谨慎地限制在这两个区域之内。

在这一章中,我们希望能够解释:为什么在距今 2000 年前,中国和欧洲都曾经成功地孕育过强大的帝国,而在距今 500 年前,两地的政治格局却稳定在了完全不同的状态——分裂在欧洲变成了常态,而统一却成了中国政治的主旋律。在本章中,我们将以相当大的篇幅追溯中华帝国和欧洲帝国的形成过程,探讨这两个帝国的政治架构,及其面临的各种挑战。此外,我们还将述及公元 200 年后,导致罗马帝国永久分裂而中华帝国进入不断再造的朝代更替的各种历史过程。在公元后第二个千年的前几个世纪(大约相当于元明时期),中国形成了一种有利于"大一统"的政治经济格局。从此以后,朝代更替虽然痛苦但都很迅速。在同时期的欧洲,另一种截然不同的政治经济格局结束了中世纪早期那种极端的分裂与混乱,但也使欧洲再次统一变得遥不可期。

在本书中,我们并不认为中国统治者能够长期维持并不断重建统一的帝国秩序,只是简单地取决于汉文化的传播。我们将着力探讨中国皇帝和政府精英怎样从过去的失败中吸取教训,以推行各种稳定政治秩序、增进民众福祉的政策。我们还将论证,从罗马共和国时期到君士坦丁堡陷落,欧洲的政治精英所殚精竭虑的,就是实现在中华帝国早已成就的辉煌。但即便如此,他们还是失败了。因为欧洲存在着经久不息的政治纷争,所以任何一个只关注国内秩序、基础设施建设和商业的统治者都注定会被淘汰。欧洲的君主们最关心的,乃是调动一切可以调动的资源去应付战争。在为了战争而增税的过程中,君主通过各种各样的特许状向许多地方团体让步。而正是这些机制,长久地阻碍了欧洲的统一进程。

正如前文所提到的,人们可以将中华帝国的长久存续归因于某种特别强韧的文化传统,甚至是先天禀赋。用同样的思路,也可以解释欧洲长久的分裂。但是这种简单化的思维在纷繁复杂的史实面前则显得苍白无力。因为在世界历史上,曾有许多帝国在迥然不同的背景下崛起,而分裂也并不是欧洲独有的现象。在经济学家和其他许多社会科学家看来,一个政权的大小取决于两个方面的平衡:民众对公共服务的需求程度的异质性(异质性程度越大,政权规模应该越小),以及能够提供所需公共服务的规模经济(规模经济效益越大,政权应该越大)。因此,许多当代学者从服务的层面研究国家公共政策,涉及的领域包括教育、福利、基础设施建设等(Alesina 与 Spolaore 2003)。而如果转向历史的视角,我们还必须关注军事的层面。罗马帝国的崩溃,其实就可以归结为两个主要原因:一是长期穷兵黩武,供养着一个过大的军事体系;二是周边民族大量进入帝国统治之中,增加了公民对公共服务的需求的异质性。而在中国,长城有效地抵御着周边游牧民族的入侵,汉族又是在人口上占绝对优势的种族,所以使得中国更加容易形成一个大规模的政权。但是这种简单化的对比,无疑还需要更加缜密的分析与论证。在罗马帝国,也有类似于长城的军事防御设施。但是古罗马长城最终未能阻挡蛮族的入侵。它作为一项军事革新的意义,与那些帮助日尔曼部落战胜罗马军团的军事技术,以及消灭西欧小领主的炮兵攻城技术大致不相上下。欧洲多样性的文化认同与中国汉文化占主体地位这一差异,促使我们更深入地思考,是什么样的社会过程使得中国人放弃了许多地方性的身份认同,而凝聚在一个"大汉族"的共同体之中。

从早期帝国到蒙古入侵:中国的记忆

中华帝国其来已久,根基深厚。但是要保持和扩大这个帝国的规模,仍然要面对数不清的障碍与挑战。其中至关重要的,就是如何在一个相当长的时期内有效地部署庞大的军事力量。因为众所周知,大多数帝国建立在军事胜利的基础之上。但是要维系一个帝国还必须加入一些更加微妙的考量。以短命的秦朝为例,它于公元前221年实现了帝国的统一,但是在短短的14年之后就覆灭了。主流的观点认为,秦朝善于征服却不善于治理。它无节制地征发资源和劳动力,终于激起了民众普遍的愤恨(Bodde 1986)。

代秦而兴的汉朝同样通过战争制服了强大的对手,但是它的统治方式与秦朝相比则要温和得多。也正是因为如此,其国祚延续了四个世纪之久。汉朝政府鼓励民众垦辟荒地,并修建了大批水利工程以确保土地的生产能力。汉政府试图在整个帝国推广的典型农村聚落,是一个拥有百户人口的不设防的村庄,每户耕种少量的土地以维持生活并缴纳赋税。维持一个富足的小农社会,是中国历代统治者的理想(西嶋定生 1986)。

但是仁政并不是包治百病的灵药,并非所有的中国人都甘愿做汉帝国顺服的子民。公元9年至23年,汉帝国遭遇了以王莽为首的精英阶层的挑战。虽然王莽最终未能长久地执掌政权,并在史书中留下了"乱臣贼子"的骂名,但汉朝的统治却因此而中断了15年之久。后来,刘氏家族虽然重掌皇权,但是汉帝国的权威却再也无法延伸到基层社会。大大小小的地方豪强兼并土地,横征暴敛,最终激起了社会冲突并演变成大规模的叛乱。面对来势汹汹的农民战争，无论是中央政府还是地方豪强都束手无策，于是汉帝国也难逃崩溃的结局。在此之后，于乱世中崛起的曹操平定了叛乱，击败了互争雄长的割据势力，在三国鼎立的激烈战争中成为最后的赢家。但曹氏家族虽然拥有开创一个新朝代的野心，却未能重建一个统一的帝国。曹操于公元220年去世之后，他的儿子曹丕逼迫汉献帝逊位，但是曹丕也无法在他父亲的基础上进一步扩充魏国的疆域。于是，中国又陷入了长达3个世纪的分裂与割据（Bielenstein 1986）。

在这个漫长的割据时代，暴力是决定历史进程最重要的因素。来自西伯利亚干草原的匈奴人对中原地区构成了相当大的压力。早在汉帝国衰亡以前，匈奴人就已经崛起成为中原王朝的劲敌。在汉帝国强大的攻势之下，他们曾经一度向更加遥远的北方和西方迁徙。但是后来随着双方的攻守易势，汉帝国不得不无可奈何地看着匈奴蚕食越来越多的北方领土。中国历代统治者都通过修建长城保护已经占据的领土，并防止周边游牧民族的入侵。但是在公元220年汉帝国最终灭亡之后，这些城墙就再也挡不住匈奴和其他来势汹汹的北方游牧民族。从此以后，这些少数民族以强势的姿态参与到逐鹿中原的竞争之中（Di Cosmo 2002）。

在接下来的三个多世纪中，无论是汉族势力还是少数民族势力，都无法成功地建立一个统一的帝国。于是，北方陷入旷日持久的分裂割据之中。豪强之家率领其部曲建立起一个个具有防御自卫功能的壁坞寨堡，而北方的其他地区则被更有实力的军阀武人所控制。在南方，大大小小的军阀也建立起若干独立的政权。但是这些小国家面临着两个方面的严峻挑战：从内部而言，他们必须收服那些实力雄厚的世家大族；从外部而言，他们既要相互厮杀，又要对抗那些在资源和军事实力上都远胜于他们的北方割据政权。在兵源方面，北方割据政权主要依靠来自草原的少数民族武士，南方割据政权则招抚了大量的土著居民、囚犯和北方流民（Graff 2002）。南方割据政权的统治者还曾试图践行汉帝国的

"仁政"思想,但是这种政治理念有助于治理一个已经实现统一的帝国,却难以成功地缔造一个新的帝国。巧合的是,在这一阶段罗马帝国也正处于分崩离析的状态,也充斥着地方割据自保和重建帝国的矛盾诉求。

从公元 3 世纪初到 6 世纪末,中原地区一直未能出现一个统一的帝国。但是在公元 400 年的时候,纵观整个欧亚大陆,似乎不论是在欧洲还是在亚洲,重建一个统一帝国的可能性都很渺茫。尽管汉族统治者仍然控制着大部分领土,但是在北方地区,大量的汉族民众已经与藏缅语族、蒙古语族、突厥语族的少数民族相融合。由这些民众所组成的国家,在文化上也呈现出多元杂糅的面貌。这些国家的统治者既深具少数民族尚武、剽悍的作风,又崇尚儒家的帝国秩序,而北方诸国的统治者尤其将游牧民族的军事经验视为圭臬。但是不管南方政权和北方政权有着怎样的隔阂,他们都浸淫于中国传统的帝国理念之中,并将重建帝国视为共同的目标。北方诸国的君主虽然有着各自不同的民族背景,但是他们都将汉朝的历史视为天下秩序的模本,并致力于恢复这个秩序(砺波护 武田幸男 1997:41—160)。

要恢复一个统一的帝国,必须将帝国理想与强大的军事实力相结合。要知道,并不是一定会出现一个能击败所有竞争对手的军事强人。然而在当时的北方地区,真的出现了这样一个佼佼者,他就是杨坚。杨坚首先建立了一支无坚不摧的军队,这支军队在不计其数的征战中逐个击败了北方的割据势力,继而摧毁了南方的割据政权,最终于公元 589 年建立了隋朝。但是天下可以马上得之,却不可以马上治之。在这一点上,隋朝又重蹈了秦朝的覆辙。隋朝统治者过于苛重地使用民力,不仅修建了连接南方粮食产区和北方统治中心的大运河,还投入了大量军队征战朝鲜半岛(Graff 2002:第 7 章)。

公元 618 年,一个新的家族推翻了隋朝皇室,开创了唐朝近三个世纪之久的基业。唐朝致力于实现帝国的统一与扩展。为此,唐朝统治者仿效和改进了汉朝的政策。在其统治的半数时间里,他们既成功地使帝国的边疆向西方延伸，又明显地改善了普通百姓的生存状况。但与此同时，他们也直接从农业中吸取财源。唐朝统治者还一方面着力践行儒家伦理，希望整个帝国在精神层面逐渐趋同；另一方面对民众在种族和文化方面的差异采取了现实和包容的态度。唐朝的首都长安成为一个兼容并包的城市，汉族与操不同语言、穿不同服装、吃不同食物的氐、羌、拓跋以及其他少数民族融合杂居。交融的文化与血缘关系创造了一种彰显世界帝国气质的生活方式。在这样的氛围之中，生活方式和文化取向不再由宗族和门第强加给个人，而是变成了一种个人选择。由于没有出现类似欧洲蛮族入侵后的长时期混乱和无政府状态，帝国的重建得以实现。在印度和中亚佛教文化的影响之下，艺术空前繁荣。经典的学术传统也在没有中断的情况下得以传续。儒家的政治理念和制度设计启发了施政者去创造一个官僚政权，并深刻地影响了此后的中国历史。唐朝中央政府的一些核心部门（如六部），也为此后的诸多朝代所借鉴（Adshead 2004）。

与此前的朝代一样，唐朝也有着开疆拓土的野心。唐朝统治者将政权的边疆向中亚地区延伸。与汉朝一样，唐朝也通过丝绸之路沿线的一些绿洲地带扩展了其对西域的控制。这种联系使得发源于远方的各种文化对中国形成持续而深远的影响，比如李白的诗词和唐三彩等。一个开放和不断拓展的帝国虽然催生了异彩纷呈的文化，但也越来越多地暴露在军事威胁之中。随着疆域的拓展，一些本是为了拱卫帝国而设置的藩镇军队也逐渐失去控制。这些军队中的部分士兵招募自中亚地区，他们的祖先是久已在此杂居融合的各个少数族群。唐廷对这些军队将领的猜忌最终引发了直捣长安的"安禄山叛乱"。因为作为"胡人"的安禄山，始终担心朝廷会限制并削夺他的兵权。

为了平定爆发于公元755年的安禄山叛乱，唐廷必须更加有技巧地与周边的游牧民族结盟。也正是因为如此，唐朝的军队不得不撤出中亚地区并接受帝国日益收缩的现实。公元9世纪末，破产农民和豪强地主的叛乱使得帝国的统治雪上加霜。公元10世纪初,长安城再度沦陷,唐帝国的基业轰然崩塌。长安城的沦陷标志着中国历史上又一个分裂时期的到来。自汉至唐接近1000年的时间里,中原王朝很难在向外扩张和安定内部之间找到一个平衡点(Graff 2002:第10—11章)。也正是因为如此,中华帝国才会反复地经历崩溃与分裂。然而在每一次崩溃与分裂之后,这个帝国又能够得以重建,因为继之而起的统治者可以全盘地吸取和借鉴前人开创的制度与理念,从而有了更多的转圜余地。

建立于公元960年的宋朝也是如此。其创立者赵匡胤是后周政权的一名武将,他不仅夺取了后周的政权,还相继吞并了在唐帝国旧有疆域上兴起的各个小国。尽管与唐朝相比,宋朝的疆域要小得多。但正是在这个明显收缩的疆域之内,发生了许多在中国历史上至关重要的制度变革。很可能是那些在同一时期出现的种种社会经济变迁(如城市的扩张、商品性农业的发展、交通条件的改善、新的金融制度和商人网络等)显著地推动了政治变革的步伐。不管其诱因何在,宋朝的政治变革应该被视为一套新的统治技术,它大大降低了这个国家进行内部治理的成本。尤为突出的是,宋朝建立了一个复杂而精密的官僚系统,并通过科举考试选拔官员填充其中。官僚的体制化与专业化使政府能够更加有效地调配资源和管理基层社会。然而,内政上的成功却因边疆上的失利而大为减色。北方边疆既骁勇善战又主动借鉴中原王朝统治经验的少数民族,再一次成为这个新生帝国头顶的悬剑。在这种强大的军事压力之下,北宋皇室最终只能选择南迁,偏安于南方一隅,与北方诸政权相对峙。尽管宋朝的疆域无法与此前的朝代相提并论,但皇室的南迁却也带来了不幸中的万幸,即加强了这个王朝与南方经济、社会剧变地区的联系(伊原弘 梅村坦 1997)。

置身于公元1200年时的南宋首都杭州,一个敏锐的观察者很容易感受到这个政权所面临的内外形势。他会因周边各个城市不断增长的物质财富而欣喜振奋,也会因北部边界的强敌环伺而忧心忡忡。这些野心勃勃的政权一旦联合起来,必会给南宋朝廷带来灭顶之灾。但是在北方诸政权未结成此种同盟的情况下,如果我们的观察视角能够超越狭隘的王朝兴替模式,我们将看到由军事强大、经济疲弱的北方政权,与经济繁荣、军事孱弱的南方政权共同构成的一个多国体系。也就是说,汉朝和唐朝所缔造的帝国规模并不一定会延续下去。从公元8世纪中期安禄山叛乱,到公元13世纪蒙古人入主中原,中国大陆地区再也没有形成一个统一的帝国。但是一个敏锐的观察者不难看出,即使在这样一个多国体系中,也包含着一些相对具有内聚性的地区(Rossabi 1983),使得中国的主体地区无论如何不致像欧洲那样四分五裂、支离破碎。在蒙古征服之后,无论是置身于那个时代的人还是后来的历史学家,都不太会记得起这个曾经存在的多国体系也许会更加持久。

让我们再次强调,帝国的建立客观上需要一个强大的军事力量,以驱赶、摧毁或联合周边的竞争者。蒙古人在公元13世纪的时候成功地完成了这三个任务,且其建立的帝国并不仅仅包括中国,还包括中亚大部分地区,并向西延伸到奥斯曼土耳其帝国。蒙古人对亚洲大部分地区的征服建立了一个世界上最庞大的帝国,其幅员如此广阔,以至于任何一个统治者都无法独立地对其实行有效的统治。公元1251年时,这个帝国被分割为四个汗国,分别统治俄罗斯、波斯、蒙古草原和中国。位于中国的汗国显然是四大汗国中最富裕、人口最多的一个。站在中国历史的角度,蒙古统一的意义怎么强调都不算过分。如果没有蒙古人的到来,北部中国和南部中国(就像东罗马帝国和西罗马帝国)很有可能会走上各自不同的发展轨道。蒙古人直接消灭了所有潜在的军事竞争者。当这个锐意扩张的帝国最终分崩离析之时,大批蒙古人迫于动荡的局势,从中原地区撤退到蒙古草原。在这种情况下,一个以汉族为主体的王朝代之而起,控制了帝国主要的农耕地区。正因为蒙古人在崛起的过程中消灭了草原上所有的竞争对手,这个新的汉族王朝的北部边疆得以从严重的军事威胁中略微纾解(Twichett 与 Franke 1994:第6卷,第

4—9 章)。

显而易见,在公元 1500 年以前,中国的历史一直与战争如影随形。帝国的崛起与衰落往往根源于与周边少数民族的军事冲突。但与此同时,我们也可以看到使统一的中国集权国家得以维系和重建的内部力量。这其中就包括汉文化在不同语言、不同行为方式的族群之中的成功传播,也包括官僚制度的构建与完善。在成熟的中华帝国机体中,蕴含着许多由来已久、潜移默化的传统因素。但即便这样,在公元 10 世纪以前中华帝国还是几经衰残。

中华帝国的治乱兴衰启发我们将"帝国规模"引入政治经济学的思考。历史上的许多统治者都十分热衷于扩张领土。但是他们却很少能够适时地调整本国的政治机制以适应随着领土扩张而来的种种挑战(如国内叛乱、边境威胁等)。我们反反复复地观察中国历史上各朝代的内部治理,也反复地衡量曾经给某些朝代带来统治危机,甚至致使某些朝代走向崩溃的帝国规模。但是从长时段的视角来看,中国历史上的各朝代都很善于从前朝的兴亡中吸取经验教训。公元 1350 年以前(自秦至元)的中国历史,可以被视为中华帝国在统治技术方面一个漫长的学习和调适期。

接踵而起的明朝和清朝,充分地利用了前人所积累的统治经验。这两个朝代的统治者极尽所能地在内部治理和国际秩序构建之间寻求平衡。他们一方面高度重视国家的统一(以便资源和信息能够更加顺畅地流通),一方面也允许各地选择最适合本地区的治理机制(以便因地制宜和减少治理成本)。他们还需要根据民众的实际承受能力和官府所提供的公共服务,制定一个合适的税率。否则不是引起地方叛乱,就是造成征税困难。在对外关系方面,早前各朝代的统治者们往往高估了自己的统治能力,这些失误都成为触目惊心的前车之鉴。隋朝因不知厌足地拓展疆域,而引发了无法平息的内忧外患。蒙古人在中国的统治也仅持续了不到一百年,乃是因为他们把中国分为南北两个部分,并在南方人和北方人之间划出一道制度的鸿沟。他们征服了广大的地区和众多的百姓,但却很难长时期地施以统治和安抚。因此,明清的统治者一方面改善了贸易环境以增加财政收入,一方面也督促地方官府根据儒家的统治理念提供旨在保境安民的公共服务。

从罗马帝国到查理五世:欧洲的乱局

从中国的历史来看,人们很可能会认为一个成功的帝国,乃是建基于对外的征服和对内的仁政。但是从欧洲的历史来看,这对于一个追求长治久安的帝国而言是远远不够的。事实上罗马帝国就是在长达500年的时间里,战胜一个又一个敌人而建立起了庞大的基业。在这个过程中,罗马文化传遍了整个地中海世界。而罗马帝国统治者所推崇的治国理念,与儒家思想也并没有本质上的差异。但是在公元200年以后,罗马帝国仍然进入了一个衰落期。其衰落的征象起初尚不易察觉,随后变得越来越明显,最终至无力回天。许多研究者(Scheidel 2009;Potter 2004:530)都曾经指出,罗马帝国崛起、扩张、衰亡的整个历程与同时期的秦汉帝国有诸多相似之处。与世界历史上更多煊赫一时的帝国相比较,罗马帝国的衰亡可能是个异数,也可能不是。但最让我们感到诧异的,是所有曾经试图重建罗马帝国的尝试都失败了。如果我们仅拿秦汉帝国与罗马帝马进行比较,就很难确定哪一个帝国的发展轨迹是"正常"的,哪一个是"非正常"的。当然,要扩展比较的范围还需要更多研究者共同的努力。本章所关注的是中国和欧洲各自在怎样的空间范围内达致了政治平衡,以及为什么会有这样的差异。

如果一个生活在宋代的中国人来到公元10世纪的欧洲,他一定会被这里小国林立的情势所震撼,也很难理解这些国家的治国之道。尽管一些君主号称统治中国一个省那么大的地盘,但是他们对于这些领地的实际控制能力却远远不及中国的统治者。他们的权力被斯蒂芬·爱波斯坦(Stephen Epstein)所说的"自由"(Freedoms)所掣肘,这种特殊主义的诉求限制了封建君主征税,监管经济,以及提供公共产品(Epstein 2000)的能力。这种"自由"的享有者(不论是贵族还是平民,是农民还是城市居民),都随时准备好用武力的方式反抗君主的集权行为。因此在当时分裂的欧洲,专制君主不仅面临着被敌国侵略的威胁,还面临着本国臣民对其权力的制约。从中国人的角度来看,欧洲的君主就好比一个"惧内"的丈夫。从任何意义上来讲,欧洲民族国家的兴起都无异于是一个奇迹。

然而欧洲的分裂局势并非从来如此。如果一个中国人来到公元100年时的罗马帝国,则会发现一个对他而言再熟悉不过的政权。与中华帝国一样,罗马帝国也是在战火之中崛起的:从公元前218年汉尼拔(Hannibal)进军意大利,到公元9年瓦鲁斯(Varus)的失败为止,罗马军团几乎所向披靡。尽管瓦鲁斯在条顿堡森林战役中失去了三支军团,自己也饮恨自尽,但并没有从总体上撼动帝国的基础,欧洲西北部蛮族的西进也因此而停止了400年之久。此外,帝国在东部的扩展仍然在继续,图拉真(Trajan)的军队一路攻至底格里斯河流域。公元116年,罗马帝国的扩张终于停止,但这并非因为罗马军团在两河流域遇到了不可战胜的劲敌,而是因为波斯距离罗马帝国太远,没有办法实行有效的控制。

与中华帝国一样,罗马帝国非常严格地履行其征服者的义务。首要任务就是维护被征服地区的安定。尽管在公元116年之后,其劲敌已经随着帝国的扩张被驱逐到更远的地方,但罗马帝国统治者仍然普遍实行一种遏制性的政策(Goodman 1997:第7章)。与中国一样,罗马帝国也修建了长城。但是与中国的长城相比较,横跨苏格兰的哈德良长城就显得太短了。在德国和中欧的部分地区,有一道更长的木质防御工事。在罗马帝国的边境上,驻扎着许多军团。在公元150年以前,罗马皇帝最重要的职责之一就是筹措军费。如果他完不成这项任务,很可能就要付出生命的代价。罗马皇帝的另一项重要职责就是提供公共产品。尽管历史学家极力渲染罗马皇帝在"面包和斗兽"上的穷奢极侈,但是他们却很少提到,这些宫廷支出与对基础设施建设的投入相比是微不足道的。因此,罗马帝国的政治架构带来了巨额的私人和公共资金投入,当时修建的基础设施包括驿路、铺设整齐的城市街道、剧院、竞技场、神庙和城市供水系统等。这些建设在帝国的西部尤其引人注目,因为这些省份的城市化水平在被征服之前是相对比较低的(Goodman 1997:第 4 部分)。在许多情况下,这些设施是由贵族投资兴建的,并未累及国家税收,这也是罗马帝国贵族政治得以维系的关键性因素(Veyne 1976)。

与汉帝国相似,罗马帝国也推行了官僚制度和一套供精英信仰、修习的政治哲学。因此,在整个地中海和西欧的各个行省,建有凯旋门、竞技场、供水系统,拥有相似的行政架构的城市如雨后春笋般次第兴起。生活在这些城市里的人们不仅被视为本地的公民,而且被视为整个罗马帝国的公民。事实上在西罗马帝国灭亡之前,帝国中所有的自由人都已经拥有了公民的身份,他们中的一些以前甚至是"蛮族"的首领。一个人若能游历从英国到北非,从西班牙到土耳其的广袤地区,亲眼看见那些令人叹为观止的古罗马遗存,就不难理解为帝国的所有精英构建一个共同的身份认同,需要付出多么浩大的开支。在图拉真和哈德良时期,罗马帝国繁荣富强,君临万方,其境内的不同种族也纷纷服膺于罗马文化。这使人们很容易想到,罗马帝国简直就是雄踞于地中海地区的另一个中国。公元 2 世纪以前,帝国的政治精英来自整个地中海地区,他们被罗马皇帝派遣到各个行省,以强化帝国的统治(Potter 2004:第 2 章)。

但是好景不长,在马可·奥勒留(Marcus Aurelius)执政时期,帝国开始转入守势。在接下来的一个世纪中,因为沉重的军事压力,整个帝国被分为东西两个部分。虽然在公元 324 年,君士坦丁大帝(Constantine)在一定程度上重新实现了统一,但是他将帝国的首都迁离罗马,这一举措从长期来看反而进一步加剧了分裂。在君士坦丁大帝统治时期,罗马帝国的最高军事指挥官必须要同时统领驻扎在欧洲和亚洲的庞大军队。但是皇帝本人在特定的时间内只能出现在其中的一个地区,所以他必须指定一个人在他不在时统领军队。这样一来,驻扎在帝国另一部分的优秀军事统帅,就会成为皇权至为可怕的威胁。也正是因为如此,不到一个世纪之后罗马帝国就渐趋崩溃了(公元 410 年)。当然,罗马帝国的覆灭并没有一个精确的日期,西罗马帝国灭亡于公元 480 年,而东罗马帝国则又顽强支撑了 1000 多年。在这期间,东罗马帝国的领土缓慢而持续地被奥斯曼帝国蚕食。但是奥斯曼帝国却也无法扩张至多瑙河以北、阿尔卑斯山以西的欧洲地区。

与中国的皇帝一样,罗马帝国的皇帝也面临着许多错综复杂的问题。而帝国能够在这样的情势下得以维系,就说明他们至少在某一个阶段成功地解决了这些问题。从一个现代人的视角来看,帝国面临的主要是两个方面的挑战:一是因为缺乏固定的继承制度而引起的政治动荡;二是边境以外的族群给帝国带来的持续威胁。具体地说,罗马皇帝首先是一个军事首领。从凯撒大帝和奥古斯都大帝以军功获取帝位之时,这就形成了一个惯例。这样一来,任何人要想登上皇位,都必须得到军团和禁卫军的支持。罗马帝国的皇帝很少有正常死亡的,大多都死于自己的亲属、野心勃勃的将军和狂暴的士兵之手,还有几个后期的皇帝死于战场。继位之争持续白热化,是因为既没有规定说只能一个有皇帝,也没有任何制度规定军队作为一个整体要怎样选择最高统帅。所以在公元 69 年时,驻守西班牙行省的将军加尔巴(Galba)可以起兵反对皇帝尼禄(Nero)。一般说来,在成功地震慑了前任皇帝或赢得了一些关键性战事之后,篡位者就能够得到元老院的认可(Potter 2004:第 3 章)。所以,在暴君尼禄和康莫德斯(Commodus)死后出现的政治动荡,以及更加漫长的“三世纪危机”,都是围绕着谁能继承皇位而展开的争斗。但是尽管有这一致命的缺陷,罗马帝国仍然能在激烈、血腥的争夺中屹立不倒。

罗马帝国面临的第二个威胁是与周边民族的军事冲突。这种冲突的烈度和性质因时代而有差别。在罗马帝国的东部边境外,盘踞着一些组织有序的政权。公元二世纪以前(奥古斯都大帝之后的两个世纪),罗马帝国的东部边境本是无足轻重的,罗马军团在这些地区遭遇的抵抗微乎其微,他们可以随心所欲地把边境线划到任何位置。但是到卡拉卡拉统治时期,帕提亚王国已经拥有了一支相当强悍的军队。在公元 217 年的战役中,这支军队战胜了罗马人。而波斯萨珊王朝的兴起又引发了更多的战争,甚至连瓦勒良(Valerian)皇帝都在公元 259 年的时候成了波斯人的俘虏(Potter 2004:254—256)。尽管东部边境的战争像国内的继位之争一样,既耗费时日又劳民伤财,但那仍然是可以应付的威胁。事实上,即使在瓦勒良被俘之后,帝国东部仍然是更有价值且更加安全的地区。

罗马帝国真正的心腹大患来自北方。在从黑海到北海的区域内,居住着一些半游牧的民族,他们的军事力量也在这几个世纪中强大起来。尽管公元 9 年瓦鲁斯在条顿堡森林战役中遭到惨败,但是直到公元 259 年蛮族入侵意大利之前,罗马帝国仍然能够对周边蛮族保持军事上的优势。直到公元 378 年,皇帝瓦伦斯(Valens)的军队在哈德良堡战役中被彻底击溃,罗马帝国才真正遭到致命的一击。但即便如此,这个帝国仍然没有崩溃。与中国皇帝一样,罗马皇帝也非常善于笼络周边的蛮族。公元 270 年以前,皇帝奥勒良和他的继任者为了稳定边境地区,不时地拉拢周边的日耳曼部落。但是这并不能从根本上解决问题,因为当时罗马的政治结构正面临着巨大的调整,驻守在不同地区的军团拥护不同的领袖,上层之间的争斗也愈演愈烈。如何解决这些问题,成为非常棘手的难题。戴克里先(Diocletian)统治时期,推行了一项尝试性的改革措施——四帝共治。即将帝国分为东西两部分,每一部分各以一位主皇帝统治,再各以一位副皇帝辅政。这个统治集团的成员可以为帝国各地的军团任命足够的将领,同时也有利于笼络一些心怀异志的人。到君士坦丁一世时期,这项改革最终失败了,但是将帝国一分为二的可能性却延续了下来。

与此同时,在帝国的西边,罗马军团成功地征服了广袤的、人烟稀少的地区。只要罗马帝国能够继续保持其军事优势(直到马可·奥勒留时期确实如此),帝国西部的军团就能较为有效地控制局面,皇帝作为军事领袖的能力也就并不那么重要。但是蛮族不间断的西迁却使这种平衡难以维系。事实上,这些人烟稀少的地区也很难供养驻扎在这里的庞大军团,这些行省也难以为军团提供足够的兵源。因此,罗马皇帝从日耳曼部落征召雇佣兵,如果他们忠诚地为帝国服务,就将他们永久性地安置在帝国境内。因为罗马帝国的边境上设置了重重屏障,最靠近边境的蛮族部落也长期受到远道迁徙而来的其他部落的攻击。在这种情况下,任何势力都不可能置身事外。那些靠近边境的部落就像中国的边境少数民族一样,与罗马帝国保持着密切的来往,时而并肩作战,时而兵戈相向。公元378年击败了瓦伦斯皇帝的哥特人就是匈奴西迁的受害者。他们于公元376年被获准进入罗马帝国避难,然而由于不堪忍受地方官员的压迫与欺凌,他们最终选择了反抗。从那时起直到公元410年西哥特人洗劫罗马,西罗马帝国的颓势已不可逆转。不论是身处君士坦丁的皇帝还是日耳曼蛮族的领袖,都无法再度实现帝国的统一。

从中国历史的经验来看,罗马帝国的崩溃也是势所必然。人们长久以来都相信,一个建立在武力征服基础上的政权是不可能持久的。然而真正令人诧异的是,重建罗马帝国的努力也一再失败。尽管其东边的一部分后来演变成拜占庭帝国以及后来的奥斯曼土耳其帝国,但是其西边部分在整个中世纪一直处于四分五裂的状态。尽管在近代早期开始出现建立民族国家的浪潮,但是若以罗马帝国和中华帝国的标准来衡量,这些民族国家的疆域实在不值一提。事实上在中世纪的欧洲,拓展领土最有效的方式并不是征服,而是继承或联姻。

为什么欧洲长期处于分裂割据之中呢?公元259年之后的蛮族入侵无疑是一个重要的原因。蛮族入侵极大地改变了其所到之地的人口结构和政治制度(Bury 1928:37)。罗马帝国的西边部分人口稀少是历来如此,还是因为瘟疫和战乱? 这一直是历史学界争论不休的问题。但是可以肯定的是,蛮族入侵与军事精英征服农业帝国的过程有着本质上的区别。与蒙元入主前的游牧民族南下中原相比,蛮族入侵的过程要漫长得多,而且还带来了持续不断的政治变迁。传统的观点认为,这些属于不同种族的人们在文化、行为和政治结构上与罗马帝国格格不入(Bury 1928)。但事实上,这种观点是不能令人信服的。越来越多的证据显示,这些所谓的"蛮族"与罗马人并无本质上的不同。他们对罗马文化的认同程度远远高于人们此前的估计,一些蛮族的首领甚至还拥有罗马公民的身份。最新的研究也指出,在罗马帝国东部和西部的边境上,人们对于身份的定义其实是相当灵活易变的(Geary 2002)。在突破罗马帝国的边防线(或者成功地占据一部分罗马帝国的领土)之后,入侵者们随即面临着重建政治秩序、维持长期统治的新任务。例如,勃艮第人的首领即面临着多重的挑战。首先,他必须保持号令军队的能力。如果没有军队,他的统治权将会在一夜之间灰飞烟灭。第二,他必须妥善地治理那些臣服于他的土著居民。一般说来,土著居民的数量远远大于征服者的数量。所以如果不能成功地在他们中间树立权威,国家的财政收入就会捉襟见肘。为了达到这两个目标,蛮族领袖通常会将自己装扮成罗马帝国的继承人。然而在公元400年至800年期间,这种正统观念逐渐消减了,因为当时已经没有任何一个更高的权威可以提供确定无疑的庇护。例如,勃艮第王国就已被法兰克王国吞并。局势的变化不断证明:为了抵御新的征服者和虎视眈眈的邻国,一个统治者只能依靠他势力范围之内的民众。这样一来,那些有助于帝国重建的文化理念和政治实践逐渐崩溃了,而地方认同感和区域共同体却在不断地形成和强化。

罗马帝国在西欧的部分崩溃了,但是在东地中海地区的部分却延续了下来。事实上,这个以君士坦丁堡(后来的伊斯坦布尔)为中心的帝国有着相当顽强的生命力。罗马帝国的直系继承者们在几个世纪之中成功地维系着一个幅员广大的政权，包括西班牙、意大利和北非的一些贸易港口。在公元 378 年后的半个世纪中，拜占庭帝国是罗马帝国最富有、最强大的继承者（Ostrogorsky 2002），也使得罗马帝国的知识和文化得以薪火相传。然而与同时期的宋朝一样，拜占庭帝国也无法以武力恢复帝国曾经的幅员。经过旷日持久的僵持与战争，君士坦丁大帝的继承人最终被穆斯林统治者所取代。穆斯林不仅占领了罗马帝国东部的所有领土，还夺取了东罗马帝国的首都君士坦丁堡。但是除了一些可圈可点的军事胜利（如占领西班牙和法国的一部分、挺进巴尔干），不论是阿拉伯人还是土耳其哈里发都无法使罗马帝国破镜重圆。在伊比利亚半岛和巴尔干地区，他们前进的脚步屡屡受阻。因此在公元 800 年以前，罗马帝国的领土已经被肢解为东边的一个大国和西边若干个动荡不定的小国。

中世纪西欧的历史学家往往对拜占庭帝国抱着一种存而不论的态度，因为他们认为这是一个封建制度未曾生根的国度。这显然是一种偷懒取巧的作法，因为它使得罗马帝国最重要的继承者被排斥在欧洲史之外，从而也被摒弃在中欧比较的视野之外（Patlagean 2007）。我们认为，忽视欧洲历史上的拜占庭帝国，带来了两个亟待纠正的负面影响：第一，使得罗马帝国成为了历史的异数。人们反而倾向于认为，政治分裂才是欧洲大陆西部地区的常态。例如伊比利亚半岛，在罗马人从迦太基人手中夺取这一地区之前它就是分裂的，直到今天仍然如此。因此，如果没有拜占庭的反例，欧洲的政权似乎从文化和政治的角度而言始终就是分裂割据的。第二，拜占庭帝国的存在提醒我们，罗马帝国的政治制度其实一直在这个政权中延续，它并未像亚特兰蒂斯一样永远沉没于大海之中。即使是在西欧，帝国的观念也始终不绝如缕。

人们之所以不能忘却罗马帝国的政治制度，是因为它唤起了后世处于分裂中的欧洲人对安宁与富强的渴望。然而即使是查理曼大帝（800—814 在位）和查理五世（1500—1556 在位）的帝国，都未能逃脱支离破碎的命运。查理曼大帝尽管从未试图征服英格兰和北非,而且在征服西班牙的战争中也遭遇种种挫败,但他成功地控制了从法国到德国,从荷兰到意大利的狭长地带。完成征服之后,他又通过教皇加冕的方式巩固自己的统治。除此之外,他还建立了集权式的政治体制,以期提供公共服务、巩固政权。但即便如此,他的帝国仍然未能长久延续。他去世之后,他的三个儿子分割了帝国的领土并自相残杀。最后帝国的东部领土延伸到意大利,成为"神圣罗马帝国",而西边部分则成为法兰西。在此之前,欧洲的所有政权(包括王国、公国、侯国、主教辖区等等)都与此帝国没有正式的封建从属关系。

在公元 1000 年前,欧洲各小国君主从查理曼帝国得到的教训是,无论如何不能使王位传承成为国家分裂的契机。因此,以往的"优胜劣汰"或"诸子均分"的继承制度被长子继承制所取代。在一个君主有多个男性继承人的情况下,长子继承制确保了一个国家不会被割裂为几个部分。但是如果一个君主统治着多个国家,他还是可以把每个国家分给不同的继承人。如果当时的君主能将新得的领土与原有的领土合并为同一个国家,欧洲的政治进程也可能会被彻底改写。

但事实上,欧洲君主们所做的却恰恰相反。他们并未致力于整合不同的领土,而是正式地承认各种地方性的惯习。包括不动产形态、主佃关系、继承制度、度量衡、税制、征税办法、贸易保护制度等等。事实上,在中世纪晚期和近代早期,不同的群体所享有的权利往往是根据其社会地位、职业归属和居住地来划分的。直到 17 世纪这种做法仍然普遍存在,也就使得政治空间被人为地分割开来。下面我们不妨以西班牙的查理五世为例来说明这个问题。他所统辖的领土范围与查理曼大帝不相上下,但是这些领土却被分割为互不相干的二十几块。他是卡斯提尔、阿拉贡、那不勒斯、西西里的国王,也是奥地利的大公、尼德兰的公爵,以及神圣罗马帝国的皇帝。尽管卡斯提尔和阿拉贡这两个王国由斐迪南一世和其妻子伊萨贝拉一世联合了起来,但这两个国家仍然用着各自不同的方式进行治理,只是两国的王位将由同一个人来继承。即使在阿拉贡狭小的国土之内,不同的地区仍然是各自为政,其中较为重要的地区包括阿拉贡、瓦伦西亚、巴塞罗那县,以及同名的巴塞罗那市。

为什么欧洲的君主愿意接受对自身权利如此严苛的限制呢?在绝大多数情况下,这实际上是一种不得已的权宜之计。他们当然深知,将政治和经济权利赋予某些特定的群体是一件非常危险的事情。然而也只有这样做,才能既有效地消除内乱又保证国家的财政收入。如果一个统治者能够为其治下的民众提供稳定、富足的社会和经济环境,就像全盛时期的罗马或公元 1000 年时的中国那样,民众也许愿意把更多的权力让渡给他。但是众所周知,统治者能够向民众承诺的,也无过于丘吉尔所说的"热血、辛劳、眼泪和汗水"。事实上,欧洲君主之间激烈的领土之争持续了几个世纪之久,而且各国君主们也都乐于加入这场竞赛。这必然使得将财政税收用于地方建设的承诺变成空头支票。因此,不同地区的民众都明智地保留了其地方性的特权,以限制君主的军事野心。当然,一个心心念念于领土扩张的君主,基本上不可能取消相邻领地之间的通过税。因为这会使他的收入锐减,更会使他在关键时刻捉襟见肘。从欧洲和中国的历史脉络中可见,帝国和割据政权的政治经济逻辑是截然不同的。在下面的章节中,我们还要进行更加系统、深入的分析。

以前的许多研究都曾提出,中国和欧洲的政权规模塑造了其不同的经济变迁轨迹。但他们的论点是,欧洲诸国的政治竞争推动了经济的发展,而中华帝国的统一则导致了经济的停滞。而我们将要证明的是,政治竞争其实带来了非常沉重的代价。政治竞争和旷日持久的战争的确给欧洲带来了一些优势,但基本上是间接的、出人意料的。而在 18 世纪以前,帝国体制给中国带来的直接的、水到渠成的正面影响,远远超过政治竞争带给欧洲的间接的、意料之外的收益。在下面的章节中,我们对欧洲经济和中国经济的比较,将立足于政权空间规模的差异。我们还会证明,并不是所有的经济和制度差异都同等重要。一些曾经被认为对经济发展至关重要的差异,在欧洲和中国历史上的影响并不十分清晰;而另一些常常被假定存在的中欧间的差异,事实上也并不像之前的研究所描述的那么绝对。

在本书的第一章,我们追溯了中华帝国相对稳固和欧洲长期列国纷争的原因。军事和国内政治变化显然是塑造这两条历史轨迹至关重要的因素。直到查理五世统治时期,欧洲在全世界还是默默无闻的,而中国也对亚洲大陆的西端甚少措意。然而在应对草原游牧民族方面,中国和欧洲却有着许多共同的经验。在这些纵横欧洲大陆的侵略者中,13世纪的蒙古人无疑是最令人生畏的。自称具有蒙古血统的帖木儿大帝(1336—1405),是最后一个同时撼动东西方诸国的游牧民族领袖。在他之后,草原游牧民族不再具有彻底征服中国和欧洲的能力。于是在接下来的4个世纪之中,中国和欧洲的政治史就显得越来越疏离,而促使其各自经济发展的因素则既有相似之处,但也渐呈"分流"之势。在接下来的五章中,我们将探讨帖木儿大帝之后中国和欧洲在政治空间上的差异对其经济发展的影响。这些差异将有助于我们看清,中国和欧洲的经济究竟有哪些共同点,在近代是怎样分道扬镳的,以及为什么时至今日,政治规模的差异仍然能影响欧洲和中国经济的发展。

第二章 人口、资源与经济发展

欧亚大陆的不同地区,在家庭结构方面有着惊人的差异。工业革命前的欧洲与中国,不论是婚育年龄还是亲属关系,几乎各个方面都迥然不同。因为人口对于储蓄率、市场结构、经济成长速度都有着莫大的影响,所以许多研究者都试图从家庭结构的角度,解释欧洲和中国不同的经济变迁轨迹(A. Smith[1776]1976:76—77;E. L. Jones 1981:17—21)。在进行此类研究时,他们的一个预设是:与亚洲的扩大家庭相比,欧洲的核心家庭(只拥有一代成年人的家庭)在生育方面更加慎重,也更积极地参与要素市场。这一套逻辑大致上是基于二十世纪中期的数据。这些数据显示出:当时的核心家庭与低生育率、高人均收入、高市场参与度之间有很强的相关性。但是近些年来,许多不同地区都经历了快速的经济增长和人口生育模式的变化,以往被人们所确信的文化、人口数量和经济发展速度之间的关系也逐渐弱化。因此,我们必须仔细审视历史数据,也应该对借助人口解释经济变迁的理论模型进行反思。

要从人口统计学的角度来解释为什么工业革命最早发生在欧洲,至关重要的是对核心家庭和扩大家庭的比较。而家庭结构之间的差异,其影响既可以说是纯粹人口学的,也可以与家庭参与市场的激励联系起来。但是我们认为,过去的研究可能夸大了这种差异。事实上,除了扩大家庭,中国历史上也有核心家庭;除了核心家庭,欧洲历史上也有扩大家庭。而所有这些家庭,都用某种方式进行着生育控制。尽管在以扩大家庭为主的社会,人们对要素市场的参与程度要小于以核心家庭为主的社会。但不管是核心家庭还是扩大家庭,都会一定程度地参与要素市场。当技术的进步导致对雇佣工人的需求大大增加时,无论是欧洲社会的家庭还是亚洲社会的家庭都会越来越多地进入劳动力市场。因此,人口并不能解释中国的贫穷。

为了论证上述观点,我们使用了一些简单的经济学模型。但是我们并没有完全依赖于计量方法,因为如果不了解整个制度和社会背景,人们很难恰如其分地解读和运用数据。在本章和之后的章节中,我们所使用的模型都是简洁而且精炼的,并不涉及许多具体的细节,因此它们可能无法涵盖每一个特殊的情况。但也正是因为不过分追求具体细节,我们的模型才能普适和明了。评估它们的标准应该是:它们能否凸显最基本的关系和其背后的深意? 它们能否展现某些一直被研究者忽略的重要关联? 如果答案是肯定的,那么这些模型作为研究工具就是有意义的。在提炼结论的过程中,我们不断提醒自己不要滥用归纳法。尽管历史上的欧洲社会以核心家庭居多,而中国社会则以扩大家庭为主,但是例外的情况也比比皆是。所以将欧洲家庭界定为核心式,将中国家庭界定为扩大式,其实是夸大了两个地区的差异,也从一开始就带上了"人口引发大分流"的先入之见。

我们认为,在近代早期的欧洲和中国,围绕着家庭和市场而展开的经济活动的确有所差异。但是这种差异只是程度上的,并没有从本质上影响两个地区的经济变迁。事实上我们甚至还看到,宗族关系使中国家庭拥有了一些欧洲家庭所不能企及的经济优势。因此,要断定在城市工业化之前,中国和欧洲在家庭结构上的制度差异使得欧洲的某些家庭相对于中国的所有家庭都更有优势,是武断且没有说服力的。而且这种观点还可能进一步推演出,家庭劳动力的行为会阻碍跨地区、跨行业的劳动力市场的发展。然而有许多证据可以证明,家庭和企业都并不能决定劳动力市场出现于何时何地,也不能决定劳动力何时大规模地向城市的工厂转移。

在本章,我们将带领读者对欧洲和中国的经济史进行比对。我们从一开始就努力地另辟蹊径,因为许多传统的研究路径不是将人们引入死胡同,就是带着人们原地打转。

精打细算与贫穷

19世纪初期,马尔萨斯对于农业经济的研究贡献良多,他的理论重在揭示英国和其他地区人口与生活水平的协同变化(Malthus[1806] 1992)。马尔萨斯的理论揭示了人口与经济之间的长期互动,但是他的研究存在几个缺陷:一是对英国以外的地区缺乏坚实的证据;二是存在一种文化上的偏见,认为凡是英国的就是好的;三是研究方法上存在着一个严重的谬误。事实上,他将社会结构与经济绩效的短期互动(例如英国核心家庭与早期工业化)夸大为放之四海皆准的规律(即核心家庭对于任何地区的经济增长都是必须的)。由于他的结论极具吸引力,所以较少有人对其中的比较模型提出质疑。以至于不管是在理论上还是在具体内容上,他的研究对今天的比较经济学研究仍然影响至深。

马尔萨斯的学说之所以经久不衰,是因为它既简单又讲述着到处都在发生的事情。但就是这样一个抽象地看来无懈可击的理论,在用于解析不同国家的实际情况时,却常常显得站不住脚。他提出了四条铁律: 1. 自然资源是稀缺且增长缓慢的,所以从长远来看,人口数量的增加必然伴随着人均收入的递减;2. 在许多社会中,妇女普遍早婚多育。人口通常会通过"积极抑制"(positive check)而被限制在资源能够承受的范围。这种"积极抑制"包括贫穷、高死亡率等;3. 一部分人将生育率控制在自然生育率以下,因此也相对富裕。这种"预防性抑制"(preventive check)要求相当一部分妇女晚婚甚至不婚。4. 在一个理想状态的社会中,只有能够自谋生计的人才可以结婚。也就是说,婚姻的基础是人们至少能够凭借自己或父辈的资本积累,维持一个农场或商铺。在工资水平比较高的时期,资本积累的速度也比较快,大部分人就能较早结婚,生育率也随之升高;在经济不景气的时期,人们不得不推迟结婚年龄,致使许多人少子或不婚。

这套理论浅显精炼,所以顺理成章地成为一个庞大的社会科学知识架构的基础(对上述理论的简要概括请参见 Wrigley 1988)。后来的学者进一步扩充了马尔萨斯的理论,从供给和需求的双重角度断言,只有高收入的社会才更有可能经历工业革命。从供给的角度来说,一个高收入的社会才会将资源投入于经济发展所必需的物质资本和人力资本。而与此同时,这较高的一部分收入应该更多地消费于工业制成品上,而不是仅用于购买食物。我们并不想对这一理论吹毛求疵,但我们质疑的是,这一理论是否适用于比较经济研究? 在欧洲,马尔萨斯去世后很长时间,英国历史学家仍在极力宣扬英国家庭较之法国家庭的种种优势。当然,这样做也是因为当时的英国学者还找不到一个更好的抨击对象。在里格利和斯科菲尔德(R. Schofield)关于英国人口的经典著作(1981)中,两位作者坚称:只有英国才有效地控制了人口生育,而其他的欧洲国家(尤其是法国)在此方面则表现得比较消极。而后来的研究却在很大程度上推翻了他们的结论。戴维·威尔(David Weir)的研究显示:在 18世纪早期,法国家庭对于环境变化更为敏感。在一次遍及全欧洲的谷物涨价风潮中,法国家庭与英国家庭相比结婚率和生育率降幅更大,而死亡率则攀升更快(Weir 1984)。英国真正独特的人口现象,乃是从 17 世纪中期以来的快速增长。在整个 18 世纪,只有一个欧洲国家实行了所谓"有利于工业革命"的人口控制,那就是法国。但是该国人口结构的缓慢变化,非但没有使其摇身一变成为"世界工厂",反而拖累了其经济转型的步伐。

尽管如此,在哈伊纳尔(J. Hajnal)开创性的研究(1965)之后,仍然有一部分社会经济史学家热衷于用马尔萨斯的标准来衡量经济的发展。他们判断一个社会的经济表现时,主要是看其与马尔萨斯所设计的理想社会有多大的异同,而这种理想社会的现实模型则是近代早期的英国(例如 de Moor 与 van Zanden 2008)。但目前还是有越来越多的研究者开始意识到:欧洲各地的长期经济发展,其实是在一些截然不同的人口背景下发生的(Kertzer 与 Barbagli 2001—2002)。

尽管欧洲家庭各不相同,但相对而言其种类还是有限的,所以人们希望在更大的范围内检验马尔萨斯的理论。事实上,马尔萨斯(以及比他更早的亚当·斯密)曾经思考过欧洲和亚洲的人口差异(Malthus [1806](1992):41,183—184)。在马尔萨斯之后,也不断有人在思考这个问题。但是这些思考大多基于一个未经验证的诱导性前提,即人口是亚洲经济发展失败的根源。由于早期深入亚洲腹地的欧洲人常常看到人口异常稠密的景象,所以就直接地导致了欧洲研究者形成这样的预设。当马可·波罗带着关于中国的各种瑰丽传说返回欧洲时,稠密的人口尚被视为繁荣、富庶的象征。但是随着时间的推移,人们的看法开始转变。到公元 18 世纪时,欧洲旅行者开始越来越多地渲染亚洲庞大的人口处于极度贫困之中。于是,人口与贫穷之间的因果关系便深深地烙印在社会科学家的脑海中。中国的人口(也是人类有历史记载以来最为庞大的人口)常常被视为经济发展的桎梏(A. Smith[1776]1976:80—81)。19 世纪 70 年代、20 世纪 20 年代初、20 世纪 50 年代末,中国曾经发生了惨绝人寰的大饥荒,这都被视为中国落入"马尔萨斯陷阱"的铁证。研究者们坚信,中国的经济已经不能够承载如此众多的人口。中国政府也高度重视这一观点,并实施了每个家庭只允许生育一个孩子的计划生育政策。在这之后，批评者又开始诟病当今中国严重的性别失衡。然而不管这些批评者的论调如何不同，其主旨却是一致的，即出于文化的原因，中国的家庭不愿意节制生育，不管这一选择会带来什么样的社会后果。

然而近期的一些研究，却迫使我们改变对于中国历史人口的先入之见。雷伟立（Lavely）和王国斌（Wong）的研究（1998）指出：在公元1400年至1900年期间，中国的人口的增长速度总体上慢于欧洲。如表2.1所示，将1400年至1700年的数据进行平均，可以得出在工业革命以前，中国和欧洲的平均人口增长率都保持在每年0.23％，且都在1400年至1700年之间翻了一倍。既然在中世纪晚期，中国的经济仍被认为十分繁荣（而且在此之后的三百年间中国和欧洲的人口变化如此相似），那也就很难说是人口的原因导致了中国的经济衰退。同理，缓慢的人口增长也不足以解释欧洲（或某个欧洲国家）的经济发展。事实上，当时欧洲经济发展较快的地区，大多也是人口增长最快的地区。这篇文章不仅仅限于质疑马尔萨斯所提出的"积极抑制"（positive check），更揭示出一部分中国人是怎样利用"预防性抑制"（preventive check）来调节生育。在欧洲，马尔萨斯式的"预防性抑制"的形式包括妇女晚婚或不婚。而中国妇女则普遍早婚，而且很少有终身不婚的情况。然而中国人也有控制人口的独特方式，即杀婴。此外与欧洲家庭相比，中国部分家庭的子女年龄差距更大，妇女结束生育的时间更早（Lee与Campbell 1997；Lee与Feng 2001；Tsuya等2010）。与欧洲相似的是，历史上中国人口的实际出生率要远远低于生理上可能的人口出生率（Lavely与Wong 1998）。尽管目前较为可信的历史人口数据大多局限于中国东南部地区，但这些数据至少提醒我们，必须更正中国家庭无节制盲目生育的偏见。

表 2.1　1400—1950 年间欧洲与中国人口与年增长率对比

人口数量(单位:百万)			增长率(年百分比)	
年代	欧洲	中国	欧洲	中国
1400	60	75		
			0.300	0.288
1500	81	100		
			0.211	0.406
1600	100	150		
			0.182	0.000
1700	120	150		
			0.406	0.760
1800	180	320		
			0.433	0.341
1900	280	450		
			0.961	1.035
2000	729	1,261		

资料来源:Lavely 与 Wong (1998:719)

　　在过去的一千年中,毗邻上海的江南地区成为中国最引人瞩目的制造业中心,构建起最密集的市场与商人网络,孕育了最成熟的消费模式。除了经济变革之外,这个地区的人口在历次战乱中折损也相当严重。按照马尔萨斯的"积极抑制"理论,这个地区的人口应该经历快速的增长,因为她既经历了经济上的革新,又因为天灾人祸使原有的人口大量折损。但是目前的一些研究却告诉我们,这一地区的人口增长率比周边的许多地区都低。尤其是在 19 世纪中期,那一场几乎颠覆清朝统治的太平天国战争之后,江南人口的增长速度却相当缓慢(李伯重 2003;Bernhardt 1992)。这个现象乍看起来似乎说明,江南的资源已经到达了捉襟见肘的极限。但实际情况是,无论在太平天国战前还是战后,江南地区都保持着很高的生活水平。这就说明,人口增长缓慢并不是极端贫困和马尔萨斯式"积极抑制"的结果,而更有可能是"道德抑制"在发挥着作用。但是遗憾的是,我们目前所掌握的人口数据还十分有限,无法确知这种和缓的人口增长,究竟是更多地基于家庭的人口控制策略,还是更多地基于向外地的移民。

在比较经济史中,饥荒一直是一个备受关注的议题。因为即使在统计数据非常粗疏、匮乏的地区,关于饥荒和人口死亡数量的记载都是非常丰富的。在前工业化社会中,饥荒通常被视为马尔萨斯式"积极抑制"的首要指标(参见 Fogel 2004)。时至今日,人们大多不会怀疑:江南作为中国最富庶的地区,完全可以保证其居民生活在温饱线以上,单纯的人口问题并不能妨碍这一地区的资本积累。但是 19 世纪中国的其他一些地区却实实在在地遭受着自然灾害和饥荒的打击,许多地区因农作物歉收和食物匮乏,出现了大范围的饥馑和死亡(李伯重 2003)。然而这种人间惨剧并不能说明当地的农业经济已经不堪人口的重负,落入了"马尔萨斯陷阱"。因为已经有越来越多的研究者认识到:在极端的危机状况下,资源的分配并不仅仅是一个经济的问题,还更多地取决于社会和政治。饥荒往往发生在穷人无权获得食物的社会。即使食物并不是特别短缺,那些饥寒交迫的人们也常常无以果腹(Sen 1981;Drèze 与 Sen 1989;Fogel 2004)。由此可见,马尔萨斯对于经济发展极限的人口论解释并不是放之四海而皆准的。在西北欧之外的社会,政治体制和社会危机也是研究者必须关注的问题。政治和其他一些看似与人口不相干的因素,常常会引发生产和分配的失衡,致使人口死亡率激增。1959—1961 年中国灾难性的大饥荒,就是一个再明显不过的例证(杨涛 2008)。

总而言之,越来越多的证据说明,1600—1800 年的中国并不是一个在"马尔萨斯魔咒"下呻吟的社会。与欧洲家庭一样,许多中国家庭也在有意识地控制着人口。虽然中国家庭控制人口的方式与其他地区不同,但却并不是低效或无效的。此外,除了政治环境扰攘动荡的 1850—1978 年,中国的人口死亡率似乎并未随着收入的变化亦步亦趋。尽管印尼火山爆发引发的气候变化、列强入侵,以及大规模的内战均会导致人口的大量死亡,但是这些突发事件却并不能全面地反映中国的人口机制。像世界其他地区一样,中国的饥荒与人口折损应更多地归罪于社会危机,而不是真正的资源危机。在清朝统治的前150年中,很少发生严重的食物短缺,更没有出现过大规模的饥荒(Will and Wong 1991)。

我们对于中国和欧洲人口机制的探讨暗示了一个事实,即在中国内部和欧洲内部也存在着完全不同的人口机制。欧洲内部的差异引导学者们强调,主动进行生育控制的核心家庭在人口和经济发展方面的作用。因为核心家庭居多的地区,基本上都是经济变迁的前沿地带,也是率先完成工业革命的地区。所以基于核心家庭的理论,不仅被用于欧洲内部的相互比较,也成为欧洲与世界其他地区相比较的准绳。以往的学者大多认为,中国的家庭几乎都是不善于生育控制的扩大家庭。但是现在我们知道,扩大家庭并不是中国家庭的唯一形式。它在中国的东部和东南部地区更加普遍,而在北部和西北部地区则相对较少。如果武断地认为核心家庭的经济效率一定优于扩大家庭,那无异于使中国和欧洲截然对立起来。而刻意地夸大人口结构与经济绩效的关联,也最终助长了欧洲优越于中国的偏见。如果说核心家庭真的有助于经济增长,那么在中国,家庭规模较小的地区应该比家庭规模较大的地区更加繁荣、富裕。但是几乎没有任何证据可以证明,中国北部地区的经济表现优于南部地区(Allen 等 2007)。我们认为,就像1600年前的欧洲一样,中国家庭结构与经济绩效之间的关系也是很难一概而论的。

尽管我们不能仅凭家庭结构的差异,就把世界截然划分为"高出生率,高死亡率"和"低出生率,低死亡率"的两部分,但是家庭结构与人口仍然是非常重要的。因为在前工业化时代,大部分经济单位都是小规模的,所以家庭结构与劳动力市场的关联甚为密切。在下一节我们还将探讨这个问题,而且我们将再次发现,现有的结论也是建立在一系列欧洲优于中国的假设之上的。同样重要的是,如果我们抛弃欧洲和中国大部分人都挣扎在温饱线上这个假设，那么我们就有必要关注收入的问题，有必要探讨资源是怎样在人口、消费和储蓄之间进行分配的。

实际工资

在长时段中对某一个特定地区的收入水平和福利状况进行衡量，是一项颇具难度的工作。而我们更是试图对欧亚大陆两端的生活水平变化进行比较，所以就意味着难上加难。在进行这项工作时，我们不能满足于在 20 世纪时能看到的许多零星资料，再依据这些情况想当然地推断更早的历史时期。尽管在 1900 年以前中国和欧洲的生活水平已经有很大的差异，但用这种方法无疑还是戴上有色眼镜贬低中国，更可靠的研究方法是踏踏实实地爬梳几个世纪前保留下来的工资数据。当然，因为各种原因，这些数据大多是有瑕疵的。但是我们有充分的理由可以相信，收入水平的变化基本上是与工资水平的变化亦步亦趋的。我们知道当经济快速增长时，工资水平也会上升；当经济陷于低迷时，工资水平即会下降。当然这些变化都源于一个基本的经济规律，即从长远来看，工资等于劳动力的边际产量的价值。经济增长的时期，一般也是边际产量递增的时期。在相对较短的时段中（例如十年），经济的增长可能会伴随工资水平的停滞，因为新的技术可能会取代各种熟练或非熟练的劳动力。但是从长期来看，资本积累还是会带来劳动力的升值而不是贬值。

即便我们知道工资与经济表现的长期相关性，但我们还是无法回避另外一个难题：工资水平与经济增长的关系，也许在欧洲和在中国并不完全相同。这乃是因为在这两个地区，家庭与劳动力市场的关系有所差异。近期的一些对于相对工资的研究，要么对这个问题视而不见，要么认为这个问题使得研究根本无法进行。而我们在这一节中将提供一个理解框架，以说明劳动力市场的差异将怎样影响到我们所观测到的不同地区的工资水平。这不仅仅是一个技术问题，它还牵涉到一些长久以来被视为圭臬的概念,如"自给自足""规避市场的小农家庭"等。即便是现在,研究欧洲和中国的许多历史学家仍然将这些概念视为颠扑不破的真理(例如,Reddy 1984；P. Huang 1985),认为许多或绝大部分小农家庭并不参与劳动力市场。从定义上来看,自给自足的小农家庭的收入与工资无关。在工资水平增长的时候,自给自足的小农家庭的收入也许反而会减少,反之亦然。即便我们发现中国的工资水平高于欧洲,也无益于探讨这两种经济的相对收入水平,正如美国服装工人的收入水平无法与印度公务员的收入水平简单对比一样。一言以蔽之:所有对于欧洲和中国的比较都会受制于一个事实,即参与工资经济的家庭在所有家庭中所占的比例因时、因地而异。幸运的是,所谓"自给自足"其实只是一个理想化的模型,它与其说是农民自觉遵循并固守的一种经济模式,不如说是后世的理论家们建构起来的一个概念。其实在前工业化时代,绝大多数的农村家庭都是家庭成员与农场合一,消费、储蓄与商业活动合一。

农村家庭可能会选择参与要素市场(如土地市场、劳动力市场)。这种选择可能有许多原因,但归根结底在于一个家庭所持有的要素禀赋与其作为一个企业所理想的规模之间存在着差异。无论在何时何地,一个农村家庭总是拥有一些土地、资本、劳动力和技能。这里的土地和资本,是指一个家庭完全拥有或持有长期使用权的有形资本。劳动力是指一个家庭所有成员的劳动能力。技能则指家庭成员在耕作和其他生计活动中所表现出的天赋与经验。一个家庭的资源禀赋显然是反映了其财富积累的历程。一个辛勤劳作并注重开源节流的家庭,通常能够积攒更多的有形资产,而其劳动力和劳动技能还是取决于整个家庭的生育规划和年龄构成。如果要使大量的家庭都不需参与要素市场,必须能够极其精准地预测其未来的人口构成和生计规划,这在现实中几乎是不可能的。所谓的"自给自足"要求一个家庭土地和劳动力的比例长期保持恒定。也就是说,该家庭所生育的后代必须不多不少,这些孩子必须恰好在他们的父辈丧失劳动能力时接过养家糊口的重担,而且这些孩子必须原封不动地因循其父辈的劳动技能。这样一来,土地匮乏的家庭就永远培养不出更有效率、能经营更多土地的后代。很显然,这样守恒的状态在世界任何一个角落都不可能长久存在。[①] 同样的道理,在储蓄习惯、农业物收成和相对价格方面,这样的守恒状态也是不存在的。所以,不同的家庭农场在边际产量方面会有很大的差异。为了尽量平衡这种差异,农民必须长期参与要素市场。

其实要说明这个问题,并不需要完全依赖理论。不论是在欧洲还是在中国,农村土地分配都是不均衡的,几乎没有任何一个家庭恰好拥有与其劳动力数量精确匹配的土地。在欧洲,这样的证据可谓俯拾皆是(参见 Baehrel 1961;Herlihy 与 Kaplish—Zuber 1985;Soltow 与 Van Zanden 1998;关于土地分配与人口数量的关系,请参见 Emigh 2003)。中国农村的情况也是如此,相对于其劳动力数量,许多家庭的土地不是太多就是太少。这种普遍存在的不均衡迫使人们雇佣劳动力或充当雇工,也催生了土地的买卖和租赁。当然,一个农村家庭是否参与土地和劳动力市场取决于诸多因素。我们或许可以想象在许多社会中,土地市场可以一力承担调整要素间平衡的重担,以至于完全压抑了劳动力市场。但是这种单方面的解决方式之所以不可行,是缘于人们在事业心和才干上的差异。众所周知,要高效地经营一个家庭农场,劳动力的素质至关重要。一个殷实、能干的地主往往倾向于雇工经营,一个不善耕作的地主则更愿意将一部分土地租赁出去。当一个地主面临这样的选择时,他会精明地比较雇工的成本与收益。而一个有意充当雇工的人,也会认真地衡量究竟是出卖劳动力更划算,还是在自己的土地上增加劳动投入更有利可图。当然在这些权衡与交易背后,隐藏着极其复杂的机制,我们也不打算置喙于何时何地这些交易才能算是形成了要素市场(Hoffman 1996:第3章)。我们只希望说明一点,即绝大多数的农村

[①] 这个假设还需要一个前提,即所有家庭的边际生产力在任何时候都是一致的。

家庭都不是所谓"自给自足"的,所以对工资的探讨能帮助我们理解彼时彼地的整体经济状况。在本节接下来的篇幅中,我们将回顾有关于农村工资水平的研究成果。在下一节中,我们将进一步解读这些结论与数据。

致力于欧洲经济史研究的学者,已经对许多地区的工资水平进行过长时段的研究(Beveridge 发表于 1965 年的研究成果堪称此方面的早期经典)。这些历史学家可以说是极其幸运的,因为欧洲历史上的市政机关、慈善组织(如医院、修道院等)都对日常开支(尤其是所支付的工资数额)进行了详细的记录。更加可遇而不可求的是,大量的此类账本都保留了下来,清楚地记载了当时的工资数额以及许多商品的价格。据此,研究者们可以计算出当时的消费者价格指数(CPI)。这类研究带来了三个方面的发现(Brown 与 Hopkins 1981;Allen 2001):第一,公元 1300—1800 年期间,工资的变动与人口数量大致呈反比。尽管在黑死病(1347—1348)爆发以前,工资水平普遍很低;但是在接下来的半个世纪中,工资水平则不断上升,到 15 世纪早期达到一个高峰,直到 18 世纪都未曾被超越。第二,在 1600—1800 年之间的任何一个时间点,不同地区相同行业之间的工资差异,和同一地区不同行业之间的工资差异(Allen 2001)都非常明显。这种差异说明,所谓的"马尔萨斯均衡"(Malthusian equilibrium)在当时的欧洲是不存在的。如果说最低工资等于维持糊口的工资水平,那么当时欧洲绝大部分地区的工资都并不在糊口水平。最后,当时欧洲最高的工资水平出现在人口最稠密的地区(Ditmar 2009)。总而言之,对于欧洲工资水平的量化计算,基本上印证了文字史料对于欧洲经济兴衰的描述。

人口密度与城市化水平密切相关,但是却不一定直接关乎农业劳动生产率。城市居民当然需要消耗大量的农业劳动剩余,但是正如乔治·格兰瑟姆(George Grantham)所指出的,较低的农业劳动生产率并不一定会严重阻碍经济的发展(Grantham 1993)。经济发展最重要的先决条件,乃是本地市场能够有效地配置劳动力并提高专业化程度。当然,发生在城市中的资源重组,必然会对农村人口造成影响。而且不管在何时何地,城市的兴起都会刺激农业劳动生产率的增长。但是在低地国家和意大利威尼斯,城市的发展也在相当大的程度上依赖进口的粮食。另外,欧洲的人口机制也严重地限制了经济的发展。在一些自然环境恶劣的地区,土地出产根本不足以养育大量的人口。而城市中频繁而激烈的战争又导致人口数量锐减,乡村人口必须更快地繁衍以满足城市对于人口的需求(Wrigley 1967)。而反过来,城市也必须用更高的工资吸引来自乡村的移民。而最值得强调的一个事实是,在工业革命以前,个别地区(即低地国家)的工资增长并没有扩展至整个欧洲。由此可见,前工业化时期欧洲经济的特征似乎是区域化的繁荣,而不是维持在糊口水平上的"马尔萨斯均衡"。

　　罗伯特·艾伦认为,到 17 世纪中期,一个明显的分化开始出现了。在欧洲西北部,尤其是不列颠地区,工资水平较高,而且一直处于上升趋势。但是在南欧和东欧,工资水平则比较低,而且长期处于停滞甚至是下滑的状态(Allen 2009a)。直到 19 世纪后期,欧洲的工资水平才实现了总体的攀升。在当时,土地收益的增长似乎比工资水平的增长更快(因为土地是固定且稀缺的生产要素,加之农业劳动生产率也有所提升)。尽管在黑死病以后资本价格有所下降,但是资本存量的增加仍然超过了经济发展的整体速度(Clark 2007;Van Zanden 2007)。事实上,欧洲的经济发展至少在一定程度上是人均资本增加的过程。因此,对工资的探讨有可能低估收入增长的总体水平。然而,因为资本收入和土地收入的增加在当时还只能惠及少部分人,所以工资仍是衡量收入状况的有效指标。

　　在过去相当长的一段时间里,研究者们很少关注 18 世纪中国的收入水平。因为几乎所有人都认为,那时的中国还停留在"糊口经济"的阶段。研究者们的争论集中在,20 世纪初的中国是否出现了真正意义上的

经济增长。在这些研究中,不乏对于工资数据的使用(Rawski 1989;
Brandt 1989)。一部分学者认为近代中国的经济增长开始于 19 世纪末
20 世纪初,而另一部分学者则对此持怀疑态度。但耐人寻味的是,站在
这两种分歧立场的学者却一致赞同,18 世纪是一个贫穷的时代。尽管学
者们的具体主张各有差异:有的认为 18 世纪为未来的经济发展提供了
基础,有的认为 18 世纪的情况与 20 世纪初期差别不大(P. Huang
1985,1990)。但他们都一致认定,18 世纪的中国人是贫穷的。后来,渐
渐有一些学者开始怀疑,清代的经济是否真的那么失败。彭慕兰出版于
2000 年的著作提出了一个挑战性的观点:至少在 18 世纪的长江三角洲,
普通民众的消费水平可能是相当高的。在过去几年中,一些依据工资数
据进行的量化研究,也在缓慢但是卓有成效地推进着这场争论(Yan
2008;Allen 等 2007)。

对于 1850 年前中国个人收入的研究目前仍然处于起步阶段,但是
已经出现了一些重要的研究成果。从 18 世纪至 20 世纪,中国各地的实
际工资存在着很大的差异,这种悬殊与同时期的欧洲并无二致(Allen 等
2007;Yan 2008)。因此中国并不是一个贫穷的渊薮,一些地区的收入是
相对比较高的。而且所谓"中国"也是一个不断扩充的空间概念,因为始
终有大量的汉族民众向广阔的边疆地区迁徙(Pomeranz 2000:84)。但
是这种迁徙乍看起来有些令人费解,因为很多人离开了工资水平较高的
东部和南部地区,却迁往相对贫穷的西部和北部地区。然而如果我们抛
开了"自给自足""小农经济"的刻板印象,就比较容易解开这个困惑。因
为越是在富裕的地区,财富的分配越有可能呈现悬殊的态势。财力雄厚
的大家族基本上不会选择向外迁徙,但贫穷的人们却常常希望到新开发
的边疆地区碰一碰运气。事实上,贫穷地区的工资收入虽然比富裕地区
低,但人们还可以从不断开垦的土地中获取一些收入。这两部分收入加
在一起,往往就会超过富裕地区单纯的工资收入。在美国的"西进运动"
中冒险迁徙的人们,大多也是抱着这样的期待(Galenson 与 Pope 1989;

Ferrie 1999)。对于许多中国农民来说,在长江中下游地区可能只能做一个靠租佃土地为生的佃农,但在新开发的边疆地区却可以成为一个真正拥有产业的地主。那些产生了移民意愿的人,必须自觉或不自觉地对要素价格进行一番精明的计算——是富裕地区的工资更加丰厚,还是贫穷地区的地租更有吸引力? 这样一来,农户又和要素市场发生了关联。

对工资数据的研究还显示出:从 18 世纪中期到 19 世纪中期,中国民众的实际收入基本上没有提升。然而如果将人口因素考虑进来,研究者们又会发现,尽管中国人口在这 100 年中从 2 亿上升至 3 亿,但是许多地区的工资水平并没有明显地下降。这种停滞现象背后的含义是:一方面,中国和欧洲之间的经济"大分流"可能在公元 1700 年以前就开始了,到 1800 年时已经渐成定局;另一方面,清代中国可能并不像许多研究者所断言的那样,陷入了一种马尔萨斯式的"内卷化"进程。在人口增长如此迅速的情况下,工资水平还能基本保持稳定,这不能说明农业劳动力的边际产值有任何实质性的下降。

近来,对欧洲和中国收入水平的比较,尤其是对于欧洲和亚洲口岸城市的比较,遭遇了方法论上的困境。正如罗伯特·艾伦所说,这种比较中最令人头疼的是计算物价指数(2004)。在中国南方,大米的价格比小麦低,而在英格兰却恰好相反。一个生活在 1700 年的伦敦码头工人,基本上买不起同时期普通中国民众日常必需的消费品。同样的,一个广州的码头工人,也无力承担英国式的日常消费。但是如果采用一个综合指数(将双方的日常消费品混合起来),会发现伦敦和广州的工资水平基本持平。

这种基于物价指数的对比支持了一部分研究者的观点,即清代全盛时期的民众收入水平是比较高的。但更重要的问题是如何全面理解这些发现。我们论述的起点是中国和欧洲当时客观存在的一些经济状况,这些状况与中国和欧洲的劳动力市场是否具有相似的机制或结构没有太大的关系:第一,其他的相关数据显示:就 18 世纪非技术性劳动力的工资而言,中国沿海地区的水平明显高于欧洲最贫穷的地区,但是却低于欧洲最富裕的地区(Allen 等 2007)。因为沿海地区是中国收入水平最高的地区,所以我们可以断言:至少在 18 世纪早期,中国和欧洲的工资区间是有交集的;第二,1650—1850 年期间,中国民众的收入水平几乎没有上升,但是西欧的工资水平却直线攀升。这说明,中国开始落在欧洲的后面;第三,不管 19 世纪中期以前是发展还是停滞,在接下来的 100 多年中,中国经历了跌宕起伏、至广至深的政治和社会动荡。当然,20 世纪初的中国经历了一段经济发展的黄金时期,上海及其周边地区尤为受益。然而这种发展是难以持久的,所以中国许多省份 1950 年时的收入水平,基本上等同于 1700 年时的收入水平。而自 1850 年太平军叛乱至 1949 年共产革命胜利期间,那些一浪高过一浪的政治动荡,更使我们有理由相信,中国部分地区 1950 年时的收入水平可能还不及 1700 年。

综上所述,对于工资数据的量化研究有力地印证了"大分流"的命题。如果仅凭这些数据进行推断,"大分流"的时间起点可能需要向后推移,或许会推移到公元 1750 年以后。但是我们在下一节中将要论证,这样的结论是有问题的。因为当工资数据被放置在特定的制度背景下时,是很难被恰如其分地诠释的,它甚至可能使"大分流"的起始点被推移到 19 世纪 20 年代以后。然而我们认为,制度和经济结构上的"分流"甚至早在 17 世纪就已经初现端倪了。尽管工资与经济结构之间的脱节,可以部分地归因于劳动力市场的运作,但是在更大程度上还是工业技术缓慢推广的结果。

家庭与劳动力市场

我们对于人口和工资数据的研究,还具有另外一层意义,它使我们重新审视一贯被用来理解中国和欧洲经济史的一些概念。事实上,生育/死亡率与一些经济变量,比如食品价格,之间的联系取决于经济和社会的类型。经济史学家们普遍认为欧洲的经济(尤其是欧洲的家庭)是嵌入于市场之中的。因此,价格所反映的是相对需求和相对劳动生产率。然而对于中国,大多数学者承认商品交易总的来说是一种市场行为,政府较少对其进行干预,但是要素市场却始终处于政府和家庭的夹缝之中。

在这一节中,我们将重点关注市场与家庭的互动,而政治的因素则被放到下一章中进行探讨。本节的核心问题是:中国经济在相当长一段时期中的疲弱表现,真的是由家庭结构造成的吗? 对这个问题,传统的回答是肯定的。原因是,核心家庭是嵌入于市场之中的,而扩大家庭则取代了市场。从生育的角度而言,研究者们以往也认为欧洲式的核心家庭与市场更加接近。事实上,小规模家庭的劳动力数量在其生命周期的不同阶段时增时减,从而必须依赖市场。另外,当一个家庭的子女长大成人之时,往往会选择分家,这时就产生了对土地和资本更大的需求。而且即使是在一个理想化的平均主义社会,仍然会有一些家庭后祀乏人,另一些家庭则人丁兴旺。这样一来,土地和资本自然会从富裕的家庭流向贫穷的家庭,而劳动力则会从贫穷的家庭流向富裕的家庭(在此处,"富裕"是指土地充裕而人丁稀少)。此外,在父辈去世之前,成年的孩子们通常就面临着谋生的问题。所以,父母必须在孩子结婚之前就为他们积攒一定数量的土地和金钱。而那些不够殷实的家庭在孩子婚期将近之时,只能通过借贷来弥补积蓄的不足。

与以核心家庭(只有一代成年人的家庭)为主的欧洲不同,中国历来易于形成扩大家庭以及各式各样的亲缘组织。在中国传统的扩大家庭之中,一个大家长的所有男性后代都生活在一个屋檐之下,这个大家长也通常有多个妻子。在一个大家庭中总有一部分男性成员是终身无法婚娶的,他们也必须生活在家长的权威之下。这样一来,几乎所有的扩大家庭都有比较大的规模。而更加复杂的人口单位是宗族,它包括许多亲属组织,这些组织的成员并不一定住在同一个地域,但却可以追溯到同一个父系祖先。那么,中国家庭与要素市场是怎样的一种关系呢?首先,中国家庭相对来说不那么担忧子嗣的问题,因为即使一对夫妇未能生育男性后代,整个家族乃至整个宗族的其他夫妇还可以照常添丁进口,而且也可以通过收养、过继等方式在不同的家庭之间进行平衡。在这样一个相对稳定的人口社会结构之中,土地和劳动力的再分配就不会那么大量而频繁。此外,这种规模较大的人口单位也降低了人们对于要素市场的依赖,因为许多资源再分配的过程都可以在内部完成(Chaianov 1966)。正因为如此我们不难看出,即使没有专制国家的影响,扩大家庭的存在也会导致中国历史上要素市场的不发达。例如:在贪婪的暴君统治之下,亲缘组织往往比法律更能够有效地保护私有产权。在各类市场交易中,人们常常更依赖家族(或宗族)首领的权威,而不是由腐败官员主持的法律调判。从某种意义上说,亲缘组织内部的资源再分配比要素市场上的资源再分配隐蔽得多。从比较乐观的角度来说,在中国这样一个内部高度整合的帝国之中,扩大家庭通常更易于抓住长距离贸易的机遇。因为他们可以用家族规范保障交易的安全,而不必像核心家庭那样,只能把一切都托付给契约和喜怒无常的司法体系。

我们可以这样概括此前的研究结论:与核心家庭相比,扩大家庭与市场的接触更少。因此在一个社会中,核心家庭越多,家庭经济与市场的互动也就越频繁,而与市场互动频繁就意味着资源再分配的效率更高。所以以核心家庭为支撑的经济,将能实现更高的收入、更高的工资和更快的发展。整个人口中核心家庭所占的比例与平均工资之间的正相关关系,是支持这一结论的实证证据。但事实上,这些结论有着刻意为之的意味。支持这些结论的研究者大多相信,英国是工业革命的摇篮,也是一个以核心家庭为主的社会。

若对这一结论进行更加认真的审视,不难发现:第一,核心家庭居多的社会,的确能够形成更大的劳动力市场;第二,即使市场交易并不能提升总体的经济效率,核心家庭比例比较高的社会工资水平也是相对比较高的。所以核心家庭工资水平比较高,并不能证明核心家庭的存在提高了经济效率;第三,只有当经济单位最小的时候,家庭结构对经济的影响才最明显。当大部分工厂都达到了雇佣数百人的规模,不同社会的家庭结构之间的区别也就无关紧要了。因为所有工人不论来自扩大家庭还是来自核心家庭,都已经成为工资劳动力了。

让我们首先来解释上述第一点。在栏 2.1 中,我们用数学公式对这个问题进行了解释,但是对数学不感兴趣的读者可以只阅读本段的文字。在前工业化时代,工厂和农场的规模都很小。所以我们假设当时所有的企业都只雇佣两个人,一个是企业主(即工厂主或农场主),一个是工人。并且我们还假设,所有人都有一半的可能是善于管理的。如果善于管理,他就成为企业主,否则就成为工人。现在我们再把这个模型代入到不同的家庭结构之中。假设一个核心家庭中只有一个人能受雇于工厂(妇女完全从事家内劳作),那么这个社会中有一半的家庭会有一个企业主,他们会从另一半的家庭中雇佣同等数量的工人。而在一个扩大家庭居多的社会中,假设每个家庭拥有两个可以受雇于工厂的劳动力,那么就会出现以下三种情况:第一,一家的两个劳动力全都是企业主,开设两个企业;第二,一家的两个劳动力全都是雇工,通过劳动力市场受雇于人;第三,一家中的一个劳动力充当企业主,另一个劳动力充当雇工,完全不用借助于劳动力市场。这样一来,在一个以扩大家庭为主的社会里,劳动力市场上可供雇佣的劳动力数量大约是另一类型社会的一半。当然,我们还可以做其他的假设。比如核心家庭中普遍拥有两个劳动力(丈夫与妻子),扩大家庭中有三个或更多的劳动力。得出的结果还是一样:家庭规模越小的社会,市场上受雇于人的工资劳动者就越多。

栏 2.1　家庭结构与劳动力市场

假设每个农场或工厂都需要一个企业主和一个工人。一个在其中工作的人要么是工人(W),要么是企业主(E)。这个企业只有在由一个企业主经营,雇佣一位工人的情况下才能赢利。而且资本市场是完善而且高效的,所以不必考虑企业的其他投入。另外,我们还可以假设,一个核心家庭只有一个人可以受雇于农场或工厂,他(或她)必须要决定是做工人还是做企业主。而在一个扩大家庭的体系中,大家长可以决定是否成立企业(以及雇佣家族中的哪一位作为企业主,当然也可能是他自己),雇佣谁来当工人,以及让谁走出家庭之外自谋生路。我们假设,所有人都有 1/2 的可能成为企业主。

在核心家庭(拥有一个可雇佣劳动力)中,E 类的人成为企业主,他们会雇佣一个 W。也就是说,在这个社会中会有一半的人受雇于另一半人的企业。

扩大家庭是规模更大的家庭。想象一个由扩大家庭组成的社会,每个家庭中都有两个成年人(这是可能的最小的规模),那么他们就会面临着四种不同的选择(E, E)、(E, W)、(W, E)或(W, W)。与核心家庭的情况一样,每个 E 类的人会开办一个企业,那么(E, E)类的家庭就会拥有两个企业,而(E, W)和(W, E)类的家庭则会经营一个企业,只有(W, W)类的家庭需要到劳动力市场上寻找工作机会。在由核心家庭组成的社会中,一半的人是企业主,另一半的人是工人。但是在由扩大家庭组成的社会中,(E, W)和(W, E)类的家庭可以自己给自己提供劳动力。也就是说,他们的工人不需要到劳动力市场上找工作,他们所获得的报酬也并不是工资的形式。这样一来,在这个社会中,靠工资维生的雇佣劳动力(来自(W, W)类家庭的成年劳动力)只占全部人口的 1/4。

将这个模型推广到 2 个劳动力以上的家庭和 2 个成员以上的企业也很容易。如果一个家庭有 n 个成年劳动力,那么 E 和 W 的可能组合就有 2^n 个。如果一个家庭拥有 m^e E 个成年劳动力,或拥有 m^w W 个成年劳动力($n = m^e + m^w$),并使 $m = \min(m^e, m^w)$,那么拥有 m^e E 个成年劳动力和 m^w W 个成年劳动力的家庭比例将是($n!$ $/2^n m!$)

从上面的推导,很容易看到以下的结论:(1) 如果社会 1 的家庭规模是 n1,社会 2 的家庭规模是 n2,如果 n1>n2,那么社会 1 中的雇佣劳动力数量将会小于社会 2 中的雇佣劳动力数量;(2) 如果 n1>1,社会 2 中雇佣外部劳动力或受雇于人的家庭比例将会更大;(3) 如果企业需要的工人数量为 f,尽管家庭规模为 n1 的社会和家庭规模为 n2 的社会还是会有一些本质性的差异,但是其差异已经大大减小了。

但是如果我们更加现实地考虑性别分工的问题,两类社会的差异就不会那么悬殊。而如果我们把所谓的扩大家庭无限放大,两类社会的差异就显得更加天遥地远(最极端的假设是,由一个扩大家庭掌控一个完整的经济系统,那就意味着每一个人都为自己的亲戚工作,都不必进入劳动力市场)。前文中提到,企业规模的增大也会缩小两类社会的差异。当然我们承认:不管在任何情况下,家庭规模越大,对劳动力市场的依赖程度就越小。但是需要强调的是,"小"(less)和"无"(none)是不一样的。在企业规模很小的情况下,就算一个扩大家庭可以拥有多达 10 个劳动力,至少还有 10% 的劳动力可以进入劳动力市场。在这种情况下,劳动力市场仍然是很活跃的,因为占相当大比例的家庭会雇佣至少一个劳动力,或者向市场输出至少一个劳动力。[1] 所以即使在扩大家庭居多的社会中,劳动力市场对于边际价格的变化仍然是十分重要的,并且会对经济条件的变化有所回应。因为人们往往相信,市场规模越大就越有效率,所以许多研究者都把清中后期以来中国经济的落后归罪于其要素市场的不发达。但事实上,我们在后文中将要证明:自清初以来,中国的要素市场的确是规模较小,但是这并没有对中国经济的发展造成长期的负面影响。因为除了要素市场之外,还有许多机制在帮助这个经济体进行要素再分配。

在研究中国的要素分配问题时,我们不应该仅仅纠结于要素市场的大小,而应该在社会人类学与市场之间找到一个联结点。更加准确地

---

[1] 这就好比是抛硬币的游戏。你会发现,随着抛的次数增加,硬币正面朝上的机率会接近于 1/2,但是却几乎不可能使正面朝上的机率不多不少地保持在 1/2。前一个事实就对应着在扩大家庭的冲击下缩小了的劳动力市场,后一个事实则对应着扩大家庭越来越多地参与劳动力市场的事实。

说,是把家族视为一个企业。从这个意义上来讲,这一节的论述将在很大程度上借鉴格利·贝克尔(Gary Becker)的研究成果(Becker 1981)。但是与贝克尔不同,我们并不认为我们的结论是放之四海皆准的。将一个家族视为一个企业,会使研究者忽略这个家族的许多活动和它的内部结构,但是却能更加重视其经济绩效和价值产出。尤其是它促使我们思考:在什么样的情况下,作为一个大家庭(或亲属组织、宗族组织)的成员,会比单打独斗更加有利可图?一个大于核心家庭的团体之所以值得人信靠,是因为它可以使人们在不求助于劳动力市场的情况下就能获得资源(因此也就节省了由市场交易所带来的交易成本)。另一方面,这个团体的领导者有权力向其成员发号施令,并且必须提供足够的资源保证这些命令真的能够得以贯彻。所以,一个较大的人口单位的成员,要不同程度地承担维系这个组织的成本。于是我们所面临的问题,就不仅仅是什么样的家庭结构能够带来最大的经济绩效,而是家庭与市场之间要怎样配合,才能够带来最大的经济绩效。

科斯(R. Coase)关于企业的论述可以帮助我们回答这一问题。在他的经典论文《企业的性质》(1937)中,科斯提出:市场是存在于组织之间的。显然,市场一头联结着生产者,一头联结着消费者,但是科斯是在一个更加普遍的意义上讨论这个问题的。在通常情况下,一个企业会从市场购置各类生产所需,也会通过市场销售产品。但是有一些投入(如厂房所在的土地)可能是企业长期拥有的,有一些产出(如企业自己制造的机械设备)也许是始终不会出售的。这是所有企业皆然的。然而我们可以设想一个极端的情况,就是一个企业不拥有任何固定资产,只是单纯地进行一个环节的加工生产。它的所有生产所需都从市场购置(包括租赁设备和厂房),而且出售所有的产品。通常情况下,一个企业的经营活动要么是纵向整合的(即介入生产、运销的多个环节),要么是横向整合的(即生产多种产品),要么是二者兼备的。我们还可以设想另外一种极端的情况,即在一个完全的计划经济之中,一个企业掌控着所有的生产环节。当它向生产的上游或下游环节延伸整合时，也就用内部的权力结构取代了市场交易。打个比方：当一个磨坊主买下了一个面包房时，他就不需要再销售自己生产的面粉了，于是面粉的市场就消失了，磨坊主也必须承担起监管面包房的任务。也就是说，如果这个磨坊主买下了面包房，就意味着他觉得相比于处理面粉市场上的交易，管理面包房更好。科斯认为，一个企业整合的程度能反映出其交易成本的大小，但是一个企业是否应该被整合却并没有一定之规。

我们也可以借用这个逻辑来理解家庭与经济绩效的关系。所谓"扩大家庭"就是一个比核心家庭整合度更高的家庭。按照科斯的企业理论，在某些情况下，扩大家庭的经济效率会高于核心家庭，但并不绝对如此。然而与科斯所讨论的企业不同，核心家庭并不能灵活独立地选择其整合程度。事实上，它还穿越历史时空保存了下来，至今仍然普遍存在。众所周知，欧洲引领了世界的工业化进程，而英国则是欧洲工业化的先行者，所以学者们曾经试图将核心家庭（以及其他具有英国特色的现象）与经济绩效联系起来（参见 de Moor 与 Van Zanden 2008）。现在看起来，这种牵强附会的解释是站不住脚的。事实上，工业化与核心家庭之间并没有必然的联系。而且工业化并不是发生在家庭式小作坊里，而是发生在规模相对较大的工厂。所以，一旦我们否定了家庭规模和经济变迁之间似是而非的关联，就很难断言究竟是核心家庭还是扩大家庭更有利于经济的发展。

这个论断还可以扩展到人口方面。它引导我们思考：较大的家庭单位和较小的家庭单位，究竟哪一个更有利于控制人口增长的速度？因为受马尔萨斯的影响，我们都非常关注所谓"积极控制"的力量。在这里，科斯的企业理论就完全应验了。一个小规模的家庭会很自然地限制生育。因为正如贝克尔所指出的：在这样的家庭里面，父母非常关注孩子的生活质量。所以他们会根据自己的经济能力，谨慎地决定究竟生育多少个孩子。除了家庭积蓄之外,平均工资水平也是影响他们考量的重要因素。因为如果一个人的财力有限,不能独立经营农场或手工作坊,他就必须靠挣工资养活自己。但是在动荡的、人口死亡率比较高的时期,一个希望延续后嗣的家庭通常会尽可能多地生育孩子。一个小规模的家庭通常不会过多地关注生育对平均工资水平、土地租金和资本的影响。因为在他们看来,这些价格在特定的时期内是给定的。我们不妨设想,一个仁慈的君主为了增加下一代臣民的收入水平会做些什么。他(或她)大概会像上文中所提到的那种理性、无私的父母那样思考问题。所不同的是,他们的所想和所为都是在社会层面的。他们不仅会千方百计地避免高生育率,还会极力消除因人口聚集给工资水平带来的外部性影响。人们大可以设想,规模比核心家庭更大的扩大家庭会更接近这样一个理性君主的思考和作为。对华北地区大宗族人口行为的研究显示,马尔萨斯的"预防性抑制"在这里表现得特别明显,宗族首领毫无疑问地支配着整个宗族的人口和生育(Lee等 1992;Lee 与 Compbell 1997)。例如李中清对于东北旗人的研究提到,在工资水平较低的时候,族长通常会限制族内地位较低的家庭的生育。他宁愿花钱从市场上购买所需的劳动力,也不愿增加宗族的人口。族内劳动力看起来比市场上的劳动力便宜,但是在一个劳动力过剩的经济体之中,供养他们的成本实际上是很高的。因为这些储备劳动力拥有宗族成员的身份,所以宗族必须向他们提供不低于劳动力市场的福利。但是在经济环境恶劣的时候,又不可能像解雇自由劳动力那样解雇他们。因此,除非一个宗族首领希望强化宗族的武装力量,否则他必须要不断地在增加宗族人口和购买劳动力之间进行权衡。

但与此同时,我们仍然有可能高估了扩大家庭应对市场和控制人口的能力。尽管扩大家庭有控制人口的机制,但是它也拥有一套权力结构。这种权力并不总是用于提升整个宗族的福祉,就像一个企业的行为并不总是遵循利润最大化的原则一样。我们可以设想两种低效的情况：第一，宗族首领个人希望扩大宗族的规模（因为尽管这会使宗族变得更加贫穷，但是却会增加他的个人权威）；第二，宗族首领一方面限制其他宗族成员的生育，一方面不断增加自己的子嗣，使得整个宗族的人口规模仍然大于核心家庭。在李中清和康文林（Cameron Campbell）的研究中，并没有显示中国宗族更倾向于上述哪一种情况。这可能是因为，与世界上许多其他的政治和文化环境相比，中国宗族对于人口的影响相对没有那么大。

上面的诸种结论尽管有些自相矛盾，但仍然可以说明，家庭结构和人口数量未必能够如此深刻地影响经济发展。扩大家庭与市场的联结可能会少一些，但是他们并没有压制和回避市场。使用宗族成员可能会产生一些交易成本，但也可以规避市场交易的成本。尽管中国的要素市场或许不如西欧那么活跃，但是宗族首领也不可能无视单位时间内的劳动价格以及地租水平。事实上，即使不考虑家庭的生命周期问题，中国和欧洲的家庭都曾频繁地参与市场。这个看似简单的模型还有更深一层的含义，即人们是否到市场上购买劳动力，仅仅取决于他的家庭是否有足够的人手，因此市场上的劳动力价格就能够比较准确地反映所有劳动力的工资水平，而工资的差异也就可以用来衡量整个经济体中的边际产值。但是这样的思路往往使研究者忽视普遍存在于劳动力市场中的交易成本，所以下面一个章节我们将专门讨论这个问题。

家庭与工资

在我们的模型中，人们或者是雇主或者是雇工。但是现在我们又将雇工细分为两类，即高水平雇工和低水平雇工。高水平雇工更加勤勉，也更加精明能干。在栏 2.2 中，我们将这个进一步的假设代入进行分析,以证明即使在总产出相等的情况下,以扩大家庭为主的经济体较之以核心家庭为主的经济体,工资水平更低。在这个给定的模型中,一半的人是雇主,四分之一的人是高水平雇工,四分之一的人是低水平雇工,而每个家庭的机会也是均等的。假设高水平雇工的边际产值是低水平雇工的 2 倍,那么平均每个雇工的产值是 1.5。虽然雇工的能力并不写在脸上,也通常无法进行专业认证,雇主只有在日复一日的接触中慢慢摸清每个雇工的水平。但不同的是,宗族(或家族)首领通常都比较了解他们的雇工,而劳动力市场上的雇主一开始却对他的工人所知甚少。因此,劳动力市场上的初始工资大概对应于工人的平均劳动水平。而我们关心的问题是宗族(或家族)结构怎样影响劳动力市场上的平均劳动水平,进而怎样影响到劳动力市场上的工资水平?

假设一个社会只有核心家庭,那么所有的劳动力都通过市场进行配置,平均劳动水平为 1.5。但是随着家庭的扩展,只有净剩余的家庭成员才会进入劳动力市场,而这些进入市场的往往是低水平的劳动力。因为对每个家庭成员有充分了解的家长,通常会用高于劳动力市场的待遇留住高水平的劳动力。正如栏 2.2 中所分析的那样,劳动力市场在这种情况下的发展其实是一个筛选的过程,这种筛选的结果是:随着家庭规模的扩大,劳动力市场的工资水平呈下降趋势。原因是进入市场的剩余劳动力,通常属于被大家庭排挤出来的低水平劳动力。我们的模型证实了此前文献中所提出的结论:与核心家庭相比,扩大家庭与市场的接触更少;即便在两种经济体的生产力水平相等的情况下,以扩大家庭为主的经济体工资水平也会更低。换句话说,以扩大家庭为主的经济体较以核心家庭为主的经济体工资更低,并不意味着两种经济体的生产力水平有实质性的差异。由此可见,工资水平的差异可能并不是经济分流的指征。

栏 2.2 家庭结构、劳动力市场和工资

下面的模型是对栏 2.1 的一个延伸。一个成年劳动力可能是一个企业主(E)，也可能是一个技能高超(W)或技能低下(w)的工人。所以可以将人划分为三个类型:E, W, w。1/2 的人属于 W 型,1/4 的人属于 W 型,1/4 的人属于 w 型。

拥有 1 个成年劳动力的(核心)家庭:将工作技能纳入考量范围并未改变对这类家庭的分析。因为所有的工人都通过赚取工资维生,所以工资劳动力的平均劳动技能将与全体人口的平均劳动技能相一致。

拥有 2 个成年劳动力的家庭:靠工资维生的雇佣劳动力占全部人口的 1/4,他们的平均劳动技能也与全体人口的平均劳动技能相一致,因为他们都来自拥有两个雇佣劳动力的家庭(WW, Ww, wW, ww)。

拥有 3 个或更多成年劳动力的家庭:首先我们来考虑拥有 3 个成年劳动力的家庭的情况。在前面的分析中我们已经提到:在一个由扩大家庭组成的社会中,一半的人是企业主,另一半的人是工人。而在工人中,又有一半的人将受雇于他们的家族企业。因为 3 是一个奇数,所以所有的家庭都会有剩余的劳动力,这些剩余的劳动力可能是企业主也可能是工人。那些有剩余工人的家庭一定会面临着一个问题:将谁送到劳动力市场上去赚取工资?

将家庭成员推向劳动力市场的家庭,是拥有一个企业或不拥有企业的家庭。如果这个家庭一个企业都没有,他们就必须将所有的成年劳动力都推向劳动力市场。在这种情况下,这个家族劳动力的平均技能将与社会全体人口的平均劳动技能相一致。而那些拥有一个企业主和两个同等技能工人的家庭也是如此。但是如果一个家庭中两个工人的技能不一致(E, W, w),那就值得做更深入的分析了。一般说来,家庭成员对彼此的劳动技能都更加了解,而对从劳动力市场上雇佣的工人则没有那么了解。所以,一个家庭中的企业主(E)十分清楚他应该雇佣哪一位家庭成员为他劳动,也很清楚该给他多少工资。然而劳动力市场却很难区分新工人的劳动技能是高还是低(W 和 w),所以劳动力市场只能按照工人的平均技能给予工人工资。这样一来,家庭给高技能工人的工资,将高于劳动力市场给予他的工资;劳动力市场给低技能工人的工资,将高于家庭给予他的工资。因此,只要家庭有选择的可能,他们一定会将低技能的工人送到劳动力市场。所以,尽管由拥有 3 个劳动力的家庭组成的社会,其平均劳动技能与由拥有 2 个劳动力的家庭组成的社会是相同的,但是其劳动力市场的平均技能却更低一些。事实上,我们还可以在这个基础上进一步分析,并证明随着家庭规模越来越大,这种选择效应也会更加明显(一个由 n 个劳动力组成的家庭,在由较小企业组成的经济体中将会经历更加严峻的选择。而将这个家庭放在由较大企业组成的社会中,选择效应则没有那么明显)。所以如果说中国家庭的平均规模大于欧洲,那么即使没有生产力的差异,其劳动力市场的工资也会低于欧洲的水平。

为了说明扩大家庭更倾向于回避劳动力市场的传统观点,我们所设计的模型其实是尽可能夸大了两类家庭参与劳动力市场的程度。现在则有必要对这个假设进行一番检讨。在前工业化时代,绝大多数企业不外乎是小农场和手工作坊。因此,许多企业只是由一个雇主和一个雇工构成。但是在工业化的过程中,企业的规模变得越来越大,这就使得雇工的数量越来越大。这样一来,不同家庭类型对于劳动力市场的影响程度就越来越小。

传统的观点认为,家庭结构和生育制度的差异直接导致了中国和欧洲经济的分流,也使得英国最早实现了工业化。因为中国和欧洲的家庭结构正好有这样的差异,所以其他的因素(诸如市场的角色等),往往不经过仔细论证就被轻率地加入这个因果链条之中。尤其值得一提的是,人们非常容易相信,欧洲西北部地区的家庭拥有一套深植于其文化的、值得称道的行为方式,也正是这种行为方式促进了其经济的成长。在这个观点之中,文化决定了家庭结构,进而改变了经济的逻辑。但是正如我们在前文中所指出,由文化到家庭结构,再到市场参与,再到经济发展的逻辑,其实是有诸多漏洞的。举例来说:在 20 世纪前 30 年,上海及其周边地区孕育了一个庞大的工业劳动力群体;在 20 世纪后 30 年,整个中国都见证了劳动力的激增,这些似乎都没有太多地受到所谓"中国文化"的影响。因此,认为中国文化限制了劳动力市场和前工业化经济发展的论点,其实仍未超越马尔萨斯和其他一些学者早已提出的高度抽象的理论。

如果我们用较为公允的视角回望历史，也有助于去除一些偏见。如果中国人真的如此愚昧低效，而欧洲人那么精明能干，那么为什么在相当长的历史阶段中，欧洲都比中国贫穷得多？同样的，为什么许多拥有大量扩大家庭的亚洲国家，在今天仍有很好的经济表现呢？当然，中国家庭也并非都是大规模的或者扩展式的。但是我们仍然想要追问的是：为什么人们明明知道核心家庭有那么多经济上的优势，却仍然要保留相当一部分的扩大家庭呢？为了解释这些现象，人们不得不煞费苦心地去寻找扩大家庭的经济优势。然而事实上，除去一些互相抵消的优势之外，核心家庭与扩大家庭的差异似乎并没有那么大。这样一来，人们自然会反思，人口在经济发展过程中究竟有着怎样的重要性。

我们的研究并未试图解释欧洲与中国所有的不同，我们真正关心的只是家庭与市场的互动，以及保持欧洲对于要素市场的高度依赖。我们的模型显得更加简洁，因为我们没有预设任何一种家庭结构有更高的经济效率，也并不认为一个社会拥有更大的要素市场就会有更好的经济表现。事实上，即便不存在经济效率的考虑，中国和欧洲的家庭结构和市场发育程度也会有所差异，因为这两个地区处在截然不同的文化和自然环境之中。

如果我们不执着于"制度决定论"或"文化决定论"，自然会发现更加多样化的事实与联系。如果我们从科斯的视角审视这种多样性，会发现家庭结构与市场的关系其实是随着科技、相对价格、交易成本等多方面的因素而变化的。如果只是在家庭与经济制度之间兜兜转转，其实很难找到家庭结构、人口机制与经济发展之间真实的因果关联。当然，人口与劳动力市场密切相关，而劳动力市场的机制也直接决定了人们能否走出家庭企业，但是无论在欧洲还是在中国，这种关联都不是绝对的，而是存在着相当大的弹性空间。

还值得强调的是，中国和欧洲也并不是一成不变的。尽管扩大家庭在中国（尤其是南部中国）更加常见，而欧洲（尤其是欧洲西北部）则以核心式小规模家庭为主,但是当外在的机遇发生变化时,其社会结构也会发生相应的变化。例如勒华拉杜里(Le Roy Laduire)在《朗格多克的农民》(1966：160—168)一书中,就探讨了法国朗格多克地区在一个经济非常低迷的时期,曾经出现过一种被称为 frereches 的制度,即是亲族组织正式聚合为一个合伙组织。而且在欧洲的历史上,扩大家庭也并非只在经济困难的时期才会增加。比如在意大利,从中世纪直到前工业化时代,大家族都一直是政治的主角,而城市政治也几乎等同于家族政治(Greif 2006)。尽管各个核心家庭通常分开居住,但是血缘组织往往形成政治上共同进退的联盟。扩大的血缘组织也是重要的经济单位。比如美第奇家族在执掌佛罗伦萨政权之前已是举足轻重的银行世家。这个家族在政治上和经济上的成功乃是整个家族的努力所致,绝非某一个人所能企及。

扩大家庭的增加也并不意味着南欧人就更加倾向于非正式制度。戴维·萨宾(David Sabean)发表于 1998 年的研究,展现了 18 世纪德国门当户对的婚姻和近亲婚姻的增加,因为经济的发展使得富裕家庭的家长严密防范资产的流失。而那些在欧洲长期屹立不倒的银行,基本上都是从多个有亲缘关系的核心家庭中获取人力和财力支撑的,比如创建英国巴林银行的巴林家族(Barings),盘踞法兰西银行董事位置长达百年的马利特家族(Mallet),以及富可敌国的罗斯柴尔德家族(Rothchild)。要如扩大家庭那样协同合作、共同进退,也并不一定需要居住在一起。事实上,这些家族的每一代都会有人迁徙到其他地方,也会有人放弃祖业。在中国也是这样,因为中国历史上长期盛行“诸子析产”制度(Lavely 与 Wong 1992)。换句话说,欧洲尽管以核心家庭为主,但其经济单位可能大到足以容纳一个复杂的血缘组织。所以血缘组织的大小与工资水平的高低密切相关。一个年轻人如果选择加入一个家族式企业而不是自己打拼,他就必须接受这个企业的纪律。但是通过将自己的劳动与家族其他成员的经验相结合,他往往能够拿到更高的收入。他的另外一个选择,就是到劳动力市场上出卖自己的技能。如果他的父亲比较贫穷而且不能够教他一技之长,那么进入劳动力市场对于他来说可能是一个更好的选择。相反地,许多父母也必然面临着一番抉择。是让自己的孩子加入家族企业,并承担这个企业可能会遇到的种种风险,还是让他们另起炉灶,自己雇工经营。这样一来,工资就成为人们选择的重要依据,因为在欧洲也没有任何一种制度要求一个企业必须长久延续。而且在本书第三章中我们将会看到,欧洲的政治分裂在一定程度上造就了农业、商业和制造业中大量的核心家庭。

在欧洲,基督教的传播终结了古罗马的祖先崇拜,而祖先崇拜在中国文化中则是根深蒂固的。但是我们认为,欧洲文化和中国文化的这一点差异一直以来都被夸大了,因为欧洲的精英家族也非常注重家族传承和代际超越。另外,中国的扩大家庭也并非都能累世传承,而且其血缘文化也不是一成不变的。许多史料告诉我们,不同时代的血缘文化可能相去甚远,而血缘组织成员移民迁徙的比例也相当大(Lee 与 Wong 1991)。这种弹性在很大程度上是因为,中国的血缘组织(更确切地说是宗族)的规模,基本上都远远大于普通的企业。所以,中国的血缘组织和欧洲的血缘组织其实都面临着要将哪一类人员、哪一些资源,投入到哪一些企业的抉择。

在中国南部地区的广东和东南部地区的福建,族长通常拥有一些土地,这些土地的出租收益用于维持祠堂和兴办宗族祭典(Faure 2007)。江南地区的族长则会将一部分族田出租,所得收益用于赡养寡妇和其他一些生计窘迫的族人(Rankin 1986:87—88)。然而对我们的分析特别重要的是,血缘关系实际上形成了一个网络,人们可以从这个网络中寻找经济活动所必需的人力资源,他们可以在相互信任和了解的基础上建立各种企业。他们还可以在亲属网络之内寻找做生意的合伙人,而合伙关系当中的许多问题和纠纷也可以在这个网络之内得以解决。18 世纪的台湾就给我们提供了一个这样的例子。那时的台湾不管在行政上还是在文化上,都属于福建省的一部分。约翰娜·麦斯基尔(Johanna Meskill)的著作细致地描绘了围绕着雾峰林家建立起来的多重信任和产权体系,他指出:"在这里,个人产权和集体产权既是界定分明的也是相互联系的,一些富户有时会将族产和会产与自己的资金放在一起,进行以盈利为目的的投资;族产组织和会产组织也会将资金用于放贷,或者互相借贷"(Meskill 1979:245)。另一项研究也提出:在中国东南部地区的对外贸易中,血缘最重要的作用就是在企业形成的过程中提供一些虚构的亲属关系(吴振强 1983)。络德睦(Teemu Ruskola)曾经敏锐地观察到,英美法传统将"法人"视为最基本的单位,而中国法的传统则将血缘群体视为一个基本单位(Ruskola 2000)。因此我们有理由相信,血缘关系会在经济发展的过程中催生出一些有益的机制。

在中华帝国晚期,血缘关系在经济发展中扮演着两个相互关联的角色。第一,血缘关系使经营者可以寻找到条件相当的合伙人。第二,血缘关系搭建了解决商业纠纷的平台,这一点在长距离贸易中尤为重要。我们认为,帝国晚期的血缘组织为人们提供了创建企业的机会,并使人们可以在不诉诸法庭和法律的情况下解决商业纠纷。而同乡团体和同业团体则成为血缘组织的进一步延伸。这些机制都被国家所接受,而当时中国法庭和法律的发育程度不能与欧洲同日而语。然而我们在第三章中将要看到,中国与欧洲之间的差异,远不仅仅是"家庭企业化"所能解释的。

或许人们会认为,当人们从宗族内获取劳动力资源时,无须考虑土地相对于劳动力的价格。因为中国历史上的许多宗族都优先使用族内劳动力,而不是求助于市场,这是否就意味着每个宗族的平均劳动生产率有着巨大的差异呢?一个看似支持这一判断的证据是,中国的土地买卖更多地是在宗族内部进行。当然,因为宗族是一个更大的经济单位,相当一部分的资产转换可以在其内部进行,它无须像核心家庭那样频繁地求助于市场。但是这并不意味着即使在有增殖机会的情况下(例如投资于其他的土地),土地和其他资源还会被禁锢在宗族之内。因为族长们非常清楚,持有土地和资源也是有机会成本的。再从劳动力的角度来思考。什么人会更加依赖血缘组织和其拥有的资源呢?应该是已婚的男性。然而中国人对于男性后嗣的偏好,导致了对女婴的歧视甚至是杀害,继而造成了失衡的性别比,使得一部分成年男性永远无法成家立室(Lee 与 Campbell 1997;Tsuya 等 2010)。对"光棍"阶层而言,很少能够充分利用血缘组织(不管是扩大家庭还是宗族)的优势。越来越多的工资数据显示,这些贫穷的、孑然一身的男性几乎无法从扩展式的亲属关系中获得实惠。因此,尽管历史上的中国劳动力从总体上说较少参加工资劳动,但是仍有一部分中国人在工资问题上不得不像欧洲雇工那样精于计算。

在这一章中,我们自始至终都在进行着比较。我们从欧洲和中国的一些看似截然不同的地方出发,最后得出的结论却是,这些差异或许并没有人们以往想象中那么大。为了论证这个问题,我们将历史事实与经济学理论糅合在一起。我们的理论模型否定了传统的观点,即中国与欧洲的工资差异主要缘于不同的家庭结构和劳动生产率。为了阐明这一理论,我们必须要审慎地思考第二个关键因素,即欧洲与中国各自内部的差异。我们认为,目前将欧洲的优势归因于核心家庭的所有理论,都没有很好地处理这一差异。但是我们并没有简单地否定任何一种理论,而是通过建立最简明易懂的模型得出了如下两个重要的结论:

第一,尽管家庭结构的差异会影响到要素市场的规模,但是却不能决定到底有多少家庭依赖于这个市场。而家庭结构给要素市场带来的差异,也并不必然影响经济的长远发展。事实上,就像我们必须抛弃"中国长久处于马尔萨斯式的积极抑制之下"这类刻板印象,我们也必须将工资和物价数据谨慎地放在特定的制度背景中进行解读。

第二,我们不应该将家庭和由其所构成的经济单位视为雷同和封闭的,而是应该如实地评估它们与市场之间的长期互动。一个家庭与市场的互动究竟有多频繁，其实取决于交易成本。所以我们认真地检视了这样一个事实：即欧洲家庭的规模一般都小于生产单位，而中国则反之。根据科斯的企业理论，这说明欧洲要素市场的容量很可能大于中国的要素市场，但是却并不能说明欧洲和中国的经济效率一定会有差异。因为为了有效地利用家族所拥有的资源，所有的家族决策者都会密切关注要素价格的变化。因此，说中国的家庭结构导致经济低效其实是缺乏实证依据的，这就好比说现代化的、高度整合的公司比不上夫妻店的效率一样。

下一章将转而探讨商业制度的差异。关于市场的重要性，我们已经说得足够多了，所以接下来应该认真地检视一下契约环境。在这一部分，我们将第一次有机会思考空间规模对于经济的影响，并重新检讨另一种对于中国经济发展滞后的通行解释——制度桎梏。在这一过程中，我们将会再次发现，中国和欧洲的制度的确是各有千秋，但也并不是造成经济大分流的充分条件。

第三章　市场发展中的正式制度与非正式制度

对市场制度的研究,是经济学的一个重要组成部分。现有的许多研究都试图解释,市场交易的双方是怎样建立起信用关系的。得出的一个重要共识是:并不是所有的市场交易都要借助于正式契约。一些交易太过琐细,即使一方不履行交易责任,也不值得为此提起诉讼,所以根本不用订立契约。而另一些交易则包含一些第三方很难观测到的条款。在这样的情况下,市场以及隐含其中的信用关系就是靠非正式制度,尤其是个人声誉和频繁的商业互动维系着。因为每一宗契约都涉及不同的交易规模、交易频次和复杂程度,所以有些适合于订立正式契约,有些适合于订立非正式契约。同理,有些交易走正式渠道更加便利,有一些交易则更适宜走非正式渠道。许多学者认为,在某些特定的社会环境下,绝大部分交易都借助于非正式渠道;而在另一些社会中,法庭和契约则是交易过程中不可或缺的主导因素。另一个被广为接受的观点是:每个社会过往的历史,都会对今时今日的市场交易规则形成重大而持久的影响(例如,Greif 2006；Hoff 与 Stiglitz 2004；Tabellini 2008)。正因为如此,研究者们总是倾向于将社会划分为"集体主义取向的"(主要依赖非正式制度)和"个人主义取向的"(主要依赖正式制度)。

但是这一划分掩盖了学者们在"什么样的制度能够更好地促进经济发展"这个问题上的深刻分歧。西欧的成功常常被归因于商业精英成功脱离了人际网络的桎梏,而伊斯兰和其他中东社会却做不到这一点(Greif 2006:269—301;Kuran 2003,2004)。但形成鲜明对照的是,亚洲社会的研究者却常常将亚洲国家近几十年来的经济成功,归因于无所不在的非正式制度以及这些制度的高度灵活性(Hamilton 2006)。这样一来,某些社会在经济发展上的成功被归因为正式制度所起到的关键性作用,而另一些成功案例又被归因于非正式制度。

许多研究者都承认,在过去的几个世纪中,中国人和欧洲人都深入地参与到市场交易之中。但是在这一点共识之外,许多从事比较经济学研究的人认为,清代中国没有形成一个可以有效保障正式契约的法制体系。而欧洲国家(尤其是荷兰和英国)则形成了保护产权和契约的法律,极大地促进了商业贸易的发展。中国之所以没能建立这样的法律体系,一方面是因为国家没有给予足够的支持,另一方面则是因为扩大家庭和宗族也并没有这方面的需求。从这样的观点自然会进一步推导出,不同社会经济表现的差异其实是根源于家庭结构的差异。当然,这种观点目前已经受到一些质疑,其中就包括本书第二章中所提出的一些问题。那些高度赞扬非正式制度和人际关系网络的研究者,更倾向于关注与长距离贸易相关的问题;而那些更强调正式制度的研究者,则比较关注不动产交易和本地贸易中的信用问题。然而在下文中我们将会看到,研究者们之所以认为中国和欧洲在契约执行方面存在结构性差异,很大程度上是因为他们自己对于研究素材的取舍。

本章将要证明,中国人和欧洲人在多大程度上使用正式制度或非正式制度,其实是取决于交易的性质。因此,中国和欧洲在契约执行方面的差异,实际上缘于经济环境(尤其是长距离贸易规模)的差异。当两个经济体在结构和空间规模上相差玄远时,其经济制度就会迥然不同。反之,当其经济结构趋于相似时,其制度差异也会逐渐缩小。

　　我们之所以能够对已有的结论进行修正,是得益于许多极具启发性的研究成果。这些研究成果有些是针对欧洲的,有些是针对中国的。在欧洲方面,格雷夫对于非正式制度的研究,为我们探索欧洲发展的根源提供了一个新的视角(Greif 2006)。这一理论转向激发了学者们对于非正式机制和"自我实施的制度"的研究兴趣,不再将目光局限于国家层面的制度设计与实施。有赖于日本学者滋贺秀三(2002)和岸本美绪(2007)的首倡,中国史研究者也发现了建构在正式契约基础上的丰富的社会空间。近些年,美国学者曾小萍(Madeleine Zelin)(Zelin 等 2004)、梅利莎·麦柯丽(Melissa Mecauley)(1998)和以梁治平(1996)为代表的一批中国学者的研究显示,明清时期的书面契约涵盖了土地、股权等多种多样的资产交易。地方法官也承认这些契约的效力,而且参与到与此相关的纠纷调处之中。这些近来对中国和欧洲的研究,都修正了长久以来的一个理论预设,即将中国和欧洲描述为对立的两极,中国更依赖非正式制度而欧洲则更崇尚正式制度。现在我们已经知道,这种二分法过于简单,根本无法充分反映中国和欧洲历史上都曾存在的正式制度与非正式制度的互动(Wong 2001)。

　　为了重新检视中国和欧洲的契约制度,我们必须首先厘清什么是正式制度,什么是非正式制度,并仔细揣摩二者的差异究竟在何处。简单地说,正式制度依靠政府官员(如法官)裁决纠纷,在契约关系破裂时施加强制手段或给予经济处罚。而非正式制度则恰恰相反,它要求民间团体自行判断契约关系是否破裂,并自主决定应该给予何种处罚,比如不再与过错方发生商业往来或者其他制裁手段。一个通常的理解是,选择正式制度还是非正式制度,其实是在执行成本和参与者多元化程度之间进行权衡。正式制度提供了一个较大的平台,适合为数众多的人参与其中,但是其执行成本往往比较高。尤其是异地交易的情况,如果要使用正式制度解决纠纷,至少纠纷的双方(或一方)要愿意远赴外地打官司才行。相比而言,非正式制度将商业关系限制在一个特定的社会群体之中。只要交易的期限是有限的，其执行成本就会很低。

这一章的写作方式与第二章稍有不同。我们首先回顾有关长距离贸易的研究文献，以证实一旦我们选择了相似的研究对象，中国和欧洲之间的差异完全没有人们想象的那么大。在这个结论的基础上，我们进一步提出了根据交易类型分析契约执行的研究框架。这个框架可以容纳更加丰富的史实，并证明无论是中国人还是欧洲人，都既依赖正式制度又依赖非正式制度。接下来我们还将证明，中国和欧洲在契约执行上的差别，一定程度上是因为长距离贸易的规模有所不同。本章的最后一节还将指出，人们对于正式制度和非正式制度的依赖，也会根据时代的不同而发生变化。尽管有一些社会似乎可能长期锁定在非正式制度中，但大部分欧洲国家和帝制中国却并非是这样的。

从长距离贸易中得出的教训

我们对于工业革命以前的长距离贸易的定义是：买方与卖方相距200公里以上。所以这种贸易不仅包括区域之间的贸易，还包括本地消费者和外国商人之间的贸易，以及在商品交易会上进行的贸易。在公元1000年以前，不管是在北欧还是在世界其他任何地方，这种贸易都是非常罕见的，因为它往往要花费几天甚至几周的时间。举个例来说，一个卖糖的商人带着他的货品长途跋涉地来到一个市镇。他有两种选择：一是现金交易，二是信用支付。许多学者都曾论证，基于现金交易的商业体系比基于信用的商业体系小得多，因为那要求交易的多方都要在当下达成一致。所以如果他要进行现金交易，他就只能在这个市场有足够的回头货时才到这里来。但是如果他允许买方赊账或分期偿付，他就可以在这个市镇卸下他的糖，然后到邻近的其他市镇去寻找利润更大的回头货。但是信用支付的前提是借出方（有时是贩运商有时是本地制造商）是能指望被偿还的。如果交易双方因产生纠纷而对簿公堂，借方通常会处于比较不利的地位,因为交易两地之间的距离必定会增加法庭判决的执行成本。如果这个距离远到一定的程度,甚至可能让借方失去所有的商业利润。即使商人可以在异地市场寻找到一个代理,但是长距离仍然会增加诉讼的成本,以至于大多数商人都不愿意做这种得不偿失的选择。另一方面,如果这个商人希望通过非正式手段解决支付问题,他能选择的最好办法就是拒绝与赖账的人做生意。但是因为他们的交易并不频繁而且规模较小,所以这样的威胁和上法庭打官司一样,都起不了实质性的作用。基于这些原因,人类社会早期的贸易系统建立在物物交换或现金交易的基础上就一点也不奇怪了。所以我们就看到,流动的商贩通常都要求顾客一手交钱一手交货;早期参与交易会的欧洲商人,必须在每个交易会结束时都结算偿付;最早来到中国沿海地区的欧洲商人,都是用白银直接交换中国的货物。总而言之,当交易双方远在异地而且交易频率较低的时候,买方基本上不能享有交易信用。但这并不意味着信用不重要,只是因为没有足以支撑它的机制。只要这样的状态还在持续,长距离贸易就必然受到限制。

然而随着社会的发展,人们想方设法将长距离的、偶发的贸易变为本地的、频繁的。最常见的就是在人际网络内进行长距离贸易。在这种情况下,人们通常属于一个个互动频繁的血缘或地缘群体,在这个群体内部就可以建立信用关系。不论是在中国还是在欧洲,人们都不约而同地采用了这种办法。这种人际网络并不十分依赖法庭,因为其成员为了能够长久地依附于这个网络,大多会比较自觉地恪守对其他成员的义务。

在公元16世纪的时候,中国各地已经建立起覆盖广泛的商人网络。其中最广为人知的,就是由在江南做纺织品贸易的徽州商人建立起的网络。这些商人从乡村市场上收购农家纺织的棉布,然后运到附近市镇上由徽州商人经营的染坊里染色。染上色的棉布将船运送到全国各地,而来往船只停靠的码头同样是由徽州商人控制的。就是凭借这样的网络,徽州商人在全中国各个地方经营着多种多样的贸易。其他地区的商人也结成了类似的网络,虽然其覆盖的地域可能不如徽商网络那样广泛。比如来自中国东南沿海的福建商人,也在江南和福建之间来往贸易。一方面把江南的纺织品和其他商品贩运到福建,一方面把福建的商品输送到江南。尽管这些商人网络在空间范围和贸易门类方面不尽相同,但是都不同程度地借助了血缘纽带和地缘纽带(范金民 1998:185—206)。

关于欧洲商业史的研究通常会强调非正式制度的多样性,并试图比较这些不同的非正式制度的有效性。但是从我们的视角来看,最重要的事实是,在前工业化时代的欧洲,长距离贸易的核心机制恰恰正是非正式制度和商人网络。不论是公元 7 世纪时活跃在东地中海地区的马格里布商人(Greif 1989),还是公元 8 世纪遍布意大利各地的家族式贸易公司(De Roover 1948;Hunt 1994;Braudel 1966;Drelichman 与 Voth 2009;Muller 1997:第三章),以及此后遍布欧洲的家族企业(Ehrenberg 1992;De Roover 1948;Neal 与 Quinn 2003;Trivellato 2009;Gelderbiom 即将出版),都曾不同程度地仰赖非正式机制。近代早期由基督徒和犹太教徒所建立的商行、银行也是如此(Lüthy 1959—1961;Trivellato 2009;Moulinas 1981)。公元 18 至 19 世纪的时候,像罗斯柴尔德那样的家族银行,也正是在很大程度上依赖非正式制度取得了经营的成功,并成为欧洲城市之间的纽带(Ferguson 1998)。

关于欧洲的研究十分强调国界的重要性。至少在中世纪时期,欧洲的分裂意味着长距离贸易实际上就是国际贸易。对于许多人来说,到另外一个国家也无非就是几天的路程而已。各国的君主和城市贵族有时会因歧视外国商人而被指责,但是要确定两个不同国家的商人在第三国订立的商业合同究竟归谁仲裁,也真不是容易的事。比如说,一个波斯商人和一个里斯本商人在安特卫普签订了一份借款合同,安特卫普的法庭就不知道在双方发生纠纷时究竟该如何处置。然而在中国，国界几乎不是障碍，路途的遥远才是真正的问题所在。绝大多数的中国商人都可以在全国的范围内开展贸易活动。无论在任何地方，他们都可以依赖帝国的行政官员解决商业纠纷。但是像海外华商和欧洲商人一样，他们也宁愿在非正式制度的框架内解决问题。这并不是因为帝国没有给他们提供一个可以依赖的制度体系，而是因为路途的遥远使法庭很难有效地保障契约的执行。

显而易见，非正式制度对于长距离贸易有着持久的吸引力，而金融资本（最具近代特征的企业形式）又使这个传统延续到了近代。我们希望强调的是，这种吸引力的大小似乎与文化无关，因为我们在所接触到的每一种文化中都观察到了这一现象，尤其是在中国和欧洲。最近的研究十分强调根据正式制度的使用程度界定社会的差异，然而我们的观察结果却对这种研究方法提出了质疑。如果欧洲真的如此钟情于正式制度，那么为什么欧洲商人在贸易中又会那么重视信誉和人际网络呢？

从一个模型看实施机制之间的竞争

下面我们将建立一个分析框架，以验证契约的实施机制怎样随着贸易的类型而发生变化。我们分析的基础，是对长距离贸易简洁而有力的洞察：人们总是在现有的契约实施机制中，选择最适合他们的那一种。我们不会特别侧重于任何一种实施机制，而是假定不论是正式机制还是非正式机制，都有各自的优势。为了建立这个模型，我们必须解答，为什么人们要建立信用关系，或将信用关系嵌入于交易之中？

贸易从本质上说，就是人们出售他们自己拥有较多的物品和服务，以换取他们更想要的其他东西。这个过程增加了社会的整体福利。与此同时，交易的双方也充分地意识到，在违约成本足够低的情况下,对方是有可能违约的。比如提供质量低劣的商品、服务态度消极懒散,拖延支付或彻底赖账。上述每一种情况,都会给没有违约的一方带来损失。如果这种损失不能得到控制,贸易将会完全停顿。因此,我们可以确定一条最易辨识的标准,即当交易的一方出现违约行为的时候,就视为"欺诈",反之,则可视为履行了契约义务。尽管信用交易当中还涉及许多复杂的问题,但我们仍将这一条视为最基本的衡量准则。一旦建立起信用关系,贷方一定希望借方的失当行为或不作为能减到最低。因为借方的失当行为越多,贷方可能遭受到的损失就越大。

为了减少失当行为带来的损失,人们不惜成本地搜集信息、积累专业知识,以尽可能准确地判断交易物的质量。在跨期交易之中,还需要进一步的制度安排。因为尽管买方(借方)对他们购入的商品有所了解,但卖方(贷方)却完全不知道未来会有怎样的收益。在签订这样的契约时,对违约行为的惩罚条款就必不可少。除非贷方可以对恶意欺诈行为施以处罚,否则耗费心力地去探究为什么买方没能如约支付就没有意义。在跨期交易中,实施机制和信息是协同作用的。因为只有信息能够转变为实际行动,在信息上的所有投资才是有意义的。而有效的实际行动意味着既要能够甄别恶棍,又要能够惩戒恶行。

那么,正式制度和非正式制度怎样防范欺诈行为呢?非正式制度依靠个人信誉和其他私人性的惩戒方式。在这样的情况下,交易双方都受到遵守契约规定的激励。因为在一个信誉共同体之中,过去的良好记录是未来继续进行贸易的一个前提。在这个共同体中,所有的成员都只与那些为共同体所认可的人打交道(做生意)。这个共同体可能是一个少数民族(Greif 1989),也可能是像中国普遍存在的那种宗族或同乡组织(Faure 2006)。正如博弈论所揭示的:当信息流动顺畅的时候,当从事其他行业收益不佳的时候,当人们具有长远眼光的时候,欺诈行为是最容易防范的。

这其中的道理非常容易理解。如果信息匮乏,交易的一方就很难判断对方是否存在欺诈行为,信誉共同体也就很难确定究竟应该把谁排斥在外。同样的,如果行为失当的人可以轻而易举地找到其他的生财之道,那么信誉共同体的封杀对于他而言也就不存在什么威胁。由此可见,一个囊括众多成员、覆盖诸多贸易领域的信誉共同体,远比局限于单一贸易门类的小群体更有震慑力。然而,扩大共同体会增加收集信息的成本,而且我们目前所知的所有信誉共同体都只能容纳一些特定的人群。因此,从属于某一信誉共同体也是有成本的。如果要将贸易对象限制在这个共同体之内,一个商人可能无法以最高的价格出售自己的商品,因为愿意付出最高价格购买的那个人可能并不属于这个共同体。所以,信誉共同体越小,所涉及的商品门类越多,从属于这个共同体的成本就越高。最后,如果从事贸易的人采取短线思维,他们就更倾向于通过欺诈的方式获取不正当的收益,而不是通过积累良好的声誉换取未来的回报。短线思维不仅仅是人的一种选择,有时它也是由贸易本身所决定的。如果一个人只是极少地从事某类交易(比如不动产买卖),他就更有可能通过欺诈的方式获取眼前收益,而被列入黑名单对于他而言是无足轻重的。

在正式制度之中,对于诚信的激励来自国家机器强制性的惩罚。监狱、罚款以及法庭判决所带来的损失,都能够有效地震慑潜在的欺诈者。但是正式制度的使用也是既有收益又有代价的,最能体现这一点的就是法庭和法律体系的建立。每一个具体纠纷的判决,其实都有不同的成本。而成本的高低取决于许多因素,其中很重要的一个,就是这个案子究竟在哪里审判。当然,如果受侵害的一方损失比较小,欺诈者一般不会被告上法庭,因为诉讼的费用可能会大大超过原告一方可能收回的损失。可是一旦决定通过法庭追回损失,当事人究竟在哪里提起诉讼就非常重要。人们通常会选择的诉讼地点包括订立合同的地方、违约者所居住的地方,或者是合同中规定的某个其他地方。原告与违约一方的距离越远,打官司的成本就越高。使用正式制度的优势在于,交易双方都不需要依附于某一个群体。但是这并不意味着交易是匿名的。事实上,交易双方仍然需要相当了解对方,只是对于违约者的惩罚并不依赖于既有的社会关系网络。

　　为了建立一个尽可能简洁的模型,我们将影响正式制度与非正式制度有效性的因素减少到最基本的两个:交易的频度和买卖双方的距离。像在第二章中一样,感兴趣的读者可以参阅栏3.1中的数学推导。假设交易所涉及的地理范围越大,人们越难以保持诚信,各种欺诈行为越容易滋生,我们可以得出一个简单的结论:如果交易的频度太低,这种交易就很难依靠非正式制度来维持。$T*$代表依赖信誉维持交易的情况下,交易应保持的最低频度。一旦交易频度低于这个临界值,非正式制度将彻底失去效力。这个质朴的结论呼应了一些关于离散社群和社会资本的研究文献。这些研究认为,只有在密集互动的情况下,社会网络才能够对贸易活动起到保障的作用。同样的,交易双方的距离越远,通过诉讼来惩罚违约者的成本就越高,而提起诉讼的一方能够追回的损失却不会增加。于是我们又可以得到这样一个结论:如果交易双方距离太过遥远,正式契约也不能保障贸易的安全。$D*$代表用诉讼解决贸易纠纷的情况下,交易双方的最远距离。一旦超过了这个临界值,诉讼也将不再有效。我们进一步假设D和T之间没有结构性的关联,也就是说,熟人之间可能进行不频繁的交易(比如不动产买卖),也可能进行频繁的交易(比如劳动力市场上的交易)。

栏3.1　正式与非正式的契约实施机制

　　假设有一笔数额为l的借款,当还款期限即将到来的时候,如果借方未能如约偿还,他的收益为π,而贷方的收益则为0。如果借方能够诚信地如期还款,他的收益将为$h=\pi-(1+r)l$,而贷方的收益则为$(1+r)l$。在缺乏实施机制的情况下,借方不会还款$(h<\pi)$,贷方也不会再借出自己的钱。

通过正式机制解决此项借贷问题：

在这种情况下，借方将被告上法庭。如果他被贷方起诉，他一定会输掉官司，而且必须连本带利地偿还借款，并支付诉讼费用。所以如果借方考虑到欠债不还会令他吃官司，他一般都会如数偿还。但是贷方一定会起诉吗？如果他不起诉，他会血本无归。如果他起诉，他能够追回的数额是$(1+r)l$（拿回本金并放弃一部分利息）。但是他在打官司的过程中也要支付许多成本（包括支付给法庭的费用，支付给法律专业人士的费用，以及所花费的时间成本，还有赶赴借方居住地的旅费）。贷方的居住地离借方的居住地越远，贷方所付出的成本就越高。下面，我们用$C(D)$来代表这部分成本。如果$(1+r)l>C(D)$，他就会提起诉讼。我们假设在借款数额为l的情况下，如果借贷双方居住地的距离小于$D*$，借方会提起诉讼。那么当法庭提高诉讼和执行的效率时，提起诉讼的临界距离$(D*)$就会随之增大。

通过非正式机制解决此项借贷问题

当借方不能如期偿还借款时，他总是会被发现并将永远地被他所属的人际网络排斥于某些交易之外。如果他被排除在这个群体之外，那么假设他所能找到的最好的职业每期带来的收益为b，而且$b<h$。如果他如期偿还借款，他将不会被人际网络所排斥。这样从理论上说，就会形成一个稳定的良性循环（没有人会欺诈）。但事实上，只有在互动周期足够短的情况下，人际网络才能够有效地排斥欺诈者（参见 Greif 2006）。现在我们假设，一个人每隔一段时间都会与某个人际网络发生一次互动（这个时间间隔可能非常短）。再假设d为折现率，永远在每期都能获得h的折现值是H，永远在每期都获得B的折现值是B。那么作为借款的一方，这个人很自然地会在$h+dH$（现在和将来都保持诚信）和$\pi+dB$（欺诈并从此被列入黑名单）之间进行权衡。这样一来，如果交易频率为每期都交易一次的话，则保持诚信的收益就是$R(1)=h-\pi+d(H-B)$。如果两次互动之间的时间间隔为T，那么$R(T)=h-\pi+d^{T+1}(H-B)$。也就是说，随着T的值变大，$R(T)$会越来越小。所以一定会存在一个$T*$，使得$R(T*+1)<0<R(T*)$。也可以很容易地证明，如果人际网络更具价值和活力，$T*$的值就会增大。

79

现在我们假设，人们对于某种特定的交易（比如家畜市场），只会使用一种对应的保障机制（而不是两者兼用或时此时彼），而具体是哪种保障机制可以自由选择，那么他们会怎样选择呢？在表 3.1 中，罗列了人们可能会做的四种选择：

表 3.1　贸易中的契约安排

两次互动的时间间隔	交易双方的距离	
	$D<D*$	$D>D*$
$T>T*$	正式制度有效 非正式制度无效 选择：正式制度	正式制度无效 非正式制度无效 选择：现金交易
$T<T*$	正式制度有效 非正式制度有效 选择：不确定	正式制度无效 非正式制度无效 选择：非正式制度

1. 贸易双方距离遥远且互动稀少（表 3.1 中的右上象限）：因为 $D>D*$ 且 $T>T*$，正式机制与非正式机制都不能发挥作用，贸易只能采取一手交钱一手交货的形式。

2. 贸易双方距离遥远但互动频繁（表 3.1 中的右下象限）：因为 $D>D*$，所以正式机制不能发挥作用；但是因为 $T<T*$，所以非正式机制可以发挥作用。

3. 贸易双方同在一地但互动稀少（表 3.1 中的左上象限）：因为 $T>T*$，所以非正式机制不能发挥作用，但是因为 $D<D*$，所以正式机制可以发挥作用。

4. 贸易双方同在一地但互动频繁（表 3.1 中的左下象限）：因为 $D<D*$ 且 $T<T*$，所以正式机制和非正式机制都能发挥作用，所以我们的理论不能做出准确的预测，这种情况我们暂且搁置不谈。

这个模型有助于我们理解一些历史现象：

* 一个富裕的社会应该是既有正式制度又有非正式制度。事实上，一个欣欣向荣的社会应该保障那些不频繁的资产交易（比如土地交易），也应该致力于发展长距离贸易。因为中国和欧洲都曾经在某一个历史时段中非常富裕，所以我们预设在中国和欧洲的历史上，都曾经发展出正式制度又发展出非正式制度。

　　＊　同类的贸易在中国和欧洲应该都依赖于相似的实施机制。如果一个社会的土地交易主要依赖声誉，商业金融主要依赖政府规范，那么很难想象另外一个社会是截然相反的情况。

　　＊　如果像人们通常认为的那样，中国人在贸易中更加依赖非正式机制，欧洲人在贸易中更加依赖法庭，那么一些在中国通过非正式机制解决的问题，在欧洲则是通过正式机制来解决。但是这种情况应该会很少。导致这种情况最重要的原因是，欧洲的法庭比中国的法庭管辖区域更大，许多人并不能非常便利地利用法庭（所以与中国相比，欧洲有更多的低频度交易使用信用机制）。但是与此同时，因为一些长距离贸易的发生频度过低，所以欧洲的人际网络也不能有效地支撑其运作（参见表3.2）。

　　＊　最后，如果一个经济体容纳了更多的长距离贸易，并孕育出更有效的非正式机制，那么在特定的时段内，它与另一个长距离贸易较少、更依赖于正式机制的经济体相比，就显得更偏向非正式制度。而在任何一个社会中，起主导作用的经济机制一定会在很大程度上影响整个经济结构。所以，仅仅证明中国更多地利用非正式机制，欧洲更多地利用正式机制，并不足以解释这两个地区的经济结构是怎样演进的。为了证明这两个地区在经济变迁的过程中存在着重大的差异，我们必须找到在这两个地区有相似的贸易活动依赖截然不同的机制。

表 3.2　不同社会条件下的贸易契约安排

两次互动的时间间隔	交易双方的距离		
	$D<Dc$	$Dc<D<De$	$D>De$
$T>Tc$	欧洲：正式制度 中国：正式制度	欧洲：正式制度 中国：现金交易	欧洲：现金交易 中国：现金交易

续　表

两次互动的 时间间隔	交易双方的距离		
	$D<Dc$	$Dc<D<De$	$D>De$
$Te>T>Tc$	欧洲：正式制度 中国：正式与非正式 均可	欧洲：正式制度 中国：非正式制度	欧洲：现金交易 欧洲：非正式制度
$T<Tc$	欧洲：正式与非正式 均可 中国：正式与非正式 均可	欧洲：正式制度 中国：正式与非正式 均可	欧洲：非正式制度 中国：非正式制度

说明：上表中深灰色的部分表示在此类交易中，欧洲和中国都采用相似的实施机制。浅灰色的部分表示在此类交易中，一个社会的实施机制明显优于另一个社会。这其中又分为两种情况：一种情况是一个社会可以在正式制度和非正式制度之中任选其一，而另一个社会则只能选择其中的一种；另一种情况是一个社会可以使用正式制度或非正式制度中的一种，而另一个社会则没有任何有效的实施机制。只有位于正中间没有着色的一格，才是人们通常所认为的那种情况，即中国使用非正式制度，欧洲使用正式制度。

上面的所有结论都建立在一个假设之上，即统治者能够为全社会提供足够的正式制度，不过多地干预法庭，也不扰乱对贸易起到保障作用的人际网络。尽管上述各种情况受文化差异和社会差异的影响比较小，但政治的确是一个不容忽视的因素。这一点要求我们注意两个层面的事实：第一，我们必须清楚，中国人对于非正式制度的青睐，并不仅仅是因为统治者的压迫或政府对贸易活动的忽视（相关论述参见 E. L. Jones 1988：135—136）；第二，上述结论并不适用于所有的社会和所有的人群。因为尽管有各方面的理由需要统治者发展和完善正式制度，但是他们并不一定有能力或有意愿去做这样的事情。正如我们在第一章中曾经提到过的，11 至 12 世纪的欧洲统治者大多未曾为社会提供一套行之有效的正式制度。

在进行此项研究时，我们关注的是公元 1400 年以后的欧洲与中国。我们必须提出的一个问题是：在中国和欧洲进行制度选择的过程中，政治究竟起了什么样的作用？由政治因素产生的制约条件可能有几种形式。最重要的是,中国辽阔的幅员促使从事长距离贸易的商人们形成了纵横交织的人际网络。在长达几个世纪的时间里,中国商人都远比他们的欧洲同行更加有活力,因为当时的欧洲正饱受战争和分裂之苦。现在将视野从 15 世纪转到 18 世纪,人们也许会认为,中国没能为纷至沓来的市场竞争者建立起一个提供正式实施机制的司法体系。而相反的,欧洲中世纪的小国林立尽管导致了市场的割裂,但是活动在这些市场上的商人们却可以比较便利地寻求法庭的帮助。可是另一方面,战争也使得建立在名誉基础上的人际关系网络难以维系。由此可见,是欧洲的政治将其市场推入了一个虽然正式却不够有效的制度环境。本章接下来的部分将着力呈现,中国和欧洲都既发展出正式制度又发展出非正式制度;正式制度和非正式制度在欧洲和中国经济中的不同的分布与比重,其实可以用同一个逻辑来解释;最后,政治对于划分正式制度和非正式制度的边界至关重要。此外,劳动力在正式制度和非正式制度之间的分配也不可一概而论,此时此地(如中世纪的欧洲)和彼时彼地(如清代中国和 19 世纪的欧洲)的情况相差甚远。

中国与欧洲:相似与差异

在前文中,我们对于长距离贸易的探讨曾经强调:中国和欧洲历史上的长距离贸易,在交易双方距离遥远且互动稀少的情况下,多是采用现金交易(表 3.1 中右上象限代表的情况);在交易双方距离遥远且互动频繁的情况下,多是依赖非正式制度所提供的人际网络(表 3.1 中右下象限所代表的情况)。我们知道,交易双方的距离如果超过了一个特定的值,法庭将不能有效地保障契约实施。为了叙述的便利,我们设定这个临界值为 200 公里。这并不是因为法庭不屑于通过承接国际贸易纠纷而获取收益。相反的,他们还想尽办法招揽业务。比如到 1600 年时,低地国家法院就曾承诺,凡是涉及外国人的商业纠纷案件,要按照合同订立地的法律进行审理(Gelgerblom 即将出版,第 7—8 章)。如果交易双方都碰巧是身在阿姆斯特丹的威尼斯商人,可能会从这项规定中受益。但如果你身在威尼斯,又希望向你的荷兰贸易对手追讨损失的话,这项规定大概对你没有什么帮助。事实上,在本地商人和外国商人的贸易纠纷中,法庭一般还是会倾向于偏袒本地人。

那么洲际贸易的情况又如何呢？在这种距离非常长的贸易中,每一单账目必须即时结清。正因为如此,那些从欧洲出发驶向异国港口的船只往往都是满载着白银。同样的道理,从中国出发的远洋货船也大多满载着各种各样的货物。也就是说,在这种情况下,不论贸易双方是什么身份,不论他们在什么地方进行贸易,统统都采取一手交钱一手交货的形式。然而尽管如此,某种程度的制度变迁还是在悄然地发生。从欧洲这一方来看,荷兰和英国的东印度公司,都从临时纠合的商船投资人组织发展成为常设的股份制公司,不仅定期派出远洋商船,而且在东方建立起了持久稳固的贸易基地(Gelderblom 与 Jonker 2004；Harries 2005)。到了 18 世纪,随着欧洲与中国的贸易变得越来越频繁,信用机制也逐渐普及和完善起来。在前文所列的表 3.1 中,此类洲际贸易已经可以像其他类型的长距离贸易一样被划入右下象限。在当时的广州,不论是外国商人之间的贸易,还是中国商人与外国商人之间的贸易,都可以使用多种信用机制。广州、澳门的中介商和代理人可以帮助外国商人租赁商船上的货舱,采购货品,寻找买家等等(Van Dyke 2005：150—159)。这些关于中国贸易的史实提醒我们,所谓的"长距离"和"频繁"并不是一成不变的时间和空间概念,我们必须灵活地根据现实中的制度变迁对其进行重新界定。在人们开拓新市场的过程中,那些利润丰厚的贸易门类一定会不断地提高交易频度,因为商人们在厚利的诱惑之下会持续地增加投入。随着贸易规模的扩大,原本正式制度和非正式制度均付之阙如的市场,自然就会发展出保障契约执行的非正式制度。

现在我们转而探讨第三类贸易,即不频繁的贸易使用正式制度的情况,在表 3.1 中被列入左上象限。最典型的例子就是关于不动产交易的契约。

众所周知,在欧洲,保障本地契约实施是地方司法的一项重要内容。不管是盛行罗马法的南部地区,还是使用普通法和习惯法的北部地区,均十分强调对本地契约的保障。在乡村,不管是早期的庄园主还是后来由君主派驻的官员,都要向本地民众提供法律服务;在城市,市政部门常常将解决纠纷的责任委托给商人团体(行会)。但是行会头面人物所做出的各种决定,仍然要依靠行政官员才能够付诸实施(Epstein 1998;Ogilvie 2003)。随着中央集权国家的兴起,原来各自为政的地方司法逐渐被整合到一起,但是已经形成的地方司法审判的原则却保留了下来。与此同时,审判和仲裁各类商业纠纷,也成为地方法庭的一项重要职责(Duby 1974,1979)。虽然我们很难确切地估量正式制度究竟在多大程度上促进了私人经济的发展,但是显而易见的是,欧洲人从中世纪开始就普遍地依赖于法庭,尤其是当纠纷涉及土地、长期信用和劳动力配置时候。事实上,当欧洲的经济史学家追溯正式制度的起源时,往往从研究土地契约入手,并爬梳出一个从封建土地制度到国家法律体系的演进过程。在前一个阶段,地权纠纷只是乡土社会内部的事务,而且人们的纠纷和诉求能否得到妥善的解决,在相当大的程度上要依靠领主的威权。在后一阶段,一个覆盖全国的司法体系已经能够有效地保障人们的产权(North 与 Thomas 1971;Campbell 2006)。在许多地区,人们只要在公共信息系统中登记,就能够较为妥善地保护自己的土地产权和土地租约(Hoffman 等 2000;Gelderblom 即将出版,第 8 章)。除此之外,平行的登记系统还使借贷关系中的贷方能够了解,一块土地究竟能够抵押多少资金。这样一来,欧洲的土地市场以及与土地市场相伴生的信用市场就具备了正式、公开的特征。而这样的市场也成为众所公认的欧洲经济成功的要素。

　　尽管大部分中国历史的研究者都知道,在近代早期的欧洲,土地已经可以比较灵活地出租和出售。但是许多欧洲历史的研究者却并不了解,在帝制晚期的中国,耕地也被视为典型的私有财产。当然,为了保证兵源,国家可能会干预和限制某些地区的土地市场(Lee 与 Campbell 1997)。但这只是特例,并不是全国通行的规则。在过去的二十多年中,历史学家搜集了大量的土地契约。这些契约显示:从总体上说,地权的确立和地权的转让都要依赖正式的文书(杨国桢 1988)。事实上,现存的清代契约绝大多数都与土地交易相关。当然,订立书面契约只是土地市场正式化的第一步。即使人们订立了某种契约,也不能排除土地交易最终依赖的其实是以个人声誉为基础的非正式制度。但是事实上,一个条分缕析并有众多见证人的书面协议,的确比口头协议或私人约定更能够有效地减少纠纷。而且这些文书常常也会盖上地方官员的印鉴,这说明这些契约并不仅仅是人们私下里订立的。

　　契约的订立固然重要,但最关键问题还是契约的实施。中国现存最早的系统的地方档案文献始自 18 世纪,其中收录了许多由知县听讼的案件。在这些案件中,地权纠纷属于最常见的四类纠纷之一(其他三类分别是债务纠纷、婚姻纠纷和继承权纠纷)。这些土地纠纷大多发生在乡邻或亲属之间,有些甚至可以缠讼数代之久。这些缠绵不决的纠纷,以及档案中关于某块土地在某个家族中历代相传的记载,都说明公共权力对于保障土地产权至关重要。这些案例更可以说明,在帝制晚期的中国的许多地区,私人土地产权已经较为成功地确立起来。

　　在中国和欧洲的历史上,都曾运用正式制度保障地方社会中的私人产权,也曾运用非正式制度保障长距离贸易契约的实施。我们特别强调这条相似的底线,是因为绝大多数研究者都太急于指出中国和欧洲的不同。就"距离远且频繁"和"距离近且稀少"这两类贸易而言,中国和欧洲都选择了正式制度和非正式制度中的一种,而且二者的选择非常相似。那么,那些既可以选择正式制度又可以选择非正式制度的贸易又是怎样一种情形呢？

高频度的本地贸易

在表 3.1 的左下象限中，是既可以依赖正式制度又可以依赖非正式制度的高频度本地贸易。包括本地制造商和本地贩运商之间的贸易，本地贩运商和本地消费者之间的贸易，以及本地居民之间的短期借贷。在我们所建立的简单模型中，并不确定这样的交易究竟会使用什么样的保障机制。然而以往的研究却会为这个问题找出一个非此即彼的答案。为了使结论显得顺理成章，研究者们还会援引一些逻辑推理或文化背景作为论据。他们较常用到的逻辑推理是：当违约行为发生时，受到损害的一方必然会希望以最小的成本得到赔偿。而在中国，诉诸个人声誉比诉诸法庭的成本更小，所以人们大多不会用打官司的方式来处理合约纠纷。为了论证同样的结论，人们还会用到文化的视角，概括起来就是：在一些非常重视个人声誉的社会，希望通过诉讼解决问题的人通常会给自己招来"讼棍"的恶名。而在法庭的门槛相对比较低的地方，个人声誉就不会有那么重要。这些论证方式看起来很有吸引力，因为它们描绘了一个泾渭分明的欧洲与中国。欧洲充满了活力，并建立起一个依赖正式制度的非人格化市场；中国则是呆板停滞，深陷于非正式制度的泥潭。而且有些研究者还进一步提出：正是由于中国在 19 世纪末 20 世纪初时移植了西方的经济制度，近代化的经济才得以发展。从这个角度来看，中国和欧洲的经济分流其实是一种文化的宿命（Ma 2006；M. Li 2003）。

尽管这些论证看起来很漂亮，但是却与一些经验事实不相吻合。简单地说，个人声誉与正式制度之间并不是互不兼容的关系，它们其实可以在现实的市场运作中相互结合。在本地市场研究相当丰富的欧洲，就已经发掘出很多有说服力的证据。尽管有一些领域比其他领域更加看重个人声誉（比如商业信贷就比抵押更看重个人声誉），但这并不意味着正式制度在这些领域无关紧要。同样的，尽管人们会因为土地纠纷兴起讼端，却通常不会为一篮水果或一笔小额的债务对簿公堂，但是通过诉讼解决琐碎争端的情况仍然相当常见（比如伯艮第地区就有许多此类案例。参见 Brennan 1997；Hayhoe 2008）。这就是为什么我们今天仍然能够看到数以百万计的诉讼档案和登记在册的契约。这其中的具体情况当然是千变万化、纷繁复杂，但是我们可以用栏 3.2 中的模型对其进行最简单的概括。现实中的每一桩交易要么是正式的，要么是非正式的，这取决于在一个人际网络中进行商业互动和在网络之外与陌生人互动的相对价值。在一个人际网络之内，贸易的实施机制是相对灵活的、非正式的，但是每个商人能够寻找到的贸易伙伴也相当有限。相反，在人际网络之外，可以选择的贸易伙伴很多，但是契约的实施成本却相对比较高。因为每一桩交易的类型各不相同，参与交易的人各不相同，其外部的环境也各不相同，所以从事贸易活动的人们通常既从属于特定的人际网络，又不失时机地寻找网络之外的资源；既仰赖非正式制度的庇护，又寻求正式制度的保障。所以尽管就某一桩特定的交易而言，它要么是正式的要么是非正式的，但是基于买卖双方不同的身份，与之性质相似的其他交易还是可能使用完全不同的保障机制。

栏 3.2　当正式制度与非正式制度都可利用时的契约实施问题

　　为了弄清频繁的本地交易究竟如何运作，我们必须将交易中的借方分为不同的类型。另外，这个模型和此前的模型不同，我们希望它将正式制度和非正式制度都容纳进来。在此前的理想化模型中，不存在欠款不还的情况（对于借方来说，如约偿还借款是一项主要的生存策略），因此非正式制度和正式制度是泾渭分明，势均力敌的（卖方从不会求助于法庭，而且也从不会真正将任何人排斥在贸易之外）。但是我们现在的讨论，希望展现一种正式制度与非正式制度交织并存的情况。

在一桩借贷交易中,放款者最关心的不外乎两个问题:一是利率,二是借款者能否如约还款。既然每一个放款者都从属于某些社会团体或人际网络,所以他既可以将钱借给同一个人际网络之内的人,也可以将钱借给与这个网络无关的其他人。如果他把钱借给人际网络之外的人,他能得到的还款数额为 r_F。但是在这种情况下,这个放款者将会面临着一种棘手的情况,就是有些借款者可能会赖账,以至于他必须通过打官司才能要回自己的钱。所以他实际的收入是 $(1+r_F)L-pc$,p 代表借款者赖账的可能性,c 代表通过正式制度履行合约的成本。如果他把钱借给人际网络之内的人,他在放款之前就能了解借款者的信誉,而且借款者通常不会赖账,因为个人信誉的价值远远大于那笔借款的价值。然而,依赖人际网络开展借贷业务也是有成本的。因为与整个社会相比,这个网络无论如何都是非常有限的。所以在这种情况下,放款者能得到的最大收益为 $r_I\leqslant r_F$。所以,只有当 $(1+r_F)L-pc\leqslant(1+r_I)$ 的时候,放款者才会将钱借给人际网络之内的人。当 $(1+r_F)L-pc>(1+r_I)$ 的时候,放款者会将钱借给人际网络之外的人,也会选择依靠正式制度保障契约的执行。除此之外,数额较大的交易一般也会选择依靠正式制度。除了商业借贷之外,市场需求不大的商品一般都依赖非正式制度进行交易。而那些与个人品味直接挂钩的商品,则都是依赖正式制度,在陌生人之间进行交易。

在欧洲的历史上,我们就可以看到这样的事实。从中世纪起,欧洲社会的一个显著特征就是拥有无处不在的司法审判机构,几乎每个人都可以利用其提供的司法服务(尽管奴隶没有诉讼权,但是庄园法庭可以为农奴处理纠纷)。一开始,这些地方法庭由庄园主主持。他们或者自己充当法官,或者委任他们信任的人负责审判事务。在西欧,农奴制的衰落、地方权势人物和城市的兴起、王权的扩张,都促使司法体系变得越来越专业化和中央集权化。在经济事务方面,中央集权化的程度相对比较低一些。因为君主们发现,给从事贸易的人们(商人和手工业者)一定的自主权,让他们自己处理一些纠纷,是一个比较好的权宜之计。但是尽管这样,国家的司法体系还是能够保障商人法庭的判决得以执行。

但是另一方面,尽管欧洲在工业革命前 500 年就拥有无所不在的司法审判机构,商人和普通老百姓还是不愿意轻易打官司。人们普遍认为,打官司程序烦琐、耽延时日、成本高昂而且常常得不偿失。因此许多人会自发地组建人际网络,以便和值得信任的人进行交易。在现存的史料中,还保留着大量的关于此类事例的记载。这说明,当时的欧洲也存在着保障契约实施的非正式制度。因此,当时的欧洲也毫无疑问既依赖正式制度也依赖非正式制度。

然而中国的情况却有所不同。在我们现在能看到的史料中,反映正式制度的甚为少见,而反映非正式制度的却不胜枚举。因此人们很容易认为,中国文化有一种对于非正式制度的偏好,而对于诸如法庭这样的正式制度却刻意地回避。然而我们却认为,那些曾被用来证明中国倾向于非正式制度的证据,其实都不能完全地令人信服。它们大概可以分为两个类型。第一类是中国自清代以前很长时间一直到今天,非正式制度都发挥着至关重要的作用。这样的事实使研究者们很容易想当然地认为,正式制度在中国历史上无足轻重。尽管中国人对于非正式制度的依赖是毋庸置疑的,但是如果要证明中国文化重视非正式制度且轻视正式制度,这还仅仅只是一个必要条件,并不是充分条件。第二类证据产生于二十世纪上半期。对于当时的人们来说,因为政府的虚弱和能力不足,没有办法提供有效保障私人产权的正式制度,确实是太容易理解的情况。更具体地说,在当时日本侵华、国难当头的情况下所整理出来的社会调查资料,真的能够反映中国农村社会长久以来的情况吗? 如果我们的回答是肯定的,那么必然会面临一个进一步的诘问,即在这样僵硬、刻板的制度之下,中国社会是如何延续上千年的? 其实如果我们将视线倒回 18 世纪,就会看到一个更接近真实情况的图景。在这个时期,国家对地方社会的介入既广泛又实在。举例来说,我们都知道,当时的帝国政府长期对谷物收成和米价进行翔实的记录,还建立起一系列的制度来应对突如其来的自然灾害(比如仓储、河工和水利制度)。后面我们还将谈到,这个政府也有能力为商业和制造业提供不可或缺的司法审判体系。

时至今日，一些严谨、敏锐的研究者已经开始质疑"本地贸易只能依赖非正式制度"这样的结论。彭慕兰（1997）就曾经提到中国北方的酱菜老字号的融资与管理，就既不依赖亲族纽带也不依赖非正式制度，而是通过出售股份和以业绩为标准招募经理人。曾小萍的研究（2005）也再现了四川自贡大大小小的盐井的运营方式。她告诉我们，当时的自贡盐井可以通过招股的方式获得启动资金。那些规模小、面临破产的盐井可以增募股东以获取继续经营的资本，而实力雄厚的大盐井则将产运销纵向整合起来。这些经营活动都很少或完全不依赖亲族组织和地缘人际网络。而在传统的观点看来，亲族组织和人际网络是中国传统企业必不可少的孵化器。

以往的许多研究者，因为深信所谓的"文化差异"，所以非常轻易地接受了关于经济变迁的一些刻板理论，构建出"正式制度的欧洲"和"非正式制度的中国"这样各执一端的结论。在他们看来，中国和欧洲的经济变迁遵循着不同的路径依赖，所以形成不同的制度环境，进而促使欧洲形成了远远超过中国的经济效率。沿着这样的思路，帝制晚期的中国没能建立起一个与欧洲同等规模的司法体系，也就意味着中国人从未有效地利用法庭处理经济事务。与此同时，欧洲人从中世纪晚期开始通过法庭处理商业纠纷的做法，就进入了许多新制度经济学家的视野，他们把契约和司法体系描述为欧洲经济传奇的核心篇章。这样的鲜明对比，还可以印证亚当·斯密很久以前对于中国的观察。斯密认为，每一个经济体的成长极限各不相同，但都只能在制度所允许的范围之内成长（A. Smith[1776]1976：106）。除此之外，这种观点还与马克思的主张不谋而合。马克思认为，亚细亚生产方式缺乏内在的发展动力，只有欧洲的入侵才能动摇它的基础，将它强行拖入现代社会。

尽管我们对于"制度锁闭说"和"路径依赖说"提出了质疑，但显而易见的是，中国和欧洲在正式制度和非正式制度之间的确有着不同的偏重。我们对于正式制度和非正式制度的分析是基于现实中不同类型的商业贸易,而且也从不否认中国和欧洲的制度环境的确有着相当大的差异。但是我们并没有将这种差异的形成归结于所谓的"制度锁闭",而是试图用"相对成本"来解释这个问题。与"制度锁闭论"相比,"相对成本"的思路有更强大的解释力。因为正如我们在后文中将要讨论的:越来越多的证据显示,中国和欧洲都曾经历过实实在在的制度变迁。

本章的下面一节将要展现保留在中国商业中的非正式制度,以及这些制度的扩展与更新。我们将要论证,中国经济的"非正式性"并不是源于某种文化的倾向性,也不会阻碍正式制度的生成。相反地,帝制时期的中国大量运用非正式制度是因为中国的空间规模,使得长距离贸易既有可能又利润丰厚。像法庭这样的正式制度对于远在几百里之外的贸易,并不能特别奏效。相比而言欧洲人将契约制度正式化,其实是政治权力施加于极其有限的空间范围的结果。正式化的契约制度之所以能够行之有效,只是因为绝大部分的交易都在本地市场上进行。当时欧洲的四分五裂和激烈的战争,使得长距离贸易困难重重。因此,历史学家最喜欢讲述的故事就是,当时欧洲的商人们是怎样想尽办法去冲破这些藩篱的。然而他们没有详细交代的是,在这样长距离的贸易之中契约是怎样实施的? 事实上,在帝制时期的中国,这种长距离贸易既不会被分裂割据所阻挡,也通常不用缴纳沉重的过路税。但是正如我们所看到的,商人们主要还是依靠非正式的人际网络处理相互之间的关系。

在上文中,我们谈到了欧洲非正式制度与正式制度的结合,也论述了正式制度在中国经济中扮演的重要角色。这些事实都说明,表 3.1 中左下象限的情况其实蕴含着相当复杂的选择。这类交易不仅在欧洲和中国可能选择不同的保障方式,在这两个区域内部选择也可能各不相同。因此,正式制度和非正式制度的使用其实并没有那么固定和绝对。在现有的史料中,反映中国的企业使用正式契约的事实确实比较少。但是现有的许多史料也说明,如果正式制度伴随着赚钱的机会摆在中国商人面前,他们也会毫不犹豫地去摸索和完善正式制度。事实上,在十九世纪末期西方正式制度进入中国之前，中国的一部分商人就已经能够很好地设计和利用类似的机制。企业制度在中国本土的萌发提醒我们，千万不要想当然地认为只有在欧洲人进入中国之后，中国人才能跟在欧洲人身后亦步亦趋地学习更优越的正式制度。这个假设错在两个方面。第一，中国人在接触西方正式制度之前已经有过发展正式制度的尝试，说明他们对于西方模式的选择和适应，其实是部分地基于他们自己过去的经验。所以当他们觉得，他们自己摸索出的那种糅合正式制度与非正式制度的体系更加行之有效时，他们也会放弃对西方制度的模仿。第二，正如我们在本章中多次看到的，正式制度并非无条件地优越于非正式制度——并不像欧洲正式制度向世界其他地区传播的故事中所暗示的那样。事实上在特定的情况下，非正式制度反而更加适用。下面，我们就用晚清的史实来印证这个观点。

在帝国阴影下的贸易制度

本章的前面部分已经提出，中国和欧洲都既曾使用正式制度又曾使用非正式制度。这与此前的主流观点大不相同，此前的研究者大多将欧洲和中国的制度选择归结于一种文化的宿命（Landes 1998）。我们之所以要质疑此前的结论，一个重要的原因是这种解释太难以证实或证伪。中国和欧洲之间当然存在着文化上的差异，也确实存在着商业制度上的差异，但是当只有两个比较对象的时候，我们怎样才能证明相关的事物（文化和制度在任何地方都是并存的）之间真的存在因果关系（某种文化特质决定了制度的形态）呢？所以我们在这里提出一个命题和一个忠告。这个命题是：从历史的长程来看，中国和欧洲不同的政治体制的确在选择正式制度还是非正式制度的过程中起到了一定程度的作用。一个忠告是：这种有差异的历史进程并没有造成所谓的"制度锁闭"。相反的，正式制度和非正式制度始终是相对存在、此消彼长的，直到今天仍然如此。正是这样一种现实的演进过程，使我们提出的观点可以被检验或修正。

在我们的理论框架中，正式制度或非正式制度的相对重要性，其实取决于这种贸易究竟处于表 3.1 中的哪一个象限。政治的变动、科技的发展、环境的变化都会催生更多的长距离贸易，从而提升非正式制度在经济中的重要性。相反的，那些依赖大量固定资产的经营活动，往往会增加正式制度在经济中的比重。实际上，我们很难准确地根据贸易的频率和贸易双方的距离，对于前近代的贸易活动进行分类（更别说对距今 1000 年以前的贸易活动进行准确分类）。然而，从公元 10 世纪至 14 世纪的史料中我们可以确定的是，中国长距离贸易的比重较欧洲更大。我们可以从这一点出发，回顾不同制度在经济中所扮演的角色。

在公元 1000 年前夕，中国长距离贸易的发展其实是拜稳定的政治环境所赐。在历史上，中国在相当长的时期里都是统一的帝国，而欧洲则长期处于四分五裂之中。在罗马帝国衰亡的过程中，一些曾经非常重要的输送大宗货品的商路被废弃了，直到数个世纪以后才渐渐恢复。从某种意义上说，欧洲的商业革命就是重建罗马帝国时期的贸易格局。而中国，在长距离贸易长足发展以前，已经实现了政治统一。对于中国统治者来说，距离几百公里的贸易只是国内贸易而已，还算不上国际贸易，所以他们基本上不会太多地干预此类活动。帝国内部长达几个世纪的和平成为促进国内长距离贸易发展的关键因素。除此之外，从十四世纪中期到十九世纪中期，中国朝廷在财政税收方面出现了一个回归的趋势，即重新将农业作为最主要的税收来源，商业税仅起到一种陪衬的作用，所以国家也不会基于财政税收的理由干预市场。基于这些原因，国家权力很少介入贸易发展的过程。事实上，中央政府还较为成功地约束下级政府，尽量减少对于社会的索取，尽量避免阻碍商品的流通（Wong 1999：222—225）。

中国学者和日本学者的研究均证明：从公元 16 世纪到 18 世纪，民生日用品(如棉花、大米、糖)成为中国长距离贸易的主角(许涤新、吴承明 2000)。从宋代开始,长距离贸易的组织方式(如批发、零售和转运)就已基本成形(斯波义信 1970)。到了明代,通过血缘、地缘等多重纽带联结起来的商帮逐渐崛起,致使长距离贸易的范围和规模都明显扩大。在这些新兴的商帮中,最著名也最成功的是晋商和徽商。晋商抓住明朝廷实行"开中制"的机会,掘得了他们的第一桶金。所谓"开中制"就是鼓励商人将粮食运送到西北前线的部队充当军饷,然后向商人们发放销售官营食盐的许可证。而徽商也控制了中国内陆许多地区的食盐销售。除了食盐贸易以外,晋商和徽商也涉足其他许多贸易门类。比如竹木贸易、手工制成品贸易等(藤井宏 1953—1954;傅衣凌 1956;寺田隆信 1972)。在中国的东南部和南部沿海地区,还有一批商人致力于与东南亚地区进行贸易。这类贸易活动从公元 11 世纪至 12 世纪就已渐次展开,到公元 17 世纪初已经具备相当的规模。

我们认为,正是长距离贸易的快速发展,催生了中国基于人际网络和非正式制度的商业体制。因为就连世界上最好的地方法庭,都不可能妥善地为一对远隔数百公里的贸易对手处理商业纠纷。因此,长距离贸易的发展必然伴随着日益细密的人际网络。这些人际网络之所以能赢得商人们的信赖,还因为它们能够汇聚和传递关于商人和市场的信息。正如我们前面所谈到的,在一些情况下,商人可以直接进入异地市场收购商品。另一些情况下,远道而来的客商与本地的生产者、消费者之间需要一个中介。而牙行和牙人就扮演了这样的角色,他们或者收购客商的货物,然后寻找本地的买家,或者向本地制造业者收购制成品,然后把这些商品推向远方的市场。各种商业指南书籍都谆谆告诫商人们,一定要谨慎选择牙人,而且还提供了诚信牙人的衡量标准,以及能够彰显个人信用的行为方式(Lufrano 1997)。地方官员也充分地意识到,牙人坑害客商的根本原因在于双方在本地市场上的信息不对称,因此地方官府也尽可能地规范市场行为(邱澎生 2008)。地方官府的这些努力,弥补了非正式制度的不足。尤其是在缺乏大规模商人网络的地方，这样的做法有助于增进商人之间的互信。公元18至19世纪，州县衙门所审理的商业讼案中，相当重要的一类就是牙行和外地客商之间的纠纷（范金民2007）。由此可见，清代的中国商人确曾依赖正式制度解决商业纠纷。但不可否认的是，动用官府的行政资源既耗费金钱又耽延时日。所以非正式制度就普遍地出现，以弥补正式制度不足。而且因为帝国规模很大，地方官通常还要忙于其他各类政务，也不可能有足够的时间和精力去审理所有的商业纠纷，于是他们通常会将管理商业事务的权力下放给地方精英和商人自己（Mann 1987）。因此之故，商人组成的人际网络凭借非正式制度运作长距离贸易，成为当时商业领域最突出也是最重要的特征。在人际网络之外，商业也可以在地方官府的监督和管理之下进行，但是正式制度并不是当时最主要的商业运作机制。

同样的逻辑也可以解释，为什么欧洲的长距离贸易主要依赖正式制度。罗马帝国崩溃之后，欧洲虽然没有形成统一的帝国，但是这并没有扼杀长距离贸易的活力。事实上，在蛮族入侵之后，欧洲经济的复苏在很大程度上有赖于长距离贸易的发展，工业革命以前欧洲所有的经济进步也都与长距离贸易不可分割。欧洲经济复苏的一个重要动力，在于精英阶层对于异域奢侈品的欲求。这些诱人的商品包括香料、精美的纺织品，以及各种手工制成品。这类贸易大多依赖非正式人际网络，地中海贸易就是典型的例证。在地中海贸易兴起之前，针对欧洲的长距离贸易主要由阿拉伯人和犹太人把持。但是从公元11世纪开始，热那亚、威尼斯等意大利城市逐渐崛起，地中海商人成功地取代东方人成为欧洲长距离贸易的控制者。后来，意大利北部其他城市的崛起也有部分原因是手工制品在全欧洲的销售。在西属尼德兰，安特卫普的发展是因为其四周环绕着覆盖整个欧洲的纺织品市场，而阿姆斯特丹的兴起则是因为它一步一步地控制了波罗的海地区、地中海地区，乃至整个欧洲的贸易。在贸易中心不断转移和贸易关系日益复杂的过程中，越来越多的正式制度被纳入市场规范之中,其中对市场秩序影响最大的当属汇兑银行(如卫斯尔银行、英格兰银行)的建立。但即便如此,非正式制度仍是国际贸易和金融最强有力的支柱(Neal 与 Quinn 2003)。直到 1912 年,这种情况仍然没有大的变化,比如 J. P. 摩根(J. P. Morgan)的一句名言就是:"一个资本家最重要的特质就是他的声誉"(Carosso 1967)。而麦道夫诈骗案(Madoff Scandal)也足以提醒我们,即使在今天,非正式的人际网络仍然拥有左右整个金融世界的力量。

　　尽管非正式网络对贸易格局影响至深,但不容否认的是,欧洲中世纪的分裂割据仍然滞碍了长距离贸易的发展。研究拜占庭、热那亚和威尼斯的学者们都十分关注城市的发展,但是他们往往忽略的一点是,在这些城市争夺贸易中心的竞争中,战争通常是它们首选的手段。但也正是战争,极大地扰乱了商业的正常发展。如果这些城市处于同一个帝国之中,他们之间的竞争会比较单纯地在经济层面展开。即使在欧洲凭借强大的武力成为世界贸易领袖之后,商业仍然会受到政治的干扰。就算我们不谈欧洲贸易网络因战争而发生的那些戏剧性的变化(比如基奥贾战争之后热那亚在东地中海地区的衰落,以及尼德兰革命过程中安特卫普的衰落),其实任何一场战争都足以使贸易曲线大幅度地下滑(Daudin 2005:207—216; de Vries 与 van der Woude 1997:第 9 章)。

　　除了战争之外,欧洲各国的政策也使长距离贸易受害颇多。所有的政府(不管是专制政府还是代议制政府)都极力地限制长距离贸易的规模。英国的航海条例和西班牙的贸易政策其实没有什么本质上的区别。各国贸易政策背后的动机不尽相同,有的是为了保护本国制造业,有的则是在贸易入超的情况下阻止贵金属的外流。但是所有政府对贸易的干预都有一个共同的原因,就是筹措战争经费。向长距离贸易征税是比较简单的,因为大部分的长距离贸易都是国际贸易,必须经过为数不多的几个港口。但是欧洲的统治者觉得这还不够,他们甚至还对自己不同领地之间的贸易征税。所以有许多贸易现在看来是在同一个民族国家的范围内开展,但在中世纪时仍被课以沉重的过境税,而且受到各种禁令的限制(Dincecco 2008)。例如虽然同在西班牙国王的统治之下,加泰罗尼亚和卡斯提尔之间却被设置了很多贸易壁垒,而这片地域的总面积还远远比不上中国的一个省(J. Elliott 1986;Lynch[1964]1991)。尽管后来欧洲各国经历了长时期的统一进程,但是一些现在成了民族国家的地区(比如法国、西班牙),历史上内部的贸易壁垒还是存在了长达500年甚至更久的时间。19世纪中期,民族国家之间的贸易壁垒稍有松动,但是在19世纪80年代的时候又被加固。直到20世纪60年代,建立欧洲统一市场的进程才再一次启动。总而言之,欧洲历史上的确有过长距离贸易的发展,但是与中国相比,欧洲始终处于四分五裂的政治环境,所以欧洲长距离贸易所面对的挑战也远远大于中国的长距离贸易。

即使在工业革命之后,欧洲的贸易领域已经发展起空前完善的正式制度体系,19世纪的欧洲长距离贸易和国际金融还是严重地依赖非正式人际网络。这些网络的纽带可能是血缘关系,也可能是同乡关系,还可能是相同的宗教信仰。由此可见,中国与欧洲长距离贸易背后的逻辑是非常相似的,中国和欧洲在这一点上的差异其实比很多学者所描述的要小得多。所以我们所建立的模型最与众不同的一点就是,认为选择正式制度或者非正式制度其实和文化差异没有太大的关系。中国和欧洲之所以发展出具有典型性的正式或非正式契约保障机制,归根结底是因为欧亚大陆两端存在着不同的经济机遇。

19世纪末期,随着西方科技和企业制度的传入,中国政府也开始着手建立一个新的法律体系。晚近发展起来的许多理念和制度都采择于西方的经济实践,很像明治维新时期日本政府的做法。传统的观点认为,这些来自欧洲的正式制度在中国经济变迁的过程中起到了至关重要的作用。的确,许多制度是在欧洲的社会环境下生发出来的,但是这并不意味着类似的做法不可能在中国出现。所以这一轮改革的成败,其实并不取决于所建立的制度在多大程度上"像"欧洲,而是取决于这些制度所赖以实施的中国本土的经济社会环境。正如我们前面所提到的,中国也有自生自发的正式制度,比如远洋贸易中的股份制,以及制造业中的股份公司制(Pomeranz 1997；Zelin 2004)。如果贸易和经济的发展提出了更多对正式制度的需求,我们也完全可以预见中国企业会积极地探索和回应。当然,晚清时期引进成熟的欧洲制度,为中国企业节省了很多时间和摸索的成本。但是这些制度中的一部分之所以能够较快地被中国所接受,一个重要的原因还是中国人早先已经进行了类似的尝试。

然而这些外来的制度,包括一些被中国政府大力推广的制度,并不总是能够适应中国的环境。比如说,当1904年《公司法》颁布的时候,许多中国企业并不愿意改制成为公司(Kirby 1995)。对于当时的企业家来说,改制的成本可能远远大于其预期的收益。因为一方面,政府可能并没有诚意落实新的产权制度。另一方面,企业主担心改制成公司之后,会过多地暴露一个企业的财务状况,从而招来沉重的税收负担。当时的天津商会就认为,政府所颁布的商业法律只是机械地模仿外国制度,与本地的商业惯行殊为不符(范金民 2007：287)。尽管西方的商业制度不能照单全收,但是中国的商业制度仍然具有足够的开放性和灵活性,足以吸纳一些来自西方的新做法。因此,理解制度变迁的一个更好的路径,就是将其视为中国本土商业实践的拓展。这种拓展并不是简单地照搬西方制度,而是在西方制度中择其适宜者而采纳之。这些变化提醒我们,不能因为中国工业化的启动晚于西欧,工业化的速度慢于日本,就认为中国陷入了所谓的"制度锁闭"。除此之外,还有一些显而易见的因素制约着20世纪上半期中国经济的发展,恶劣的政治环境就是其中之一。政治的乱流阻滞了许多的经济制度变迁。从19世纪中期太平天国叛乱开始,中国政治的离心倾向就日益显露。此后,频繁的国际冲突又加剧了这种离心的趋势,终于导致了二十世纪初中央集权国家的崩溃。因此,我们可以下这样的结论:从外国引进的正式制度只是加速了那些本来就应该出现的变化,而中国动荡的政治环境拖累了制度变迁的进程。

正式制度和非正式制度在晚清贸易中同时存在的事实说明，制度引进并不是经济成长的必经之路。当经济变迁营造了使正式制度优越于非正式制度的条件时，正式制度就会得到更广泛的运用。外国制度的到来，当然使企业家和政策制定者有了更多的选择。一些西方的做法被中国企业家所借鉴也不足为奇。但同样重要却未被许多研究者提及的是，正是借助中国本土原有的一些制度，外来的制度才得以在中国的经济环境中生根发芽。从此以后，中国经济中正式制度与非正式制度的比重发生了变化，正式制度的相对重要性也在逐渐增加。如果比较全面地观察20世纪初的中国和欧洲，我们会发现，在相似的贸易活动上二者不同的制度选择，其实主要取决于它们之前的制度发展进程。因此，20世纪初的中国和欧洲其实有着不同的路径依赖，它们需要的正式制度和非正式制度的组合也截然不同。

西欧近代经济的崛起使许多经济史学家认为，18世纪英格兰的经济制度是一套普适的、最有利于经济发展的制度。因为中国的契约制度与英格兰的普通法传统大相径庭，所以人们会认为，如果不对法律体系进行根本的变革，中国的经济绝不可能成功地发展。然而过去30年里，中国经济爆炸式的增长使这种结论面临着巨大的质疑。尤其是因为20世纪80年代至90年代初期的工业产值增长，大多是在没有正式司法审判制度和契约制度的情况下实现的。

另一种质疑的观点认为：尽管英国的制度适用于其本国，但是在中国或是在其他一些文化环境和地理环境迥异于英国的地区，这一套制度就很难创造出同样优异的经济绩效。许多研究者都曾经探讨过，欧洲人在其殖民地建立的制度体系，对应着本地特有的制度环境（Acemoglu等2001；Engerman与Sokoloff 1997）。他们最重要的发现就是，在生态环境比较接近的地区之中，不同的殖民国家所选取的制度也是十分相似的。这种论证的方式十分看重地理因素，与我们的研究视角有些类似，但是其得出的结论却仍然不够坚实。事实上,欧洲各地的自然禀赋差异就很大,中国各地的自然环境更是天差地别,但是中国和欧洲之间的制度差异远远大于这两个地区各自内部的差异。

在比较中国和欧洲的契约实施情况的时候,我们的论述主要基于从经验事实中观察到的两个现象:第一,在一些商业关系中,正式制度不见得有用;第二,在另一些情况下,只能通过正式制度确保交易双方恪守契约的规定。从这两点出发,我们建立了一个关于制度选择的理论模型。这个模型显示:成功的经济体制,往往要混合使用正式制度和非正式制度,并不是拘泥于某一种制度形式。现存各种史料的记载与此种观点十分吻合。尽管中国的商人网络(以血缘和地缘为联结纽带)相当发达,但是它并没有彻底地代替正式制度。更进一步地说,在判断正式制度和非正式制度究竟哪一个更加重要时,我们认为经济结构是一个最关键的影响因素。这样一来就不难理解,为什么在长距离贸易长期受政治干扰的欧洲,能够发展出比中国更多的本地的、依赖正式制度的交易。也不难理解,为什么中世纪晚期欧洲贸易复苏的过程中,越来越多的商人开始依赖非正式制度。

本章的讨论其实与第二章中关于企业的理论互相呼应。那个理论认为,一种经济活动究竟是在一个企业的架构中展开还是完全走向市场,更多地取决于这类经济活动自身的特征。在某些情况下,将这类活动置于企业之中,与其他的经济活动相配合,能够获得更好的经济绩效;在某些情况下,依赖市场进行运作则更有效率。本章也反复强调,究竟选择正式制度还是非正式制度,取决于交易本身的情况。但是现存的史料还反复提醒我们,在制度选择的过程中,政治因素有时比单纯的经济因素更加重要。比如明清时期的中国有数额巨大的国内长距离贸易,而国际贸易的体量却比较小(欧洲则恰恰相反),是由这个帝国的规模所决定的。欧洲各国政府竞相为商业贸易提供正式制度,是因为契约登记越规范,商业纠纷处理越有效率,国家的财政收入才会越丰厚。而通过这些途径获取的财政收入,又会被转而用于扩军备战。

在本章中,我们只是分析了对于正式制度的需求(即人们希望通过什么样的方式来运作他们的贸易)。这实际上包含了一个假设,即不论是在中国还是在欧洲,制度供给都会及时地回应现实需求的变化。但是在这个世界上的很多地方,法庭始终是一种稀缺的资源。就在我们所关注的这两个地域,统治者也常常未能提供足够的正式制度。例如在公元10至11世纪的中国,政府垄断着许多商品的贸易,对于国际贸易的限制屡见不鲜(尤其是在明代),这些都拖累了经济的发展(P. J. Smith 1991;Wong 1994;J. Li 1990)。在这样的情况下,走私贸易这种非正式渠道就应运而生了。在欧洲,政治权力的介入破坏了十六世纪末期安特卫普的贸易网络;而法国在大革命前未能改革其司法制度,则带来了更加严重的政治和经济后果(Gelderblom 2000;Rosenthal 1992)。但是在多数时候,不管是中国的政府还是欧洲的政府,还是愿意提供相应的服务,或者是把监管贸易的责任下放给地方精英。当然,不论是在中国还是在欧洲,正式制度都是有缺陷的。在任何时代,商人们都会抱怨法庭的腐败、偏私和低效,但是他们依然常常奔赴法庭去打官司。所以,制度不完善并不意味着全然无用。事实上,不管是在中国还是在欧洲,低频度的贸易(如土地买卖)都主要依赖正式制度。

在世界上的其他许多国家,政府未能提供有效的法律规范,任由经济为特权阶层所操控。拉丁美洲和非洲殖民地的历史就充斥了这样的故事(Nunn 2008;Haber 等 2003)。那些被剥夺了权利的人们,只能依靠非正式制度相互交往。那些有政治影响力的人或许可以保有私有产权和利用法庭,但他们之所以能享有这些优待,也全凭着非正式的和不稳定的人际关系。蒙博托(Mobutu)治下的扎伊尔和苏哈托(Suharto)治下的印度尼西亚就见证了这样悲剧性的发展历程(North 等 2009)。中国和欧洲的历史告诉我们,这样的失败是由政治造成的,并不是经济和文化的后果。进一步说,不同社会正式制度的差异并不是一个"头痛医头，脚痛医脚"的问题，而是由整个社会经济结构的差异所造成的。

与诺斯、沃利斯和温加斯特在《暴力与社会秩序：诠释有文字记载的人类历史的一个概念性框架》一书中的观点相似，我们也将政治视为解释经济绩效差异的关键变量。从第一章开始，我们就探讨了中国和欧洲的政权规模。本章所论证的政治结构对于经济绩效的影响其实也属于这个大的主题。本书的第二章和第三章意在说明：去除那些文化差异和制度差异的表象，中国和欧洲的经济其实有着诸多的相似性。第四章将要触及本书的中心议题：政治在经济大分流过程中所扮演的角色，在公元 1800 年前后就已经逐渐显现了。

第四章 中国和欧洲的战争、制造业布局和经济发展

我们在分析契约制度的时候,十分强调中国辽阔的幅员对于长距离贸易的重要性,以此来解释为什么中国的贸易比欧洲的贸易更加依赖非正式制度。此前的研究已经证明,中国广大的地域和统一的帝国体制,为长距离贸易的发展准备了适宜的外部条件(Pomeranz 2000)。对这一观点的进一步思考,使我们对经济史上一个被广为接受的观点产生怀疑,即政治竞争促进经济增长。事实上,历史上的政治竞争所带来的更多是暴戾的、劳民伤财的国内和国际冲突,而不是井然的秩序和低成本的选举,甚至连武力胁迫下的和平可能都是一种奢望。在中国的历史上,政治竞争相对较和缓,所以在相当长的时间里都比较富裕。相反的,那些存在多个政权的地区却经历着一次又一次的战争。即使是在和平时期,割据政权也对长距离贸易构成了不同程度的障碍。经济学家们应该了解,那些被亚当·斯密和大卫·李嘉图(David Ricardo)认为是影响了经济效率的贸易管制,在明清时期的中国几乎从来也没有出现过。薛华(Carol Shiue)的研究证明:在工业革命发生之前,这种宽松的国际贸易政策使中国粮食市场实现了高度的整合(Shiue 2002;Keller 与 Shiue 2007)。对于进入长距离贸易的商品,中央政府只征收比例很低的通过

税,而地方官员则基本无权征税。这些政策使中国形成了一个与欧洲面积大致相当的准自由贸易区。

在这一章里,我们将进一步分析政治竞争和经济变迁之间的关系。我们会特别关注 17 世纪末期以来,战争在机械技术发展过程中所扮演的角色。我们对于"大分流"源头的追溯,与大量的研究文献一致(最近的为 Mokyr 2009,Allen 2009a)。公元 1750 年前后,由于机械技术成功地在制造业中普及应用,英格兰(此后扩展到整个欧洲)的人均收入开始快速提高。然而对于欧洲为什么能够赢得这种领先地位,我们的解释却有所不同。一些学者将其归因为环境的(Diamond 1997)、文化的(Mokyr 1990;2009)或政治的因素(E. L. Jones 1981)。我们认为,这些解释都存在着一些无法自圆其说的逻辑漏洞。比如莫基尔(Mokyr)十分强调欧洲的启蒙运动以及欧洲人对新观念的开放态度,这种观点乍看起来很有说服力,但是却忽略了当时广泛存在的宗教和政治冲突。在宗教改革前后,这些冲突足以使欧洲许多地区陷于混乱。启蒙思想或许助推了某些地区的发展,但肯定不是这种发展的原动力。那些认为欧洲从美洲殖民地获取了"生态横财"的观点(Pomeranz 2000;E. L. Jones 1981)也存在着同样的问题。

我们认为,导致中国和欧洲出现大分流的因缘,其实在更早一些的时候就已经种下了。到公元 1500 年,中国经济和欧洲经济就已经出现了结构性的差异。里奥纳多·达芬奇在他的速写本上画下的那些机械草图,虽然大多无法付诸实用,但却反映了欧洲人最初的对于机械的痴迷。而在此后 300 多年的时间里,欧洲人迸发出的改进机械技术的巨大热情,在同一时期的中国即使不是全无踪迹可寻,也属于极其罕见。对于这种巨大的差异,可以有许多不同的解释。但是仔细检讨工业革命以前中国和欧洲制造业的一些关键性史实,有助于我们进行切中要害的分析:

＊　现有的研究已经证明,中国曾在技术方面领先于世界。虽然一

个有名的说法是,在 14 世纪中期的顶峰以后渐渐开始走下坡路,但是技术方面的创新并没有停止(Needham 1954—2008)。

＊ 公元 1000 年以前,不论是在中国还是在欧洲,技术要求低、资本投入少的手工制造业都主要分布在乡村,而技术要求高、资本投入大的工业则多位于城市之中。但是欧洲城市制造业的种类要远远多于中国城市(Van der Wee 1988)。

＊ 在公元 1600 年前后,欧洲人研发和使用机械的水平已经远在中国人之上(Mokyr 1990)。

＊ 在公元 1700 年前后,只在欧洲的个别地区,资本的相对价格才低于劳动力的相对价格。在这样的地区,使用新机器已经成为划算的事情(Allen 2009a)。

在本章中,我们并不试图建立一个能够解释上述第四点(或第三点)的理论框架,而是将第一点作为一个给定的前提,集中说明上述第二个结论。这样做是因为,我们希望所提出的理论框架足以展现技术领先地位的转移,不论是从中国转移到欧洲,还是从欧洲转移到中国。我们的理论必须允许两个社会都具有技术创新的可能,否则这会是一个从一开始就默认欧洲一定会独步世界的虚假理论。因此,我们的方法否定一切认为欧洲在政治和文化传统上优于中国的论调。事实上,如果海岸线(Diamond 1997)、文化(Landes 1998)和正式制度(North 等 2009)真的使西方占尽优势,那么为什么一千多年前的欧洲会如此贫穷呢?以公司制度为例,它的确是从欧洲向全世界辐射,但是它真正成为一种能够左右经济发展的制度安排,其实还是在公元 1700 年之后。另一些政治和文化上的制度安排也是如此,比如启蒙和代议制(Mokyr 2002;North and Weingast 1989),尽管它们都助推了欧洲的发展,但是也同样出现得太晚。所以,我们希望专门探讨一种发展进程,一开始是中国占尽先机,而到了某一个时间节点就变成欧洲后来居上。

我们的论述分为两个部分:第一部分,战争促使欧洲的制造业向城市集中;第二部分,欧洲制造业相对集中在城市,直接导致了较高的资本投入以及越来越多的地区采用机器生产。相反的,中国相对和平的经济发展环境,使得中国统治者既没有保护城市手工业者的压力,也没有产生以机器来替代昂贵的劳动力的需求。我们更强调长期的趋势,而不是某一个关键的发明创造(比如 17 世纪 60 年代蒸汽机的问世),是因为在17、18 世纪的时候,没有任何一项发明可以独立地将英国或者欧洲推向一个全新的机械化时代。而且 14 世纪的欧洲,也并没有在机械方面展现出相对于中国的优势。而且也没有任何证据显示,那时欧洲的工资水平比世界其他地区更高。然而从很早的时候开始,欧洲的制造业就比中国更加明显地体现出向城市集中的趋势。在这一章中,我们就要探讨为什么会出现这样的倾向。

城市与经济发展

与其探讨为什么中国的制造业大多分布在乡村,我们更希望回答是什么推动着欧洲的制造业在很早以前就开始向城市集中。尽管强调这两个问题的区别看起来很学究气,但是这两个问题的设计其实隐藏着许多深意。就第一个问题而言,其实是人们预设了欧洲的模式是高效的,然后以欧洲为参照物,寻找中国的问题所在。这种思维方式如果放在 19世纪中期是相当合适的,因为在那个时候,城市工业已经毫无疑问地成为推动经济发展的关键因素。但是如果放在更早些的 13 世纪,恐怕就没有太大的意义。所以,我们不如从更加确凿无疑的史实出发,思考是什么促使欧洲选择了城市作为制造业的集中地? 因为如果将制造业布局在乡村,似乎也是一个不错的选择。至少乡村有廉价的木材、便利可取的原材料,还不像城市那样人口稠密,疾疫横行。从这个角度提出问题,还使我们注意到:15 至 16 世纪中国的经济中心,往往比欧洲的经济中心更加繁荣和高效。所以,这种思维方向的转变显然是有意义的。

关于为什么欧洲的制造业大多集中在城市,目前有三个不同层面的回答。第一个层面,一些地理和经济上的因素,可能使得城市在一些地区具有更大的吸引力;第二个层面,政治经济的差异,使得欧亚大陆两端的统治者给城市提供的优惠条件各不相同;第三个层面,不同地区的政治结构,尤其是其政权的空间规模,起到了决定性的作用。我们认同的是第三个层面的解释。但是与此前的研究者不同,我们并不认为欧洲在机器生产方面的领先地位是缘于某些英明的政策。相反,这是区域政治体系被卷入代价高昂的竞争之后所出现的意料之外的结果。

下面,我们将要反驳一些关于中国制造业者为什么倾向于选择乡村的简单解释。其中首当其冲的是人口的因素。尤其是城市人口的高死亡率,使得当时世界上的很多地区都没有出现制造业集中的城市。在公元1800年以前,世界各地城市的人口死亡率都相当高,许多城市必须想尽办法招徕外地人口才能维持正常运转(Grantham 1993;Wrigley 1967)。在这种情况下,手工匠人们当然也会为了躲避致命的疾疫,而将自己的作坊设置在远离城市的乡村地区。因为疫病在气候温暖的地方更加容易传播(尤其是各种水生病菌极易繁殖),那么按理说不论是在中国还是在欧洲,都应该是位于北方的城市比位于南方的城市发展更快,城市手工业的规模也更大。但是实际上在公元1100年以后,中国南方城市和市镇发展的速度远远超过北方;而在公元1500年以前的欧洲,拥有大规模手工制造业的城市也大多分布在南欧,而不是北欧。由此可见,制造业究竟是分布在城市还是分布在乡村,并不仅仅是一个人口的问题。

对于中国缺少城市制造业的另一种可能的解释,来自亚当·斯密的假想,即中国数量庞大的人口处于贫困之中。换句话说,欧洲的资本比中国充裕,而城市中的资本市场更加活跃,所以欧洲的资本成本低于中国,而且城市的资本成本低于乡村。罗伯特·艾伦对于英国为什么能较早发展起机器工业的解释,在很大程度上就是对这一论断的深入阐发

(Allen 2009a,2009b)。对于公元 1730 年的英国,这样的解释是合理的。但是对于黑死病之前的欧洲,这样的解释就很难站得住脚。因为在那个时候,欧洲的利息率比后来要高得多,而工资水平则很低,但是制造业已然更多地分布在城市之中了(Epstein 2000)。虽然目前能够找到的数据少之又少,但是定性化的史料还是十分明确地告诉我们,在公元 1368 年大明王朝建立之后,这个帝国的手工制造业已经越来越多地分布在了乡村地区。

在简单的要素价格之外,其实还可以从经济地理的角度来解释,为什么欧洲的制造业倾向于集中在城市。长期以来,对于城市的研究都强调,工业的聚集有利于降低成本、提高生产力。用经济学的术语来讲,制造业可以从网络外部性中获取边际递增的回报(藤田昌久等 2001)。也就是说当制造业在地理上相对集中的时候,生产的过程将会变得更加有效率。这种外部性来自大容量的、专业化的市场,来自企业间激烈的竞争,也来自工人们提高专业技能的意愿——因为当他们对现在的老板不满时,就可以比较轻松地跳槽到附近同样需要这些技能的企业。当然我们还想强调的是,仅有这种外部性还是不足以解释中国和欧洲的大分流。如果城市制造业聚集自古以来就能够带来如此可观的回报,那么中国人和欧洲人应该都能发现这一点,而中国和欧洲的制造业分布也不会有太大的差别。而且在公元 1000 年以前,亚洲(尤其是中国)就已经出现了大规模的城市。如果按照"聚集理论"的话,中国应该比欧洲更早走上城市制造业的发展道路。在这种情况下,如果非要找到一种对欧洲有利的分流趋势,我们必须区别检视各个经济部门,以找出对应于各个产业的外部性。而且那些从聚合经济中获益最多的制造业门类,在欧洲生产总值中所占的比例还得高于在中国生产总值中所占的比例。在相当长的历史时期内,能使中国和欧洲产生如此差距的产业只能是武器制造(Hoffman 2010)。但是欧洲的武器制造业能发展到这样的规模,也是其内部政治纷争的一个后果,这一点我们在后文还要做专门的讨论。总而言之,单纯从经济的角度并不能很好地解释欧洲的制造业为什么多集中于城市。

对于这个问题第二个层面的解释着眼于国内的政治经济。但是在这个主题之下,涉及的内容就太多太多。因为中国的"坏"政策和欧洲的"好"政策都可能间接或者直接地导致欧洲的制造业在城市集中。如果我们发现中国皇帝给手工业者进城设置障碍(从而使他们无法分享给城市制造业带来诸多福音的外部性),我们就可以说中国的企业主们其实是希望进入城市的。如果我们发现中国皇帝压制资本市场,使城市的资本成本不具有相对优势,那么我们就可以说苛政阻碍了中国经济的发展。中国皇帝的确构想了一个"男耕女织"的理想社会蓝图,但是这种政治偏好并没有真正地阻挡人们的迁徙和流动,也不可能彻底抑制民间借贷。尽管政府严令不得索取过高的利息,但是并没有影响金融市场的成本以及市场上可供借贷的资金数量。

从欧洲这一边来看,中世纪史学家一直强调,西北欧的统治者曾经不遗余力地实行过一系列政策,即用各种办法来吸引技术工匠移居他们的领地或城镇(Duby 1974,1979)。通过这些政策,君主的一部分权力被移交给市政当局,甚或直接赋予商人和工匠所组成的行会。还有一些证据表明,为了扼杀潜在的竞争对手,城市和行会千方百计地限制乡村制造业的发展(van der Wee 1988;Vardi 1993;Epstein 2000:第五章)。尽管人们会认为城市制造业的结构与行会组织息息相关,但是也必须清楚的是,当时的每个城镇都设有不止一个行会。即使是在同一个行业之中,都可能出现行会分立、政策各异的情况。因为那时的城镇规模都很小,所以没有任何一个行会可以在一个大的市场范围内左右某类商品的生产。正如我们在后文中将要谈到的,欧洲城市制造业和乡村制造业之间从来没有一个确定无疑的界限。而且,欧洲行会还承担着保护他们的成员免受统治者掠夺的责任。事实上,国王和贵族在手中缺钱的时候,常常会打商人和行会的主意。格雷夫(Greif)的研究(2006)曾经揭示出,个体经营者在没有办法对抗统治者的苛捐杂税和巧取豪夺时，往往会选择到其他地方另谋生路。事实上，孤立的小生产者的确没有办法与统治者抗衡，他们只有形成群体才能够有效地表达自己的诉求。如果对这一系列事实进行更深入的思考，我们还会发现：欧洲城市中技术工人的相对缺乏和统治者的巧取豪夺，其实归根结底并不是国内政治的问题，而是因为欧洲各政权之间旷日持久的战争。因此，我们的视野就必须从单纯的经济或国内政治经济的层面，拓展到国际政治的层面，尤其应该重视战争的作用。

对这个问题第三个层面的解释，强调政治结构的地区差异。为了简单起见，我们将中国视为一个统一的政治单位。除了边境之外，其他地区都甚少经历战争和内乱；欧洲则是由相互竞争的政权构成，战争和内乱的可能性更高且更具地方性。即使是在和平时期，欧洲人和他们的君主们都在毫不懈怠地为战争做准备；而在中国，只有皇帝和手握重兵的将帅才有必要操心这个问题。过去的研究大多只强调政治竞争带来的好处，却不考虑政治竞争的成本。但我们必须指出，政治冲突并不仅仅是博弈中的互相威胁，更是现实中真正发生的冲突；而且当冲突真正发生的时候，代价是高昂的。在我们看来，欧洲制造业向城市集中的最根本原因在于战争。尽管每个人都想尽量远离战火，但是农业被牢牢地拴在土地上，农民则离不开他的村庄。而制造业却不同，它比农业更具有流动性，且更容易成为抢劫的目标。特别是那些生产高附加值产品的行业，绝对是令武人们垂涎不已的肥肉。所以欧洲的工匠大多不敢相信乡村里那些不堪一击的防御工事，而是纷纷躲到城墙之中寻求庇护。而中国的情况则恰恰相反，在长期稳定的王朝统治之下，从事制造业的工匠大多不用担心战争对于相对价格的影响，所以他们选择经营地的时候与欧洲的工匠有着完全不同的考量。下面一节我们将要展开论述这一观点，并探讨中国和欧洲制造业布局的差异所带来的长期影响。

要素成本与制造业

众所周知,大多数手工业作坊的规模都比较小,竞争也比较激烈。因此从长时段来看,手工业作坊会设在生产成本最低的地方。尽管长时段的视角并不适宜于对现代经济进行分析,因为在现代社会,要素成本和科技变化的速度太快。但是在我们所探讨的这个时段,技术和要素成本的变化都比较缓慢,所以长时段的视角还是适用的。但是一些突如其来的事件或冲击,往往会改变资本成本和劳动力成本,从而影响要素成本。

相对于乡村而言,公元 16 世纪至 17 世纪的城市既有优势也有劣势。当时的城市居民面对着日益增加的死亡和患病的风险,因为聚居在城市里的人口成为疾病传播最便利的媒介。另外,城市居民还必须承受高昂的食品价格,因为几乎所有的食材都来自乡村,所以城市居民的名义工资要高于乡村居民。因此对于制造业者来说,农村的劳动力成本会低于城市。公元 19 世纪的许多史料都反映出城市与乡村劳动力成本的差异,但实际上在更早的时期,从名义工资和城市规模的相关性分析中,就已经可以看到这种差异(Ditmar 2009)。可是如果我们对资本成本进行考察,就会看到截然相反的情况:将作坊开设在乡村需要付出非常高的监督成本,因为乡村作坊普遍比较分散而且(我们假定)规模比较小。而且乡村的借贷利率普遍高于城市,所以乡村借款者通常也要承受较高的成本。当然,关于这方面的直接证据并不容易找到,因为在前工业化社会,利息率一般都不会明确记载于契约之中。但是如果我们关注信用市场的地理结构,就会发现一个较为固定的模式:乡村居民经常跑到城市或市镇中借贷而不是放贷;而城市居民则在乡村放贷而不借债。这个现象即可以非常有力地证明,城市的资本成本低于农村(Hoffman 等 2011)。

　　为了评估这种相对价格所带来的影响,我们必须定义生产函数。简单起见,我们先从资本投入和劳动投入比例固定的生产过程谈起(经济学家的术语称之为"列昂惕夫生产函数",Varian[1978] 1984:10)。举例来说,一个作坊主使用一种织机和一批劳动技能相同的工人。如果每一个工人只能固定操作一台织机,这就是一种符合"列昂惕夫"模式的生产技术。在这种情况下,一个作坊主为了尽可能地缩减成本,他会将作坊设在他花费最多的那种要素最便宜的地方。也就是说,资本密集的生产放在城市,劳动密集的生产则放在乡村。通过我们在栏4.1中的分析可以看到,平均每个工人对应的资本投入有一个临界值k^*,所有人均资本投入大于k^*的行业都在城市,所有人均资本投入小于k^*的行业都在乡村。这第一步的分析展现了农村和城市不同的资本密集程度,但单是这一点还不能够理解为什么中国和欧洲的制造业分布会产生差异。

　　中国和欧洲在制造业布局方面的差异,其实是因为战争所造成的要素成本差异。在战争中,乡村企业通常比城市企业更加脆弱。无论是国内动乱还是国际战争,都有可能使辛苦建立起来的乡村企业毁于一旦。尤其是动产(比如设备、工具、原料储备、人员等)在战争中特别难以保全。不管是土匪、强盗、军阀,还是外国侵略者,都可以易如反掌地趁乱打劫。城市当然也会受到战争的影响。如果战争切断了贸易网络,对城市造成的打击可能是致命的,而且越是富庶的城市越是容易被敌军所洗劫。但是城市便于构筑更加坚固的防御工事,而且能够更加有效地对抗各路武装力量的分赃行为。当然,修筑城墙、雇请卫兵要花很多的钱,但是制造业主们还是宁愿躲在城墙之中,而不愿去往几乎不设防的乡村。我们认为,战争使城市和乡村的资本成本都增加了,但是乡村增加的程度要大于城市。另外一方面,相对于资本成本,城市无法同样成功地遏制战争中劳动力成本的增加,因为战乱常常会阻断城市与乡村之间的物资交换,导致城市食品价格上涨。

　　在一个战乱频仍的地区,一个制造业主选址建厂时会用一套不同的

方法计算相对价格。我们在栏 4.1 中推导出了一个新的人均资本投入
临界值 k_w^*,这个值决定了一个企业究竟是设在城市还是设在乡村。因为
战争使得城市的资本比乡村更加便宜,所以 k_w^* 就会比和平时期的临界值
小($k_w^* < k^*$)。也就是说,资本投入和劳动投入比值在 k_w^* 和 k^* 之间的制
造业,在和平时期通常会开设在乡村,但是在战争时期则更有可能开设
在城市。在战争时期,只有那些资本密集度特别低的制造业才有可能分
布在乡村。

因为自公元 15 世纪中期至 19 世纪中期,中国甚少卷入国内动乱和
国际纷争,这就给了我们一个很好的参照基准。在中国,人均资本投入
小于 k^*($k < k^*$)的企业都可以设置在乡村地区。而在战火不息的欧洲,
只有人均资本投入小于 k_w^*($k < k_w^*$)的企业才可以在乡村设厂。因为
$k_w^* < k^*$,所以中国乡村有更多的制造业企业。因此我们可以说,自罗马
帝国崩溃以后,欧洲的战争导致其制造业向城市集中。而且战争越激
烈,这种集中的趋势就越明显。尽管这个模型将"列昂惕夫生产函数"与
战争结合起来,解释中国和欧洲制造业布局的差异,但还是没能完全地
考虑到技术的变化。因为在列昂惕夫生产之中,要素比值是固定的(人
均资本投入量 k 就能完全概括这种技术的内涵),因此只要属于同一制
造业门类,不论是设在乡村还是设在城市,其资本投入和劳动投入的比
值都是完全相同的。如果说欧洲经济最基本的特征就是与战争相伴的
话,那么与长期处于和平状态的中国相比,欧洲应该更加贫穷而且总体
来说制造业相对较少。

栏 4.1　战争与制造业布局

如果一个企业主雇佣 L 个工人,每个工人的工资为 w,投入的资本数量为 K,
资本成本为 r,那么其生产成本即为 $C = wL + rK$。因为列昂惕夫生产函数是线性
的,所以我们的分析可以具体到每一个工人。每个工人对应的成本是 $w + rk$,其中
k 是每个工人对应的资本数量。我们在正文中已经交代,城市的工资水平高于乡
村,所以 $w_c > w_u$,其中下标的 c 代表乡村,下标的 u 代表城市。因为城市的资本成

本小于乡村,所以又得出$r_c<r_u$。因为一个企业主会将工场设于总投入最低的地方,所以他会在$C_c=w_c+r_ck$ 和$C_u=w_u+r_uk$ 之间进行权衡。如果城乡工资的差异(w_u-w_c)大于城乡资本投入的差异$((r_c-r_u)k)$,他就会将企业设在乡村。也就是说,$k<(w_u-w_c)/(r_c-r_u)$,假设$k^*=(w_u-w_c)/(r_c-r_u)$,所以如果每个工人对应的资本小于k^*,这个企业就会设在乡村。

假设由于战争的影响,使乡村资本成本每单位增加 Δ。需要说明的一点是,虽然我们承认战争不仅增加了乡村的资本成本,也增加了城市的资本成本,但是城市的防御设施对资本和劳动力都起到了一定程度的保护作用。从固定要素比例的角度考察战争对制造业布局的影响,虽然揭示出了相对价格的差异,但仍然低估了制造业向城市集中的程度。因为事实上在战争时期,乡村地区的资本成本应该为$r_{cw}=r_c+\Delta$。所以,一个择地建厂的企业主所考虑的就不仅仅是 $k<(w_u-w_c)/(r_c-r_u)$,而是 $k<(w_u-w_c)/(r_{cw}-r_u)$ 或者 $k<(w_u-w_c)/(r_c+\Delta-r_u)$。假设$k_w^*=(w_u-w_c)/(r_c+\Delta-r_u)$,那么在人均资本投入量小于$k_w^*$ 的时候,一个制造业企业才能够开设在乡村。而且显而易见的是,$k_w^*<k^*$。

但是将欧洲的制造业全部设定为固定要素比例,其实是不符合实际的,因为没有考虑到企业主用廉价生产要素替代昂贵生产要素的情况,但是这种情况在现实中乃是非常普遍的。还是以纺织业为例,企业主其实可以为每台织机配备多个工人(尤其是利用妇女和儿童做一些辅助性的工作),每个工人对应的资本数量也可能有所增减(因为织机的质量肯定是有差异的)。所以在现实之中,每一个生产单位的资本投入和劳动投入的比值都是不一样的。在经济学中,能够表述这种情况的最简单的生产函数就是"柯布—道格拉斯生产函数",它特别关注要素份额(factor shares)①而不是要素比例(proportions)。它的计算公式是$Q=K^aL^{1-a}$,其中Q代表产出,k代表资本,L 代表劳动力,a 代表资本的要素份额。在这里,我们暂且省略详细的推导过程,有兴趣的读者可以参阅栏 4.2。与"列

① 要素份额是指某一种生产要素的开支在总生产开支中所占的比例,如果用 w 代表工资率,r 代表利息率,那么要素份额就等于 $wL/(wL+rK)$,而要素比例则是最简单的 L/K。

昂惕夫生产函数"相似,"柯布—道格拉斯生产函数"也是从相对价格的角度解释企业主如何选址建厂。但是在"柯布—道格拉斯生产函数"中,引入了"资本的要素份额"这个特殊的概念。在栏 4.2 中,我们推导出它在和平时期的临界值是 a^*。也就是说,资本的要素份额高于 a^* 的行业会开设在城市,反之则分布在乡村。在战争情况下,资本的要素份额的临界值是 a_w^*,而且 $a_w^* < a^*$。这些结果与使用"列昂惕夫生产函数"所得到的结果一致,但是"柯布—道格拉斯生产函数"可以让我们的分析走得更远。当我们充分考虑到资本替代的情况时就会发现,在战争时期一定会有更多的企业选择设在城市之中。栏 4.2 提供了数学分析的细节,从直观上可以这样理解,即在"柯布—道格拉斯"生产技术的假定下,一个企业可以采用两种方法缓解战争带来的负面影响,一是重新择地设厂,二是调整要素比例。

栏 4.2　战争、制造业与资本密集程度

在柯布—道格拉斯模型中,"资本的要素份额"这个概念至关重要,我们在此处用 a 来代表这个概念。它可以用来度量一个企业潜在的资本密集程度(如果 $a=1$,那么企业所有的开支都用于购置资本;如果 $a=0$,那么企业所有的开支都用于购买劳动力)。对于和平时期的企业(乡村的劳动力比城市便宜,城市的资本比乡村便宜),我们可以找到一个临界值 a^*,当 $a < a^*$ 的时候,企业会设在乡村;当 $a > a^*$ 的时候,企业会设在城市。在战争时期,我们还可以找到另一个临界值 a_w^*,当 $a < a_w^*$ 的时候,企业会设在乡村,而且 $a_w^* < a^*$。

上述结果说明,在战争环境下,企业主可以比较灵活地选择将厂址设在乡村或设在城市。下一步,假设每个企业(或行业)的要素比例(factor proportions)必须固定在乡村相对价格的水平,那么能够找到一个临界值 a_w^{*1},当 $a > a_w^{*1}$ 的时候,企业就会迁往城市。接下来,如果我们允许企业在迁往城市以后调整其要素比例(即"柯布—道格拉斯模型"区别于"列昂惕夫模型"的点),那些已经准备迁往城市的企业还是会迁走,但是一些原本不打算迁往城市的企业也会迁走。由此可知,$a_w^* < a_w^{*1}$。所以,在要素比例可以根据相对价格进行调整的情况下,战争中的欧洲会比和平中的中国拥有更大规模的城市制造业。

几乎所有企业在向城市转移的过程中,都必须对要素比例进行一番调整。企业从乡村搬迁到城市之后,面对的是降低的资本成本和升高的劳动力成本,所以他们通常会用资本取代劳动力。也就是说,城市企业和乡村企业相比,资本更加雄厚但劳动力却相对稀缺。在我们的模型中,所有从事同一制造业的企业都位于相同的地方,所以这个要素比例调整的模式可以从一个企业推广到一个行业。相对于要素比例不可调整的模型,最大的区别就是(在要素比例可调整的情况下)被战争赶入城市的产业会变得更加资本密集。所以,如果说欧洲历史上战事频繁这个前提条件可以成立的话,那么它的制造业资本密集程度就一定超过中国,因为战争将相当数量的欧洲制造业牢牢地限制在城市之中,而中国却并没有普遍地出现这样的情况。我们在后文中将要讨论,正是这种资本密集化的取向,使欧洲走上了一条以机械为基础的技术革新道路。换句话说,欧洲城市制造业比中国农村制造业机械化程度更高,是因为它们对机械的依赖程度更大。

在我们这个模型的因果链条中,包含着两个部分的内容:第一部分是静态分析,从战争入手分析城乡相对价格的差异,再进一步推论城乡要素密集度的差异;第二部分是更加贴近经典理论的动态分析。从要素密集度分析技术变迁,得出的结论颇能印证"诱致性技术创新"的理论。本章接下来的部分将论证这个理论链条的现实可能性(尤其是其静态分析的部分)。

之所以这个因果链条的现实可能性需要论证,是因为虽然我们的模型是合理的,但是它也只是关于经济变迁的众多叙述中的一种。另外,这个模型的理论目的只是为了推导出我们所特别关注的制造业分布的差异。为了达到这个目的,我们的模型需要假定要素市场存在一定程度的摩擦(friction)(即要素相对价格在城乡之间存在差异),而战争只是导致这种摩擦的众多可能因素之一。因为中国和欧洲的历史还存在着诸多的不同,所以还有一些别的因素也可能会导致要素相对价格的差异。

但是如果某些中欧之间的区别,在这两个地区制造业分布的差异显露之前就已经存在了,我们就可以将这些因素排除掉——因为假如真的是由于这些因素,那么欧洲从更早的时候开始就应该占据优势了。因为相同的原因,我们也可以排除那些无法兼容中国早期的领先地位和近期的蓬勃发展的因素。最后,我们还回避了欧洲历史上一些急剧的变迁(比如光荣革命、法国大革命等),因为这些生产技术上的差异(即便偏向资本密集型或劳动密集型的生产模式的形成),要经历几个世纪才能完成,几十年是远远不够的。将这些因素都排除之后,我们发现只有战争是在历史的长时段中经得起筛选的因素。它时而激烈时而缓和,并不是一个一成不变的稳定因素。而且如果我们的推论是正确的,那么每个地区制造业布局的变化也对应着该地区政治格局的治乱兴衰,而不仅仅是技术的变化。也就是说,战争的发动和平息也就是我们的理论具有可证伪性的关键点。

工业革命前的长时段历史

在这一节,我们将重点讨论战争如何影响到制造业的选址和资本密集程度,下一节再讨论这一切对于技术变迁的意义。不安全状态(我们姑且用这个词来比较中性和委婉地描述战争和国内动乱)是代价高昂的。事实上,随着战争的激化和越来越多的制造业向城市转移,经济和制造业也会由于战争的压力而在整体上出现萎缩。这就意味着,长期处于战争中的社会,其经济总量和制造业的规模通常都比较小。因此之故,直到公元 16 世纪甚至是更晚些时候,战争都应该使得欧洲比中国贫穷。因为同样的原因,在公元 1279 年蒙古入主中原之后,中国的制造业规模应该比欧洲更大,而且有更大比例的制造业分布在乡村地区。反过来说,在欧洲战事相对缓和的时期,有一部分制造业可能会回归到乡村。最后,如果生产技术向资本密集化的方向发展,中国和欧洲都会有更多的制造业向城市转移。为了追溯城市和乡村对制造业的争夺,我们必须对中国和欧洲进行深入的比较,也必须对英国(工业化的摇篮)和世界其他地区进行有意识的比较。理想的情况是,我们所建立的这个模型,或许能够不仅有助于解释中国和欧洲之间的大分流,还有助于揭示同一地区内部制造业布局的差异。

从早期欧洲旅行者的游记中,从现在已知的古代技术转移过程中,我们都不难看到,中国经济的发达程度曾经远远超过欧洲。那时的欧洲人不远万里地来到东方,不是为了获取原材料和贵金属,而是为了购买制成品。在公元 1000 年前后,中国在技术上领先于欧洲,已经是学术界的一种共识。由此也引起了一个难以解答的追问——为什么一个曾经如此发达的经济体,在公元 1300 年以后会越来越明显地被欧洲甩到后面(Elvin 1972)。战争与城市化之间的关联能够解释这个问题吗? 在公元 13 世纪中期,中国的城市人口大约占总人口的 6%—7.5%。这个帝国的确拥有一些规模相当大的城市。但是到了公元 19 世纪前夜,全中国大约只有 3%—5% 的人口居住在筑有城墙的城市之中(Skinner 1977a:287; 1977b:227)。但在这 6 个世纪之中,欧洲的城市化比例却提高了(de Vries 1984:第二章)。但是这样浮光掠影的比较还是远远不够的,我们必须深入到这两个地区内部进行分析。

首先,让我们仔细地检视中国历史上的城市化与战争。帝制时期的中国其实也面临着一些军事上的考验,比如 17 世纪中期的明亡清兴,以及 19 世纪中期此起彼伏的农民战争。但是明清易代之前的三个世纪,以及 19 世纪中期以前的两个世纪,中国社会都总体上处于和平的状态。因此,中国的工商业者基本上不用担心会有突如其来的战争打断他们的生产和销售。而且他们还不用承担沉重的战争成本,既无须向好战的国家缴纳赋税,也无须为了躲避劫掠与破坏而支付任何额外的费用。

如果我们用更宽广的视野去回望中国历史就会发现,中国在分裂割据的历史时期也曾经出现过制造业向城市集中的趋势。在公元前 221

年秦朝实现统一之前,中国的土地曾经是列国争霸的舞台。在这段时期,参与争霸战争的国家主要有七个,每个国家都倚重于一些商业和制造业颇为发达的大城市。每个国家的统治者都铸造钱币以振兴贸易,并通过向贸易征税来支持争霸战争。除此之外,他们还大力兴修灌溉工程、改进铁农具,以提高农作物产量、供养城市里的政府机构、官员和工匠。然而我们现在还没能掌握足够的史料,以判断自秦朝建立后的十二个世纪中,手工制造业在城乡之间的分布情况。但是我们可以知道的是,在几个统一、强大的帝国之间,分裂割据、扰攘动荡的时间其实超过了整个阶段的 40%。所以,当时中国的乡村制造业应该很难享有明清和平时期那种优越的发展条件。此前的研究已经证明,农业生产力的提高、交通运输条件的改善,以及城市手工业的发展促进了宋代商业的发展(斯波义信 1970)。然而宋代也是一个政治极其动荡的时代,在北方少数民族的军事压力之下,其政治中心由北方的汴京转移到了南方的杭州,而杭州也因此而发展成为财富和制造业的中心(Gernet 1962)。因此在整个公元 14 世纪,中国城市手工业和乡村手工业可能还处于一种平分秋色的局面。而到了公元 15 世纪,乡村手工业的优势越来越明显。中国和欧洲在即将迈入近代门槛的时刻,终于呈现出相对和平和战乱不息的鲜明对比。

尽管中国没有经历像欧洲那么剧烈和持久的国内和国际纷争,但是从用现代方法绘制的复原图中,人们一眼就可以看到,这些中国古代城市仍然建有城墙和城门。但是若以防御工事的规模而论,中国城市甚少能与欧洲城市等量齐观。事实上,帝制晚期的政府官员们,更多地是把城墙视为一种权力的象征,而不是保护城内资本免受战争荼毒的军事设施(Fei 2009:76—123)。在他们看来,需要住在城墙之内的百姓其实很少。在 1843 年,全中国有 95% 的人口都居住在乡村地区,而居住在城墙之外地区的人口更是高达 97%(Skinner 1977a:287,1977b:227)。因为战争的威胁相对较小,所以拥有工商业资本的中国人也不用像他们的欧洲同行那样,千方百计地挤进城市寻求庇护。而且,那时中国最严重的军事威胁来自北方的干草原,帝国的军队多数时间都部署于北方边境地区。从帝国早期到帝国晚期,那道被称为"长城"的系统性防御工事象征着这个国家保护她的子民免受外敌掠夺和侵略的决心,而这种保护对于城市和乡村可以说是一视同仁的。在公元 10 世纪中国人口重心南移之前,零星的制造业似乎还更多地位于城市之中,这种情况或许部分地是因为这些位于中国北方的制造业必须要想办法防范来自少数民族的军事威胁。

在帝国内部,尤其是公元 1000 年以后,社会秩序的维持并不需要投入大量的资金修筑防御工事。中国的官员们采用了许多常规性的、物质性的或强制性的措施以安定城乡社会秩序(Wong 1997:105—126)。19 世纪下半期,当蜂起的盗匪和叛乱导致国内社会秩序每况愈下的时候,越来越多的乡村和城市开始修建寨堡以自卫。这就说明,中国文化并非消极不抵抗的文化。在扰攘动荡的环境中,中国人的反应与欧洲人在罗马帝国崩溃后的所作所为别无二致。只要有必要,他们也会随时随地兴建防御工事。只是在公元 1000 年至公元 1800 年期间,对于绝大多数中国人来说,从事经济活动(包括制造业生产)并不一定需要一道起着防卫作用的城墙。

在明清时代的中国,工匠们选择留在几乎不设防的乡村。但与此同时,一个广泛而密集的市场网络也在逐渐形成,每一个节点上都有大量商品输入和输出。这个市场网络对于手工业的发展至关重要(Elvin 1973)。而且,乡村制造业的发达也并不意味着城市制造业完全是一片空白。像珠宝首饰、绫罗服饰和其他一些奢侈品的制造业还是主要依托城市的市场。长江下游地区在公元 1000 年之后经历了数轮的商业勃兴,从而形成了一个高度发达的市场网络和一个规模庞大的制造业,尤其精于棉织业和丝织业。因此,明清中国手工业生产的发展大多集中在乡村地区。人们通常以家庭为单位组织生产,有些家庭专门从事手工业制造,有些家庭则同时兼营种植业。在大小城镇中销售的手工业品,多是来自于乡村(Elvin 1973:268—284;西嶋定生 1984;田中正俊 1984)。这样一来,不断发展的制造业并没有带来更高的城市化水平。

虽然明清中国的制造业大多分布在乡村,但这并不意味着工匠和企业主们对明显具有优势的城市生产技术置若罔闻。事实上,在工业革命的技术成果传播到东亚地区之后,中国的乡村制造业就日渐式微了。在更早些的历史时期,我们也并没有找到什么证据能够说明,当新的技术和制度使得城市制造业变得更加有利可图时,中国人会千方百计地设置文化上或政治上的障碍,以阻止制造业的城市化。20 世纪头 40 年中,上海城市制造业的发展充分说明,中国的某一些地区完全可以顺利地从乡村手工业过渡到城市大机器生产。但无论是在中国还是在欧洲,人们都没有办法预见这样的变化。在公元 1500 年或公元 1000 年的时候,没有任何人能够断言机器生产定会取得最终的胜利。在 19 世纪以前,中国并没有什么必要发展大的工业制造中心。而且就像当时的欧洲大陆一样,中国的乡村制造业也仍然很具竞争力,尤其是在一些劳动密集的行业和乡村企业主能够跟上城市技术革新的行业。一个很典型的例子就是作为中国北方棉织业中心的河北高阳,很多乡村纺织业者购买铁制织机在家中进行生产(Grove 2006)。

在欧洲,战争与制造业之间的关系也是很复杂的。初看起来,好像是战争既毁掉了城市也毁掉了制造业。毕竟罗马帝国是建立在城市的基础上的。在高卢、不列颠、日耳曼尼亚,新城市都是帝国和平时期发展起来的。在蛮族入侵的过程中,这些城市有的被摧毁了,有的则从此消失了。中世纪城市的复兴是一个非常缓慢的过程,尤其是在北欧地区。但正是在这个复兴的过程中,资本密集化的城市制造业开始成为欧洲经济的一个重要组成部分。在文艺复兴之前,欧洲城市化水平最高的地区恰恰就是那些被战争蹂躏最频繁的地区。更具体地说,就是从佛兰德斯到罗马的那片区域,包括勃艮第公国、德国西部和意大利北部。

在查理曼大帝之后，随着城市的次第兴起，统治者们也越来越乐意庇护有一技之长的工匠。而且，旷日持久的战争也使乡村制造业的风险越来越大，从而将大量的制造业驱赶到设防的城市。而与此同时，乡村则变成了强盗、窃贼和破坏者的乐园。赫尔（J. R. Hale）曾经提出："从个人感受的角度而言，战争对于乡村居民的折磨更甚于对城市居民"（Hale 1985：196）。尽管我们脑海中常常浮现出征服者在被攻陷的城市中烧杀抢掠的画面，但是我们必须知道的是：在战争中，城市只有在防守失败的情况下才会被占领，而农村则逃不过任何一次武装侵袭。有大量的史料都可以证明，当欧洲的乡村被战争蹂躏得面目全非时，城市还能勉力维持相对的太平（Gutmann 1980）。尽管巴黎城的百姓或许感谢圣日内维耶（Sainte Geneviève）的祈祷保护他们免受匈奴国王阿提拉的侵略。但是巴黎城能够得以保全，或许还因为其坚固的城墙能够将敌军牢牢地拒于门外。此后，巴黎的城墙还抵挡住了维京人、圣女贞德和享利四世的进攻。

意大利城市锡耶纳和帕多瓦的历史也充分说明了，从中世纪后期至文艺复兴这段扰攘动荡的时期，居住在城市之中的重要性（Caferro 1998；Kohl 1998）。帕多瓦当时既苦于内乱又面临着外敌入侵。锡耶纳则既要与佛罗伦萨作战，又要应付雇佣军军团的劫掠。在这两个个案中，乡村都惨遭荼毒，但是城市却相对安宁（锡耶纳从未陷落，帕多瓦在100多年的战争中只有两次被敌军占领）。侵略军所到之处，田地和农庄尽被洗劫一空。历史学家们已经揭示了这种抢掠行径给农业带来的致命伤害，因为在战争中土地是最难以保护的。为了抵御土匪，有一些地区（比如意大利）的村庄也修筑了防御工事。但是如果没有强大的地方武装，仅靠高筑寨墙也不足以对抗那些训练有素、蓄谋已久的敌人。

从英法百年战争至1713年《乌德勒支和约》的签订，抢掠战争在佛兰德斯和低地国家简直成为家常便饭。而从这种战争中，也可以看到城市和乡村在战争中的不同际遇。1685年，西班牙军队洗劫了安特卫普，震动了整个欧洲。然而这次战争真正的惊人之处,在于西班牙人将他们(以及他们的敌人)惯用的对付农民的手段用来对付城市居民。但是,这绝不是欧洲历史上第一次军队借战争之机掠夺市民阶层的资产。从商人的角度来看,即便时常面临着被劫掠的风险,也不能轻易地放弃经营或将企业迁回到乡村地区,更好的选择是在尼德兰北部寻找一个新的、更安全的地方重新开始(Gelderblom 2000)。于是,阿姆斯特丹就成为众多商人的选择,从而迅速发展成为那个区域最大的城市。当然,制造业的转移过程实际上要复杂得多,但是总的来说,荷兰的城市发展其实是得益于尼德兰南部所遭受的劫掠(de Vries 与 van der Woude 1997:279—334)。

战争既是限制经济规模的机制,也是制造业城市化的推手,这使我们很难清楚地梳理战争与制造业之间的互动。阿西莫格鲁(Acemoglu)、约翰逊(Johnson)和罗宾逊(Robinson)(2005)认为战争与城市的发展没有明确的关联。这个结论恰好印证了我们所提出的两对微妙的平衡。如果城市能够为制造业提供非常有效的保护,又或者城市在战争中被尽数摧毁,那么战争与城市发展的关系会呈现显著的正相关或负相关。但是我们希望展现的是一个更加微妙、更加缓慢的变化过程:即战争怎样重塑了制造业的生产结构,而这个过程很可能对城市的规模影响不大。

如果说欧洲战争和城市化的关系有一个一般模式的话,那么英国就成为一个异数。但是我们却必须要认真地考虑这个异数,因为英国毕竟是工业革命的发源地。在现在被称为"英国"的这片土地上,在公元407年罗马军团撤离之后,那些一度发展起来的城市就纷纷崩溃了,而且很长时间以后都没能复苏。盎格鲁—撒克逊时代和实施丹麦法律的两个世纪,从来就没有过真正的太平。尽管在公元1688年以前,诺曼征服是最后一次对这个地区成功的入侵,但是对于王位(包括来自诺曼底人的土地)的激烈争夺一直贯穿着整个都铎王朝。除此之外,直到公元17世纪,其北方边境都一直处于苏格兰人的军事威胁之下。在这段漫长的时期,英国似乎充当着欧洲的农村边疆(de Vries 1984)。直到都铎王朝统治时期,以伦敦为代表的英国城市才开始发展起来。即便如此,城市的数量还是很少,规模也比较小(Wrigley 1985)。而且这些城市大多是行政中心和商业中心,城市手工业始终处于不发达的状态,因为当时的英国主要依靠羊毛出口,在整个欧洲经济中处于边缘地位。伦敦崛起为欧洲最大的城市并不是因为战乱。事实上在公元 1600 年之后,英国本土甚少经历大规模的战争。在一个依靠舰队而不是陆军保护的国家之中,制造业完全不必龟缩在高高的城墙之内。英国海军非凡的战斗力,完全可以既保护城市又保护乡村。因此,城市就失去了相对于乡村而言的防卫优势,伦敦所得到的保护也并不比英国其他任何城市(或任何地方)更多。这样一来,英国最早发展起来的制造业中心,基本上都是位于北方。这一地区有丰富的煤炭资源,而且工资水平低于伦敦。相对和平的国内环境,并没有加速城市工业化,而是减少了城市中的廉价劳动力。许多研究者都曾经指出,英国制造业的早期发展更多地是一个农村现象,而不是一个城市现象。但是到了公元 17 世纪中期,城市制造业几个世纪以来对于技术的影响越来越凸显出来,数量有限的农村人口已经无力改变技术革新的大势。

　　除了英国之外,还有大量的证据可以说明:欧洲其他地区制造业的布局,也根据不同时期的具体情况在城市和乡村之间摇摆。在这个过程中,起着决定性作用的因素是技术革新、资本劳动比率和军事技术的变化。因此,不同的欧洲国家有着不尽相同的制造业布局。在回顾欧洲制造业布局的差异之前,我们首先要声明,我们并不打算从整体上解析欧洲的城市化进程。城市的发展不止取决于制造业这一个因素,尤其是近代早期因贸易扩张而发展起来的一些港口城市。我们真正想要回答的是:为什么欧洲的制造业比中国的制造业更倾向于分布在城市之中?

　　让我们先从低地国家说起。尽管在范德威(H. van der Wee)的著作中没有明确地叙述从文艺复兴时期至 18 世纪 20 年代,各种战争对这一地区的摧残,但是他却分别介绍了城市制造业和农村制造业的情况(1988)。其中有三点值得强调。第一,从较长的时段来看,为了降低生产的技术含量和资本投入量,一些制造业出现了从城市向乡村转移的趋势。许多产业在最初兴起的时候位于城市之中,可是一旦发展成熟,就会向乡村迁移。因此我们不能不加区别地断定,工业革命之前的欧洲制造业就是属于城市的。第二,有一些制造业门类完全位于乡村,在城市中基本上找不到类似的生产活动。在某些时期,城市制造业还有萎缩的趋势。还有一些时期,城市工匠会改行生产一些高质量的产品(就是对资本和劳动技能需求都比较高的商品)。第三,在八十年战争期间,"许多乡村被军队践踏、占领,有时一些城市也惨遭劫掠,与外界的沟通渠道也被阻断。在这样的情况下,许多乡村制造业者涌入邻近的城市,既是出于安全的考虑,也是为了更加便利地获取原材料和开拓市场"(van der Wee 347—348)。上述最后一点既指出了战争的负面影响(使城乡均遭荼毒),也提到了战争的另一个意图之外的作用(人们进入城市寻求庇护)。

在北部低地国家,随着战事变幻莫测地展开,包买商制度迅速地发展起来。德·弗里斯(de Vries)和范·德伍兹(van der Woude)的研究,揭示了公元1720年之后农村制造业如何在荷兰逐渐普及。他们认为,由于当地面临着人口压力,所以非农业人口增长了接近一倍。但是我们却并不这么认为,因为在这个时候,波旁王朝所发动的一系列让低地国家时时面临入侵威胁的战争已经接近尾声(de Vries 与 van der Woude 1997:55—57)。当和平意外来临的时候,制造业者们再也不用像16世纪末17世纪初那样过着朝不保夕的日子,他们可以将自己的企业迁至乡村,以便利用乡村比较廉价的劳动力。综上所述,不论是在北部低地国家还是在南部低地国家,制造业都不是单纯地向资本密集的城市集中。相反,我们所看到的是两种生产模式的长期竞争,一边是低工资、低资本投入的乡村制造业生产模式,另一边是高工资、高资本投入的城市制造业生产模式。

英国的情况与低地国家极其相似。尽管英国是工业革命的摇篮,但它此前也是包买商制度普遍存在的地方。包买商制度是一个经济系统,城市商人将原材料发放给乡村工匠,并以事先商议好的价格购买他们生产出来的产品。因此,在公元 1651 年内战之后比较长的和平时期里,乡村制造业发展得相当快。而且伯格(Berg)的研究(1994)还告诉我们,包买商制度一直是城市制造业的一个强劲的竞争对手。以纺织业为例,机械纺织业的扩展至少有一部分是发生在乡村,因为乡村不仅有廉价的水力资源,还有便宜的劳动力。从公元 1660 年王政复辟开始,英国进入了一个很长的和平时期。在公元 1688 年光荣革命之后,英国的国家制度也开始稳定下来。这一切都使城市在安全防卫方面的优势逐渐削弱,城市手工业和乡村手工业在公元 1730 年至 1830 年期间展开了激烈的竞争。而最早出现的一个变化,就是包买商制度的兴起。在此后的公元 18 世纪,低地国家(Gutmann 1980:第三章)和法国(Vardi 1993)也出现了类似的生产制度。

许多人认为,包买商制度在欧洲西北部地区的兴起,可以看作是工业化的先兆。一些研究者还将其称之为“原始工业化”(protoindustralization)。然而从技术的角度来看,包买商制度与此后出现的工业化根本就不在同一个发展轨道上。包买商依赖分散的劳动力生产大量中等质量的商品。包买商制度得以蓬勃发展的诱因在于劳动力,而并不在于资本,其当下的选择和未来的发展方向都与工业革命大相径庭。我们并不认为原始工业化终将发展成为现代制造业。相反在我们所建立的模型中,包买商制度使欧洲与中国更加相似。此外中国的经验也说明,高度发达的乡村制造业网络(原始工业化)并不必然会带来持续性的增长。中国和欧洲都有大量的劳动力分布于乡村制造业之中,但只有欧洲在此基础上发展起了现代工业技术(Wong 1997:33—52)。

总而言之,历史事实强有力地印证了我们的假设和模型的推测:战争对制造业的布局至关重要,它使得欧洲的制造业更加城市化。战争的影响取决于一系列因素,包括战争的烈度、生产技术,以及制造业的城市化程度。因此尽管从长时段来看,战争将大量的制造业者推向城市,但是也可能出现截然相反的情况。在战争与制造业的长期互动之中,一个微妙的规律逐渐浮现出来:如果战争太过激烈(如蛮族入侵、三十年战争以及其他一些致使生灵涂炭的冲突),制造业难免毁于战火;如果战争不够激烈,制造业又会转向乡村。

长时段视角下的工业革命

在上面的章节中,我们讨论了制造业主们在战争中所面临的抉择。接下来我们将要探讨的是,这样的抉择怎样影响到技术变迁的过程。到目前为止,为了使分析尽可能简单,我们使用的是一个静态的模型。它假定每一种制造业的技术水平是固定的,企业主可以自主选择投入组合(每个工人所对应的资本)以及他们工厂或店铺的所在地。现在我们开始探讨制造业选址对于技术变迁的影响。为了达到这个目标,我们参考了关于"诱致性技术变迁"的研究文献。这些文献所回答的问题就是:要素稀缺性如何影响到技术变迁的方向与节奏(Allen 2009a;Habbakuk 1962)?

这个问题的答案很简单:在劳动力价格相对低廉的地方(在我们的个案中,就是乡村),制造业者将更倾向于选择能够充分利用劳动力的技术,而不是节省劳动力的技术。因此,一种制造业究竟是采用提高人均资本投入的制度,还是采用减少人均资本投入的制度,其实是取决于相对价格。当然,每个企业主都乐于采用能够节省投入的制度。但是他们最感兴趣的,肯定是与相对价格水平相符合的技术革新。

对于不同技术的相对需求,将通过下面两种机制之中的一种,转变为现实的技术变迁。第一种机制就是"边做边学"。比如在一个资本密集的制造业门类，企业主一定会千方百计地提高资本的利用效率，而提高劳动力的利用效率则是相对次要的问题；第二种机制就是"目的明确的技术变迁"。也就是说，在资本价格低于劳动力价格的情况下，企业主就会投资研发代替人力的新机器。但这并不意味着在工业化的过程中，没有出现旨在充分动员和利用劳动力的技术革新。只是说相对于中国的技术革新而言，欧洲的技术革新更加注重对资本的深化利用。

这两种技术变迁的路径，都在特定的经济环境中被不断强化。如果在一个经济体中，绝大多数制造业的资本投入都比较少，那么企业主们就很难从为数不多的资本密集的制造业中感受到机器的价值。在他们的企业中，能够研发和使用机器并使整个企业转向资本集约利用模式的工人，自然也属于凤毛麟角。但是在这个经济体中，制造业者却可以从许多企业中借鉴到更有效地利用劳动力的办法。

许多研究者都曾经强调要素成本在技术变迁过程中的重要性。肯尼斯·索科洛夫（Kenneth Sokoloff）对于农事节律的研究，虽然与我们现在讨论的问题大相径庭，但其中对于空间分布问题的讨论是很有启发性的。在这项研究中索科洛夫提出：在企业使用和创造资本品的激励（incentive）是至关重要的（Sokoloff 与 Dollar 1997；Sokoloff 与 Tchakerian 1997）。他观察到，在每年夏天为期几周的农忙季节，乡村制造业的工资水平都要发生变化。因为不管工人们此前从事什么工作，在那时都会被吸收到农场上从事农作物的收割和储运。所以，设在乡村的工厂要么就得提高工人的工资，要么只能停工一到两个月。但是在特别注重农事节律的地方，工厂除了停业以外基本上没有别的选择。因此，这些工厂会刻意地避免使用昂贵的机器。因为这些机器一旦装备起来，每年就注定会有一段时间处于闲置状态。在索科洛夫的模型中，农事节律增加了资本成本，就像在我们的模型中，战争增加了资本成本一样。因为索科洛夫主要关注美国和英国经济的差异，所以他并没有对城市和乡村进行对比，但是其他一些研究者却做了这样的工作（例如 Postel-

Vinay 1994；Magnac 与 Postel-Vinay 1997；van der Wee 1988)，而且还指出：即使到了 19 世纪末期，乡村企业的资本水平还是比较低，而且与乡村地区农忙时期工资水平的变化紧密地联结在一起。索科洛夫也认为，在机器制造业方面美国之所以比英国发展得更快，是因为美国的农事节律不像英国那样不可撼动。

在最近的研究中，罗伯特·艾伦(2007)提出：工业革命的关键性机械之所以能够问世并得以推广，相对价格是最重要的幕后推手。只有在资本成本特别低而且工资水平相对高的情况下，发明使资本密集程度提高数倍的机器才是划算的。在公元 1650 年前后的英国，这样的情况是很常见的，但是在其他地方却未曾出现。艾伦还具体地谈到：在 1650 年以后，英国(尤其是伦敦)的工资水平已经达到欧洲最高。但是在公元 1700 年之后，英国的能源价格却相当低。因为经过几个世纪的技术调适，英国人已经将煤这种曾经相当危险的产品得心应手地用于家庭取暖和制造业。尽管在资本成本方面，英国与欧洲其他地区的差异可能没有那么大，但是优势明显也是在英国一边。因此之故，艾伦认为在 1700 年以前，英国采用机械技术的回报比欧洲任何其他地方都高，而这也正是机械技术最早在英国发展起来的原因。

在本书中，我们并不想赘述工业革命的技术变迁历程，也并不想过多地解释为什么一些关键的技术发明出现在英国而不是欧洲的其他地区。我们只想集中地探讨，为什么中国和欧洲的制造业结构会有如此大的差异？我们的观点是：中国和欧洲战争频度和烈度的差异，造成了这两个地区相对价格的差异，继而又形成了截然不同的制造业布局。而制造业结构又进一步强化了战争对于相对价格的影响。比如战争将制造业驱赶到设防的城市之后，城市的劳动力价格(尤其是非技术性的劳动力的价格)就越来越高，但是因为城市中形成了比较有效率的资本市场，所以资本的价格却越来越低。这样的相对价格促使人们用资本去代替劳动力。对于城市制造业者而言，他们自然会产生对于专业化工具和机器的大量需求。由此可见,城市里较高的资本密集程度催生了对于机器的需求。在这种需求的激励之下,又发明和生产出更多的机器。然而这样的激励在乡村是不存在的。

在公元1400年以前,全世界的资本价格都很高,有一技之长的熟练工匠数量也极其有限,许多发明家绘制的机械图纸根本就无法付诸制造,技术革新成为一件令无数人望而却步的事情。相反,如果一种技术革新能够允许企业从城市迁往乡村,并用非熟练劳动力取代熟练劳动力,却往往能够带来不菲的收益(在今天的经济发展进程中,这种做法仍然甚为常见。全世界制造业向中国的转移就是一个典型的例证)。在公元1400年的时候,任何一个欧洲人或中国人都不敢想象,人类制造业未来的出路将在于那些能够节省资本的技术。因此,中国的乡村手工业发展路径,在那时是最主流而且最顺理成章的选择,欧洲许多地区的制造业也采取这个模式,当然也是不足为奇。正如我们前面所讲到的,欧洲的制造业者在相当长的一段时间里面都极力追求低工资、劳动力密集的生产结构。而包买商制度实际上就是超越城墙的界限,去寻求更廉价、更充足的劳动力。因此在东西方经济史上,中国的技术革新道路是比较常规的,欧洲的模式却反而是一个例外。

另外,欧洲制造业的发展历程也折射出这两种发展模式长期而激烈的竞争。19世纪中期法国开展的工具调查为此提供了最好的证据。在那时,法国的季节性制造业十分普遍。因此,法国工业部的一些下属机构专门收集了有关此类现象的数据(postel-Vinay 1994;Magnac与postel-Vinay 1997)。这些数据凸显出两个方面的事实:第一,城市制造业者面临着乡村企业的严峻竞争,这种竞争一直延续到20世纪,在劳动密集型的行业内显得格外激烈。然而,乡村企业的"资本—劳动力比率"比城市企业要低得多。在当时的法国,农忙时节工资变动幅度最大的地方,正是乡村工厂夏季停业比例最大的地方,也恰恰是资本—劳动力比率最小的地方。后来,随着东部和中部地区的小麦种植变得越来越专业化,当地的农业和制造业呈现出共同演化的态势,也有越来越多的制造业企业前来落户。而西部专门从事畜牧业的地区,却无法提供数量充足的半农半工型劳动力。由此可见,只有农作物收割实现了机械化以后,工人们才能长期而稳定地受雇于工厂。

这套数据反映出来的第二个事实是:在严格的农事节律出现之前,法国的乡村制造业就已经兴起了。在公元 18 世纪的时候,季节性的劳动力转移还并不多见,而且基本上限于本地的范围,因为当时的农业生产是比较多样化的。乡村制造业在法国的普及大约是在路易十五统治时期。这说明,在法国这样一个地理幅员比较大的国家,国内秩序对于制造业布局的影响更大于国际战争。在平息了大规模的国内动乱"投石党运动"后,太阳王路易十四开始亲政。在公元 1620 年至 1713 年期间,法国与其他国家的战争从未停息。但是这些战争大部分未在法国的领土上展开,所以直到大革命之前,法国国内都保持着总体上的和平状态。有意思的是,法国东北部乡村纺织工的数量在 17 世纪 90 年代就开始显著增加,尽管直到《乌德勒支和约》签订以后,他们的事业才真正进入了蓬勃发展的阶段(Vardi 1993)。

由此可见,战争可以说是经济发展的催化剂。战争改变了城市制造业的比例,也促使人们采用最终可以通向机械化的各种生产技术。城市还能够吸引熟练工匠,他们能够制造精密的机械部件,从而减少使机器陷入瘫痪的组件摩擦(Landes 1983)。在欧洲历史上的大部分时期,这样的变化都出现在大陆地区。最早是在意大利,在 6 个世纪的时间里扩展到德国的部分地区和低地国家,最后才在英国修成了工业革命的正果。如果孤立地探讨公元 1700 年以后英国的经济环境(以理解工业革命的成因),就包含了一个假设:当时发生着的经济和技术变化蕴含着一些与此前不同的东西。但事实上,只有极端教条的亲英派才会认为,推动发明水车、印刷媒体、手枪、针织机的力量,和推动发明多轴纺织机、蒸汽机的力量有所不同。前面一类技术和后面一类技术相比,差异只在于其经济价值。也就是说,整个市场对于棉织品和机械动力的需求大大超过了对于手枪和毛织品的需求(Clark 2007)。人们往往只看到新技术在焦炭和棉织品的带动下大行其道,却没有看到这些新技术与那些出现得更早、经济效益较不显著的技术,其实经历了非常相似的发展路径。

工业革命中的技术突破,其实只是一个漫长的历史过程的一部分。而且这个历史过程是发生在整个欧洲,并不仅仅局限于英国一隅。因此,对于英国的研究有助于解释一些重要的问题,例如:为什么在公元1650年以后,英国成为技术革新的领头羊? 但是这样一种狭隘的提问方式会误导我们去追问,为什么只有欧洲才能够发现机器的重要性? 在我们看来,艾伦(2009a)已经基本上回答了英国为什么在17世纪开始领先的问题。艾伦认为,工业革命的一系列奇迹般的发明,很多都可以用相对价格来解释。但是仅凭英国工资水平高这一点,还不能令人满意地解释:为什么工业化的进程发端于中世纪晚期的意大利,此后其中心地又不断地发生转换?

我们认为,艾伦对于英国高工资水平的原因的分析,实际上就说明了政治和战争是资本密集化技术革新的重要推动力。他的论述中提到了两个关键性的因素——新型纺织品的兴起(一种更加精致、轻薄的毛织物)和英国贸易的显著拓展——其实都是政治变迁的结果。新型纺织品的兴起当然要依赖一系列的技术变革(为了制造更加轻薄的织物,羊毛需要从粗梳变成精梳)。但是人们可能会奇怪,为什么这样一种技术变革会发生在一个土地充足、劳动力稀缺的经济体内? 而且之前绝大多数的英国羊毛都是出口到低地国家。我们知道,低地国家一向盛产羊毛,而且掌握纺织羊毛的全套技术。那么为什么这样的技术革新没有出现在低地国家,反而是出现在英国呢? 约翰·芒罗(John Munro)的研究指出,英国毛织工业的兴起正是基于战争对市场的影响。一方面,欧洲大陆的战争减少了对于英国羊毛的需求,但高质量纺织品的进口数量也同时减少了。长期以来,王室收入依赖对出口羊毛征税,这在实际上形成了对国内纺织工匠的贸易保护(Munro 2005)。最后,在 16 世纪末期的时候,法国宗教战争和荷兰革命造成了严重的政治和社会动荡,促使低地国家和法国北部的许多工匠移居到英国。如果那时的英国和低地国家实行相同的政治体制(形成一个类似于中国的帝国),新型的毛纺织业就根本不可能在英国兴起。

艾伦所强调的第二个关键性因素就是:从英国驶向全世界各地的商船,使得英国的国际贸易份额不断提升。但是伦敦成为欧洲最重要的转口贸易集散地,乍一看似乎有些不合情理。因为所有的商品运送到伦敦之后,都要再次装船才能度过浅窄的英吉利海峡。从这一点来看,阿姆斯特丹的地理位置比伦敦明显优越得多。当然,伦敦与阿姆斯特丹之间的竞争不仅仅在于经济层面,还在于政治层面。两次英荷战争都爆发在这期间,绝对不是单纯的巧合。也正是在这个过程中,伦敦逐渐占据了上风。第二次世界大战以后,鹿特丹取代伦敦成为欧洲最大的对外贸易港口,再一次证明了政治竞争对于经济地理的影响。与之前的安特卫普和阿姆斯特丹一样,鹿特丹也能够比伦敦更便利地联络欧洲腹地。当英国皇家海军失去了震慑世界的力量以后,位于泰晤士河畔的伦敦在转口贸易方面的优势也一落千丈,这其实是不足为奇的事情。

人们也可能会追问,如果当时的欧洲大陆没有那么多的政治动荡,英国企业家可以选择在大陆地区建厂,那么英国的高工资水平还能保持多久呢? 从伦敦到比利时的蒙斯和法国的莫伯日的距离,并不比从伦敦到曼彻斯特和约克的距离远太多。如果当时的英国企业家可以选择的话,他们显然会更加青睐劳动力价格低廉的欧洲大陆地区,而不是工资水平如此之高的英国北部地区。而且更有可能的是,如果有充足的廉价劳动力供应,他们根本就不会花大价钱去发展这些纺织机械。但是在现实的政治动荡面前,这些向外寻求发展空间的企图都渐成泡影。

人们在理解 18 世纪英国技术变迁的时候,绝不能忽略欧洲历史的长远背景。同样,从欧洲和中国的政治体系的比较中得到的历史经验也不能被简单地推广。尽管欧洲的政治纷争改变了其制造业的布局是一个不争的事实，但是从这种改变当中切实地获利也并非易事。尽管战争可能调节相对价格，也可能促使政府投资于新技术，但是在很多情况下，战争所带来的破坏和损失远远超出了其正面效用。环顾全世界，长期被战争和政治分裂困扰的国家和地区比比皆是。公元 500 年至公元 1500 年的东南亚、中美洲和非洲都属于此列。但是直到公元 1500 年欧洲开始向全球扩张的时候，这些地区仍然没有一个表现出向工业革命演进的趋势。相反的，尽管这些地区拥有优越的自然禀赋，但是仍然长期处于相对贫穷的状态。而且至少东南亚非常符合我们上文中所提到的情况，即长期而激烈的战争既造成生灵涂炭又破坏了私人资本，像极了欧洲历史上的所谓"黑暗时代"（Andaya 1999；Taylor 1999）。我们还需要强调的是，发源于意大利继而扩展到低地国家的经济扩张，正是在战争的干扰之下戛然而止，而三十年战争也使德国遭受重创，花了一个半世纪的时间才渐渐恢复过来。我们设想，如果想要通过政治竞争来推动经济发展，也许未来的研究可以更加准确地厘清，哪些类型的政治竞争不至于起到适得其反的作用。

余论：中国和欧洲的分道扬镳

本章所阐释的经济变迁模型说明了：只有从政治经济学的角度，才能够理解为什么欧洲的经济结构和中国的经济结构，早在中世纪时期就已经各异其趣。但是我们并不是最早提出这一主张的人。许多研究者（Deng 1993；Mokyr 2002；Diamond 1997；E. L. Jones 1981；Landes 1998）更喜欢欧洲的路径，因为欧洲的政治竞争避免了突如其来的、代价高昂的政治倾覆，不至于像明朝那样骤然崩溃。他们也把政治的因素放在经济的因素之前优先考虑。但是我们的结论最大的不同在于：我们认为政治竞争和经济竞争不一样，它不是万应的灵药，它的正面效应是间接的,依情况而定的,而且需要付出巨大的代价。

我们对于这一变迁模型的叙述与传统的叙述相比,有几点优势。因为它建立在很少的参数的基础上,因此要检验其假设是否能够成立,以及它是否与史料相符合相对来讲比较容易。例如,如果发现城市的资本成本与乡村的资本成本相同,我们就必须要修正结论了。但是正如前文中所提到的,城市与乡村的资本成本的确存在着差异,而且的确是战争强化了这种差异。

要说追求戏剧性的效果,我们的叙述大概是没有什么吸引力的。首先,它没有特别地指出是谁成就了那些功业,又是谁应该为那些失败负责。换言之,中国没有走上机械化革新的道路,既不是文化的原因,也与个别的历史人物无关。在我们看来,中国之所以没有走上这条道路,是因为中国的企业家没有理由放弃充足而且廉价的乡村手工业劳动力。同样的,那些通向工业革命的五花八门的创新,也并不完全是欧洲人的功劳。在我们所讲述的故事中,既没有大英雄也没有大反派。那些政治冲突的意外后果,才是我们着力突出的主角。从戏剧性的角度而言,我们的叙述也缺少了那种因果相继、目标明确的发展节奏。在战争之中,欧洲既有可能陷入万劫不复的贫穷(如果战争的破坏性太强),也有可能先于中国走上资本集约化的发展道路。相反,中国的农村手工业可能会长期延续,但是却不会经历欧洲那样的"黑暗时代",也不会被"百年战争"那样残酷的战乱所蹂躏。李约瑟(Needham 1954—2008,第 7 卷第 2 部分)和其他一些研究者曾经证明:中国的技术并非停滞不前,如果再经历几百年的时间,机械化的技术革新可能也会在中国经济的母体内渐渐萌发出来。但是在我们看来,欧亚大陆两端迥然相异的政治经济格局导致机械化的技术革新更有可能发生在欧亚大陆的西端,而不是其东端。

我们向读者呈现的是一个蹩脚的剧本,但它却有可能是一个好的经济史研究。事实上,要求清朝早期的政府去推行那些连 18 世纪最杰出的经济学家——亚当·斯密都梦想不到的改革,是不太公平的。《国富论》

并不是一部"世界工厂"的赞美诗,而是主张低税收、自由贸易的农业经济,而这正是清帝国长期奉行的经济政策。但是欧洲的统治者却并不是这样做的,因为高昂的军费开支必然会影响到国家的贸易政策,而这正是本书第六章将要讨论的问题。

如果这个没有主角的剧本看起来还算合理,我们也同样强调一些意料之外的因素的作用。别的研究者也曾经强调过资源禀赋(Pomeranz 2000;E. L. Jones 1981),以及文化的重要性(Landes 1998)。就说文化吧,研究者们必须确保他所探讨的社会规范、宗教、观念是始终延续的,才能断言某些文化因素在公元 1300 年以前成就了中国领先于全世界的经济,而在公元 1900 年前后却拖了中国经济的后腿。那么,"文化决定论"的研究方法要怎样才能解释这所有的变化呢?

本章在一个历史的长时段之内,将政治经济与相对价格联系在一起。此前的研究者也做过类似的研究。但是区别在于,我们的模型强调在一个特定的地理范围之内相对价格的差异,而此前的研究则探讨不同区域之间相对价格的差异。其中,诺斯等人的研究最有说服力(North 1981;North 与 Weingast 1989)。他们认为,欧洲某些地区的资本成本不仅低于欧洲大陆的其他地区,甚至也低于全世界,是因为代议制政体减少了政府巧取豪夺的风险。由此可见,资本成本使中国经济注定难有突破的观点是由来已久的,而且这种观点也较多地关涉到政治经济,所以我们将在下一章集中论述这个问题。

第五章　信用市场与经济变迁

　　我们在第四章中已经提到:在公元 1700 年前后,一个以资本密集、使用机器为主要特征的经济发展模式已经在欧洲初具雏形。尽管在整个 18 世纪,这个新的经济领域总体来说还显得比较弱小,但是它至少在英国已经有了引人瞩目的成长。然而在接下来的 150 多年里,中国在引进和独立发展资本密集的制造业方面却乏善可陈,致使其经济发展模式与北美和欧洲大相径庭。到 18 世纪的时候,中国与欧洲之间的分流已经显而易见,而且在未来很长一段时间内这种差异还将愈发地拉大。一些读者可能会认为,政治结构的差异在一定程度上导致了欧洲走向机械化,中国固守农村手工业。但更多的读者可能会从资本市场的差异这个角度,去解释大分流的出现和延续。在本章中我们将要看到,尽管中国和欧洲的金融制度在过去和现在都存在着巨大的差异,但是 18 世纪以后中国经济的发展路径,与未能成功地建立起信用市场关系不大。

　　本章的内容将挑战读者们的既有认知。因为长期以来,中国被认为缺乏意愿和能力去发展与西方相似的金融制度(例如银行、股票和证券市场),而中国人自己设计出的金融制度则常常被认为是落后、低效的,致使晚清至民国时期的经济自强计划屡遭挫败。就更晚近的历史而言,

138

许多研究者认为：计划经济之所以行不通，主要是因为集中化的资本配置，以至于任何人都无法对企业进行有效的监管。从改革开放以来，西方人已经屡次预言，中国经济将随着即将到来的金融危机而崩溃。而相应的，欧洲人所推崇的金融制度则为新技术的传播提供了至关重要的保障条件。因此，即使资本市场不是中西经济大分流的决定性因素，西方资本市场的发达和中国资本市场的缺乏也具有超出大分流之外的经济意义。在本章的论述之中，我们必须对这些观点进行认真的检视。

罗伯特·艾伦等许多经济史学家曾经提出：由于欧洲各地的资本成本存在着差异，所以欧洲各地在经济活动的创造性方面也有着各自不同的表现。许多研究者都注意到，1750 年前后，英国拥有欧洲最发达的金融体系。金融学家和经济学家一直以来都认为，金融制度的差异意味着资本成本的差异。为了理解 19 世纪以前中国和欧洲金融制度的演进，我们必须考虑三个方面的可能性：第一种可能性，因为某种特定的金融制度最早出现在欧洲，尤其是在 1700 年之后的英国遍地开花，所以欧洲的资本成本低于中国；第二种可能性，因为从中世纪开始，欧洲整个区域就发展出了种类丰富、数量繁多的金融制度，大大降低了获取投资的成本，所以欧洲的资本成本低于中国；第三，欧洲的资本成本比较低，仅仅是因为其储蓄率比较高。不管真实的情况与上述哪一种可能性比较接近，欧洲的投资成本都要降到足够低，才有可能发展那些消耗资本、节省劳动力的技术。那些影响资本形成的制度是除了我们的政治经济解释之外，另一种可能解释"大分流"的缘起和延续的假说。

当然，中国和欧洲的资本成本也有可能并没有太大的差异。中国那些古老而又密集的水利工程就说明了，中国人实际上拥有进行长期投资的意愿和能力。另外，人们可能非常清楚，在过去的 30 多年里，中国的储蓄率和投资率都非常之高。然而，这一阶段的中国金融市场显然并不是西方人所熟知的那种样式（Brandt 与 Rawski 2008：第 1 章、第 14 章）。

这些事实不断地提醒人们,必须要对上述基于资本成本的假说给予更加审慎的思考。

在现阶段,我们对于清代中国用什么样的制度来运作资本,其实还所知甚少。这在一定程度上是因为,直到现在仍然有许多研究者认为,中国既没有内生出西方那样的制度,也没有抓住时机迅速而有效地移植西方的制度(例如:Ma 2006;Goetzmann 与 Koll 2006)。但是如果研究者们愿意在企业的层面上去探讨融资问题,就不难找到中国人募集和管理资本的许多证据。时至今日,研究者们的视野已经比过去宽广得多。在本章中,我们将认真地检视这些证据,并证明前文提到的"资本成本说"事实上并没有足够的依据。在下面的章节中,我们将首先讨论资本成本的问题,也会涉及那些看起来对中国极为不利的事实。我们的论证,关键在于比较两个地区的同类交易。因为我们关注的是借方的成本,而不是贷方的收益。我们将深入地剖析欧洲信用机构的多样性,以展现这些机构如何因应不断变换的资本需求。接下来我们的目光将转向中国,以展现不同金融机构满足不同资本需求的相似模式。尤其是在19世纪下半期,多种信用机制相继在中国涌现出来。在考察了供给层面以后,我们将转向需求层面。想要说明的问题与第二节有共通之处,即欧洲对于信用交易的需求比中国更大,且中国的借款者也普遍给信用交易带来更大的风险。从政治经济的视角来看,因为欧洲最大的信贷需求来自国家权力机构(如国王、议会,以及其他的国家机构)。但是在中国,直到19世纪中期,国家权力机构都几乎未曾介入资本市场。政府债的存在既带来一些好处,也有一定的代价,其代价在于国王或者政府一向是铤而走险的借款者,他们借钱的目的通常都是为了打仗。最后,我们将试图探讨一些更加宏观的问题,并希望说明:在没有过多政治限制的情况下,经济发展会促使资本深化,而非资本深化带来经济发展。

信用市场与资本价格

大量的资料显示,中世纪时的欧洲信用市场规模很小,而且利息率很高。经过很长的时间,信用市场才发展起来,利息率也随之而下降。最好的证据来自长期抵押贷款——这在当时有各种不同的叫法,包括 rentes,renten,rent charges,perpetual annuities 等 等(Schnapper 1957;Epstein 2000;Clark 2007;Van Zanden 2007)。黑死病之后的经济萧条,使得长期年金的利息率差不多下降了一半(从大约每年 10% 下降到每年 5%,甚至更低)。这个下降的趋势早在工业化开始前几个世纪就开始了,一直持续到了 19 世纪。所以在 19 世纪的时候,一份长达 50 年期的贷款,利息率甚至可以低到 4%。

帝制晚期中国的利息率数据,目前能够获取到的还很少。中国的历史学家常常用 20 世纪初期的情况来进行较为笼统的叙述。在这个时期,当铺和高利贷者通常收取每月 2% 至 4% 的利息。当然,比这高得多的利率也时有所见。在 20 世纪 30 年代的时候,托尼(R. H. Tawney)就曾经断言:缺乏廉价的信用借款渠道,是中国小农家庭负债甚至破产的主要原因(Tawney 1966:58—63)。在近期的研究中,黄宗智(Philip Huang)重拾了早前研究者对于高利息率的关注。他提出:中国小农借贷是为了维持生存,所以他们会忍受任何资本家都不能接受的高利率。他还进一步提出:近代化的中国企业之所以要承受比较高的利率,是因为这种小农高利率借款的情况在华北和江南的农村地区相当普遍(P. Huang 1985:189—190,301;1990:108—110)。每月 2% 至 4% 的利息,大约相当于欧洲同期利率的 10 倍到 20 倍,也就意味着借钱是一项代价极其高昂的活动。如果这样一个利率水平充斥于每一个经济领域,而且延续相当长的时间,那么我们可以毫无疑虑地断言,中国已经深陷于资本饥渴之中,永远也不可能走上欧洲那样的发展道路。

但是人们不应该对这样的观点照单全收。在一个没有交易费用的市场里,买方所付出的价格正好等于卖方的收益。但是我们知道,这样的市场是不存在的。一个农民从一磅大米中所获得的收益,与我们购买这一磅大米所付出的价钱相差悬殊。信用也是一样,也同样有交易成本,而且交易成本也同样不可忽视。现在我们想一想,如果没有交易费用(也就意味着没有信息不对称,买方不会违约,以及充分竞争),上面所列举的数据说明什么呢? 从需求层面来看,我们知道,资本的价格等于其边际产量。所以,非常高的利息率就意味着资本极度稀缺而且有很高的生产力。从供给层面来看,贷款的提供方相当于在贷款期限内放弃使用这部分资源,那么利息率也就与他等待拿回这笔资源的耐心有关。如果利息率很高,就意味着债权人非常不耐。①

对于欧洲人来说,利息率之所以能够降低到 5%,是因为当时遗嘱中耐用品的比例大大增加了(de Vries 2008),整个经济中的资本存量也显著增加了(如家畜、房屋等)。因此,资本数量的增加伴随着其价格的下降。在中国的史料中,对于资本数量的记载似乎与人们印象中的高资本价格不相吻合。在一个没有交易费用的市场环境中,像中国这样高的利息率(每年高达 100%)毫无疑问是资本稀缺的象征。但是从真实的消费和投资情况来看,当时中国的资本似乎并没有那么稀缺。从消费一侧来看,中国的市场上并不缺少奢侈品,但是精英家庭还是愿意推迟一部分消费,把钱借出去以获取每年翻番的利润。此外,中国人也具备进行大规模长期投资的意识。中国的水利工程都是耗资巨大的。一方面,维护灌溉网络需要官府和民众拿出大量的资金;另一方面,维护运河和防洪堤坝也需要付出巨大的成本。18 世纪中期的时候,中国政府开始向盐商劝捐,来支付兴修和维护水利工程的巨额开支(周志初 2002:22)。在1820 年前后,政府和民间更加迫切地筹集河工经费(汤象龙 1987:35—

---

① 从数学上来讲,如果一个人按归照 d 的比率贴现未来的钱,而利息率是 r,那么 d=1/(1+r)。

37）。有时甚至可以一次筹集到几百万两，几乎可以达到政府平均年度开支的 2％至 5％。这种持续性的投资说明，前文中提到的利息率似乎不能很准确地反映整个社会的不耐程度。尽管信用市场上的利息率已经高达 100％，致使人们普遍地不愿意借钱，但是社会上仍然存在着其他的投资渠道。尤其是人们可以将积蓄投入到自家的企业中去。在这样的情况下，只要不是特别急需用钱的人，都可以逐步地实现资本增值，是否存在信用市场反而变得不那么重要了。当然，有资本市场肯定比没有资本市场更加有利于投资，但是如此之高的利息率显然不可能延续数个世纪之久，除非这个社会连最基本的财产安全都不能够保障。

　　一旦我们意识到市场不可能没有交易成本，而且允许交易成本存在，那么借出者所得到的利息就等于借入者所付出的利息减去交易成本。在这种情况下，即使社会上存在着进行大规模投资的机会，即使整个社会的不耐程度不高，借款者可能还是要付出比较高的利息（一个类似的例子就是，在现今普遍低利率的情况下，信用卡借款的利率却很高）。研究当代金融的学者，对于“收益差价”这个概念是非常熟悉的。举例来说，银行借款的价格（也就是储户所得到的回报）和放款的价格（也就是贷款者付给银行的利息）是不一样的。而且即使是同一家银行，也会针对不同的贷款者和贷款类型收取不同的利息率。然而放出这些不同类型的贷款所使用的资金来自同一个资金池，银行所预期的回报其实是差不多的。我们可以将这个道理照搬到历史上，以更好地理解信用市场的运作机制。

重新思考利息率

　　为了解释为什么中国历史上的利息率比欧洲历史上的利息率足足高出十倍，我们就必须要理解这两个市场的差异，以及这两个市场上借钱的人的差异。我们这里所说的“市场”，包含特定形式的借贷，以及担保物、借期和其他有可能影响借贷收益的特征。而借款者之间的差异,则主要在于其不同程度的违约风险。让我们先从后面一个因素谈起,因为在我们转向复杂的、形态各异的市场之前,必须要先理解这一点。

我们首先考虑的一种情况是:在一个特定的信用市场之中,一个放款人非常了解那些可能会向他借钱的人,这种情况往往出现在中国和欧洲的一些乡村或小城镇。在这些借款人中,有一部分从事着比较稳定的生计活动,而且也没有什么欠债的记录。也就是说,他们借钱之后基本上会如约偿还。还有一部分人则从事着高风险高回报的经济活动,也就是说,他们有可能还不上所借的款项。栏5.1中显示,放款人会对后面一类借款人索取更高的利息。换句话说,为了应对可能会出现的违约情况,为了抵销因借款人违约而带来的交易成本或损失,放款人通常会适当地提高这笔借款的利息率。因为放款人的成本有一部分与交易的大小无关,所以有时小额的借款虽然并不比大额的借款风险更高,但是却要承担更高的利息率和资本成本。不管是不是在充分竞争的市场中,这种情况都是存在的。

在今天的信用市场上不断上演的戏码,也正是近代早期欧洲信用市场上随处可见的情况(Rosenthal 1993)。所以中国和欧洲之间利息率的差异有可能是因为,我们所观察到的中国借款人普遍比我们所观察到的欧洲借款人存在更大的违约风险。如果再考虑到我们的数据来源,这个猜测几乎就可以坐实了。我们现在所掌握的中国的利息率数据主要来自当铺,而欧洲的利息率数据则主要来自抵押年金。在欧洲,人们只有在通过其他任何途径都得不到信用借款的时候,才会迫不得已求助于当铺,而抵押贷款则需要借款人拥有实际资产。所以,当铺所放的款项一定比通过抵押途径所放的款项隐含着更大的风险。而中国和欧洲利息率的差异,也可以部分地归结于此。总而言之,信用借款的种类不一而足,我们在考察利息率的时候绝对不能无视这种差异。

栏 5.1 信用的定价

在任何一个社会中,人都是形形色色的,信用市场中的借款人当然也不例外。因此,去观察在一个特定的市场中利息主要以什么样的方式来收取,一定会得出有趣的结果。

我们假设放款人的风险偏好是中性的。而对于借款人,我们则假设他们每一个人都不同程度地存在违约的风险。如果我们用 Q 来表示如约还款的可能性,那么违约的可能性就是 $(1-Q)$。有一些人能够获得比较大额的借款(因为他们有较多的抵押品,或者因为他们所从事的经营需要更大的现金流)。放款人可以将钱借给一些低风险的主顾(比如国家,或者一些信用状况相当可靠的地方机构)。假设他在一笔借贷交易中的投资为 L,从这些低风险的投资中他可以期待得到的净收益是 r_s。当面对一个借款人的时候,他必须花费 $C+\Delta L$ 的成本去了解这个借款人的信用状况,以及他要将这笔借款用在什么地方。换句话说,这个借款人的预期收益是 $Q(1+r)L-C-\Delta L$。

因为这个市场是充分竞争的,而且放款人风险中性意味着他对于不同风险水平的投资没有偏好,所以 $Q(1+r)L-C=(1+r_s)L$。所以对于一笔金额为 L,还款率为 Q 的贷款,放款者要求的利息率就是 $r=\dfrac{(1+r_s)L+C+\Delta L}{QL}-1$ 或者 $r=\dfrac{1-Q++r_s+\Delta}{Q}+\dfrac{C}{QL}$。

在这样的情况下,违约风险更大的借款者或小额的借款者,需要支付更高的利息。也是基于同样的原因,申请长期借款的人往往会享受较低的利息率。

在这个模型中,不管将钱借给谁,放款人的预期收益是相同的 $(1+r_s)$,但借款人所付出的利息率却根据其资质而有所不同,借贷合同中所记载的正是借款人所需承担的利率(而非放款人的预期收益)。如果说中国的借款人更倾向于小额借贷,而且违约的风险比较大,那么即使把他们放到其他任何地方的市场中,他们所支付的利息率都会比别的借款人更高。

在本章的引言中我们曾经提到:直到近些年,"中国的利息率出奇地高"仍然是人们的共识,没有人愿意去探究一下中国历史上的信用市场究竟是什么样子的。如果当铺和高利贷真的是中国农民获取资本的最重要机制,那么中国的信用市场不可能有很大的规模,投资也一定会被严重地抑制。即便没有参照大量原始资料,我们也确信"中国金融市场失败"的说法是武断和不公平的。回想欧洲的情况,在公元18世纪以前,贷款的年利率大约是在4%至8%之间,而高利贷的月息则通常是1%。但是来自当铺的少量数据却几乎可以颠覆这个总体印象。

在我们看来,这样做是不可取的。事实上,不管是针对历史上的欧洲还是针对现时代的欧洲,"不同的信用市场收取不同的利息率"这个事实从未得到研究者应有的重视。金融史学家重点关注的是利息率在长时段之中的下降,以及同类借贷在不同地区的利息率差异,却很少去研究不同的信用工具究竟存在着怎样的差异。当然,欧洲的经济史学家不会根据当铺的数据考察资本成本。这样做甚至会显得很荒唐,因为这是一种放款人收益和借款人成本之间价差最大的一种借贷方式——绝大多数的借款人和投资人都能够找到价差小一些的金融资源。如果现在我们承认存在着不同类型的信用市场,那就必须谨慎地分辩它们之间的差异。栏5.2展示了一个模型,在这个模型中,一个借款人要从两类信用市场中选择其一。第一类是抵押借贷的市场,第二类是没有抵押的短期借贷市场。究竟选择哪一类市场,关键取决于他需要什么样的贷款。从借款者的角度来看,这两个市场的利息率是不同的,因为它们会根据借款者的违约风险划定不同的交易价格。在我们的模型中,抵押市场的利息率更低,因为抵押品使放款者不用担心可能出现的违约行为(换句话说,他不需要抬高利息率,以挽回他在未来交易中可能遭受到的违约损失)。然而抵押物品也需要交一定的费用,所以那些需要小额借款的人,他们即使有东西可以抵押,仍然宁愿选择那个违约风险更大的市场并支付较高的利息率。

栏 5.2　从一个市场到多个市场

　　假设一个人为了经营一项事业,需要一笔额度为 L 的贷款,而他获得成功的可能性为 Q。在生意成功的情况下,他的毛利润(刨除资本成本以前)为 R。他可以通过多种途径获取信用借款(包括家族、人际网络、当铺、抵押、银行等),而且他必须做出一个排他性的选择。于是,这个借款人大约会根据五个方面的特征去权衡每一个信用市场,这五个特征分别是:L_i,r_i,P_i,c_i,Q_i。L_i 代表他能够从某个市场上得到的最大贷款额度;r_i 代表利息率;P_i 代表他违约的时候将要受到的惩罚;c_i 代表他所承担的交易费用;Q_i 代表他得到了类型为 i 的这笔贷款后事业成功的外生可能性。借款人只会在生意失败的时候违约,而失败是无法预知的,其可能性为 $1-Q$。他也有可能被某一个市场拒之门外(例如,当他没有任何东西可以抵押)。

　　简单起见,我们考虑借款人面对着两种类型的市场的情况。一种是没有预付费用的市场,因为这个市场看重的是个人声誉(家族之间或朋友之间);另一种市场是抵押市场,放款者必须审核抵押品的归属和价值。当这个借款者决定求助于看重个人声誉的信用市场时,他预期得到的收益如下:

$$\Pi_r = Q(R-(1+r_r)L_r)-(1-Q)P_r$$

　　如果他通过抵押的途径获取这笔贷款,那么他预期得到的收益就会有所不同:

$$\Pi_m = Q(R-(1+r_m)L_m)-c_m-(1-Q)P_m$$

　　显而易见,在看重个人信誉的市场上不存在获取信息的费用(c_m),只有在满足以下三个条件中的其中一种的情况下,借款者才会进入抵押贷款市场:$r_m < r_r$,$P_m < P_r$,或者 $L_m > L_r$。因为抵押市场以剥夺借款者资产作为违约处罚,所以抵押市场上收取的利息率可能小于信誉市场;第二点,富裕的借款人可以将他的资产用作抵押,这样他就可以从抵押市场上获取较大额度的贷款。而在看重个人信誉的信用市场上,获取大额贷款是相对困难的。由此可见,不同的借款者会根据他们自身的情况选择不同的信用市场。

　　那么中国和欧洲的信用市场究竟有什么不同呢? 其实关键就是看谁出现在什么样的市场上。本书的第二章已经提到:在中国,大家庭(尤其是宗族)常常会形成一个内部的资本市场。而在欧洲,亲属关系的外延更加狭窄,所以人们更加依赖的是这种范围有限的亲属纽带。因此,在中国的信用市场上,较为多见的借款者是那些家境窘迫,或者那些想从事的经济活动被自己的家族认为风险过大不予支持的人。因此,即便在中国和欧洲的平均贷款收益相同的情况下,中国信用市场的利息率也应该高于同类的欧洲信用市场。

现在,让我们回到前文反复强调的两个重点——当铺和抵押。因为缺乏数据,所以我们至今还不清楚,中国历史上类似于抵押的金融工具究竟会收取多高的利率。然而在欧洲一边,从文艺复兴时期开始,我们既有当铺的利率数据,又有抵押市场的利率数据。只有在别无选择(如抵押或信誉借贷)的时候,借款者才会求助于当铺,原因就是通过当铺借钱成本太高。人们向当铺借钱,不仅要付给当铺高额的利息,而且典当商的一些行为也为交易增加了额外的费用,这就使得一笔短期借款的年利息达到很高的程度。这些额外的费用之所以会出现,是因为典当物在当期之内保管在典当商的仓库里面,除了典当商之外,没有人能够支配和利用这些东西。当期结束的时候,如果借款人有能力赎回典当物,典当商就会从仓库里把东西取出来,否则这些东西就会被作价变卖。而且处理典当物的整个过程,所产生的成本与典当物本身的价值没有什么关系。这样一来,向当铺借钱的成本就非常之高。所以要想依赖当铺借款进行投资和开展经营,那几乎是不可能的。

在欧洲,典当业是声名狼藉的,而且其经营活动也要受到严格的监管。因为每个人都知道,当铺的利率比其他任何一种借贷方式都高得多。举例来说,在文艺复兴时期的意大利,犹太典当商所收取的利率相当于永久性年金法定利率的两倍(Botticini 2000)。当铺的高利率引发了许多的争论,有些地方干脆取消了当铺,代之以受到严格监管的市政机构,比如意大利的公典宫(Delille 2000),以及巴黎的市政信贷银行(Hoffman 等 2000:255)。然而在典当业向市场放开的地方,利率还是非常之高。直到 19 世纪 70 年代,英国的当铺利率还高达 20%,而抵押借款的利率还不到 5%。而一桩为期一个星期的典当交易,其利率甚至还远远超过 20%,因为典当商还要从中收取额外的费用。这种交易的利率高到如此离谱的程度,几乎相当于今天美国的"发薪日贷款"了(Great Britain 1870)。从典当利率来看,中国历史上的利率与欧洲的典当利率很接近。但仍然存在的差异就在于,当铺位于城市还是位于乡村。我们现今了解到的欧洲当铺全部位于城市之中,过期未赎的典当物很容易出售,而且当铺与当铺之间还存在着竞争。而留下了利率数据的中国当铺则大多开设在乡村,典当物的出售相对困难一些,同业竞争也没有那么激烈。由此可见,即使我们只是将当铺与当铺进行比较,光看典当利率的差异也是远远不够的。

在帝制晚期的中国,当铺借款也并非用于贸易和制造业生产。借款人也只有在亲友都不可能提供帮助的情况下才会求助于当铺。那么更加常见的借款渠道是什么呢?到目前为止,我们还未掌握足够的数据以判定,回赎契约或抵押借贷究竟包含着多高的利息率。但是我们已经找到一些关于商业债务的数据,这其中所反映的利息率似乎与欧洲的利息率更加接近一些。黄鉴晖记录了 1844 年三个北方城市账局发放贷款的情况,其月利率分别是 0.38%、0.4%、0.45% 和 0.55%。他还提到,苏州的月利率(具体年份不详)大约在 0.6% 至 0.9% 之间。他认为江南地区和中国南方的利率普遍比北方高(黄鉴晖 1994:38—39)。这些月利率如果换算成年利率,将为 4.5% 至 11%。我们可以将这些利率数据与 19 世纪 40 年代英国和法国的利率数据进行对比。当时英国公债的年利率大约是 3.2%,法国公债的年利率则大约为 4.59%(Homer 与 Sylla 1991:197,222),中央银行的贴现率分别为 4% 和 4.1%(Homer 与 Sylla 1991:209,230)。这些利率都比中国的商业贷款利率低,但是它们都是针对最安全的长期证券,以及两个国家信用最好的商业票据(为了确保票据的安全,法兰西银行要求呈递到其窗口的商业票据必须经过两次背书)。而伦敦与巴黎之间的汇票,反映出的利率也是 4% 至 4.5%(Boyer-Xambeu 等 1995)。如果黄鉴晖的数据是可信的,那就意味着中国城市里的贷款利率至高可以到达欧洲的两倍,但大多数情况下没有那么高。另外还需要强调的一点是,黄鉴晖的数据集中在 19 世纪 40 年代,那时欧洲已经进入工业时代,而中国却尚未出现经济增长方式的变革。因此,中国这一时期的利息率水平很有可能与之前一个世纪的水平相差不大。而这个阶段也恰恰是一个时代的终结,从那时候开始直到 1949 年,中国经历了长时期的制度性动荡。在这段动荡的岁月,利息率一开始可能比较低,但后来又显著地上升。无论如何,这些数据至少证明了进一步的研究是何等的必要,因为一旦我们严格仔细地区别了贷款的类型,就不可能再心安理得地相信中国的利息率远远高于欧洲。

目前我们所掌握的利率数据,在两个层面而言是不能令人满意的。第一个层面,根据目前已有的中国利率数据,我们根本没有办法评估用于投资的资本究竟有多高的成本;第二个层面,利率数据本身不能告诉我们信用交易的制度背景。因此,这些利息率数据还远远不能支撑确定性的结论。就像我们在讨论工资问题的时候(第二章)曾经提到的,我们不能想当然地认为市场是完美和万能的,利息率的问题必须放到一个特定的背景之中进行考察。为了做到这一点,我们将从供给和需求两个层面分别考察市场的情况。对供给侧的考察借鉴了第三章的思维方式,尽可能避免不加分辨地将一种制度视为最优。相反,我们特别强调制度的多样性,以及制度随着时间发生的变化。理解信贷需求的差异,将使我们回到第二章所探讨的问题上面。比第二章和第三章的观点更进一步,并不仅仅是关注那些导致中欧分流的因素,更要探究之后的发展。

欧洲的经验——从利息率到信用市场

我们的讨论从欧洲开始,是因为在工业革命发生之前、之中和之后,均有大量的文献述及欧洲的信用市场。这些文献中的大部分都记述了现代金融制度的缓慢传播过程,并指责政府和政府的代理人没有给金融制度的发展提供各种先决条件,如:有保障的产权、健全的公债制度、一个承担宏观调控职能的中央银行、私有公司的便捷注册渠道,以及对新的金融从业者降低门槛等等。但是这些文献的作者们忽略的一点是,这些现代化的制度不可能是一蹴而就的。事实上,在最原始形态的银行出现之前很久,信用市场就已经存在了。当我们回顾这段历史的时候,一定会注意到金融制度的多样性,信用市场对于不同政治、经济环境的适应性,以及它们不断发生改变的灵活性。尽管有不少的事实反映出,政治的干预限制了"现代"金融制度的普及,抑制了正常的竞争,但是也有不可胜数的事实说明了地方市场随着经济活动而不断扩展。而且从中世纪开始,这样的情况在欧洲就已经随处可见。

在欧洲的档案中,关于信用契约的记载可谓是既无所不在又难以找寻。说它们无所不在是因为从中世纪开始,这类契约就大量出现在公证人档案中,而这类契约执行过程中所产生的纠纷则被地方法院的档案记录下来。说他们难以找寻是因为,并不是所有的信用交易文书都被妥善地保存下来。在许多情况下,原始契约档案只有一部分得以保存下来供历史学家研究,那些已经执行完毕的契约往往被人们丢弃了。此外我们还可以看到,19世纪欧洲信用市场的制度和契约各式各样,复杂得令人摸不着头脑,证券市场的情况也与之类似。在这里,我们主要关注信用市场,因为这类契约比股票更普遍地出现在一般家庭的投资组合之中,而且因为在"大分流"开始之前欧洲的贷款市场就已经相当大。证券市场当然也在次第发展,但是其真正有卓有成效的发展还是工业革命以后的事(在工业革命以前,绝大多数的证券是不能够交易的)。因此,虽然股票和股票市场是推动经济发展的重要机制,但是它们却不能够解释为什么欧洲经济能够高歌猛进,走到中国的前面。

欧洲的债务可以大致上分为四类,每一类都对应着不同的部门法。每一类债务的重要性都随着时间和空间发生很大的改变,但是各种证据显示:从公元1000年开始,这些不同类型的债务就已经在西欧随处可见了。第一类也是最简单的一类,是私人欠条。这是私人之间未经担保的借款,在借款人违约的情况下如何强制他还款也有着各自不同的做法。在英国相应的措施比较多,包括债务人监狱和强制执行等。然而在法国和其他南欧国家,这样极端的措施却不能够轻易使用(Lukkett 1992)。在遗嘱和商人账簿中,夹杂着许多这样的私人欠条。在货币供应既有限而且非常不稳定的时代,这样的私人借款充当着经济和贸易不可或缺的润滑剂(Brennan 1997)。因为农民从属于民法而不是商法,所以他们写下的欠条通常被视为无担保的个人欠条,因此作为信用体系的一部分也就显得非常重要。如果我们相信商人账簿的真实性,那么就可以断定这一类的借款对于贸易的发展至关重要。如果我们翻阅保存下来的遗嘱和贷款登记文件,就会发现这类借款实在是多如牛毛。但是一旦与抵押借贷相对比,这类借款的总体规模就相形见绌。

我们要介绍的第二类借贷是商业借贷。尽管大部分的欧洲国家考虑到有些借贷交易是在没有担保的情况下进行的,所以会采取一些措施保护债务人免受债权人的侵害。但是有一类人却是例外,那就是商人。因为商业借贷从属于商法而不是民法,它更加强调债权人的权力,强调纠纷的快速解决,所以没能及时还款的商人往往会被投入监狱,直到他们与债主达到某种程度的协议才能够获释。即便这样,这类借款在不同时间、不同地区还是存在着明显的制度性差异,包括背书的程度,非商人身份的债权人在法庭上的地位,以及正式的金融机构(银行)所发行的金融工具的普遍性等。这类信用借贷长期以来受到较多的关注,因为它不仅有力地促进了意大利、低地国家和英国的商业发展,而且与商人银行的兴起密切相关,从商人银行中又演化出今天的商业银行和投资银行(de Roover 1953;Muller 1997;Neal 与 Quinn 2003)。这些金融工具(国内汇票、汇票、地方商业欠条等)的到期时限都很短(大约 1 到 3 个月),而且大多数贷款额度都比较小。早在 13 世纪的时候,商业贷款就包含了汇票。这种契约允许商人在一个城市购买票据,然后拿到另一个城市去兑现,这样就避免了携带现金长途旅行的成本与风险。如果商人在拿到汇票的时候就支付现金,那就说明信用是给银行的;如果商人在结束了长途旅行之后再支付现金,那就说明信用是给商人的。汇票之所以能够异地汇兑,是因为批发商和银行已经形成了一个覆盖整个欧洲的网络。而且商人银行往往聚集在经济最活跃的地区,所以就在银行与经济发展之间建立了相关性。然而在断言是银行导致了经济发展之前,我们还应该看到,许多商业银行之所以能够出现,恰恰是因为一些贸易商人转而从事专业的信用交易。也就是说,最早的银行家其实是转而从事金融业务的贸易商。金融业务专业化的前提是,整个社会上存在着对于金融交易的大量需求。商业贷款在发放的时候不需要登记,所以我们无法估计这个市场究竟有多大。然而从保存到现在的破产清算文件和一些商业家族的档案来看,这种借贷在公元 1700 年以前已经遍及欧洲(Kindleberger 1984:第 3 章)。

我们要介绍的第三类借贷是抵押借贷。如果仅从价值上来看的话,这类借贷所占的比重可能是最高的。当然,通过抵押途径得到的贷款可以用于购买土地,但是人们通常会将这些钱派作他用。而保障这种贷款的制度也不尽相同。在某些时段,某些地方,抵押手续是由公证人办理的。但是在另一些情况下,市政长官和庄园法庭也可以办理抵押手续。还有一些地方抵押被视为一种私人之间的协议,所以只需找律师就可以办理此类业务(Hoffman 等 2000;Anderson 1969a,1969b;Gelderblom 与 Jonker 2006,2008;Servais 1982;Pfister 1994)。在一些地方,即便是公元 1800 年以前,土地所有权和财产抵押的信息还可以在公共登记系统中查到。但到在另一些地方,这类信息只由中介人掌握。在这一类借贷之中,违约的法律后果也不尽相同。在英国,如果债务人违约,那么债权人立即获得被抵押的土地的所有权,但是在欧洲大陆上罗马法传统比较强的地区,通常是用一些复杂且代价高昂的程序来没收和处置被抵押的资产,以惩罚违约的债务人。尽管抵押借贷市场的大小取决于城市的规模,但是债务人和债权人的居住地通常都不会相隔太远。在 90% 以上

的抵押贷款个案中,债务人和债权人的居住地都不超过 20 公里的距离
(Hoffman 等 2011)。在西欧小城镇比较密集的地方,这类市场可能是
彼此重合的,事实上形成了一个连成一体的抵押借贷市场。尽管有这些
差异(也许正是因为存在着这些差异),抵押借贷的总额还是达到了一个
非常高的程度,而且一般还款期限都比较长。比如年金,其期限是不定
期的,实际平均的还款期限在 15 年左右,有的甚至还可以长达几个世
纪。因此,与未经担保的借贷相比,这类市场就需要更多的信用,在土地
比较值钱、城市规模比较大的地方,这类市场的发展速度就会比较快
(Hoffman 等 2008;Brennan 2006)。而且这类市场对于经济的变迁十
分敏感——当经济比较繁荣的时候,这类市场也会随之而兴盛。现在还
没有充分的证据可以证明,大的抵押借贷市场推动了经济的发展
(Hoffman 等 2008)。然而在许多经济体之内,抵押借贷和其他一些有
担保的借贷,的确构成了在公债以外最主要的债务类型。抵押借贷超过
商业借贷的原因非常简单,商业借贷是为了给交易提供便利,它取决于
三个月之内的经济产值,所以它属于国民收入的一部分。但是抵押属于
国民财富的一部分,因为它取决于现实资产的价值。在公元 1800 年以
前,这种差异尤为明显。因为在那时的欧洲大陆上,至少农业不属于商
业借贷的范畴。但是在此之前,信用市场的这一部分还没有得到充分的
的研究。因为第一,英国在这方面的资料比较缺乏,而英国的金融体系
往往是被视为研究标杆的;第二,因为它既不像商业借贷那样短平快,也
不像公债那样代表着变革性的投资方式。

　　对于私人经济而言,这些借贷类型的存在就意味着富裕的欧洲人早
在公元 17 世纪的时候,就已经能够方便地利用多种多样的信贷市场。
当然,每个地方信用市场的规模不尽相同,约束和支撑着这些市场的法
律规则和信息系统也有着明显的差异。从荷兰人的角度来看,17 世纪绝
大多数欧洲国家都谈不上有真正的信用中介。就抵押贷款的法律实践
而言,不管是英国人的做法(私人之间签署协议,不需登记),西班牙人的

做法(由公证人协助签署协议,不需登记),还是部分德国人的做法(由公证人协助签署协议,需要登记,而且债权人有留置权),他们都并不认同。然而尽管如此,在那些没有政治上的制约而且脱离赤贫的欧洲地区,信用市场还是如雨后春笋般建立起来了。

在欧洲每一时期的信用市场版图之中,都会有一到两个地区的资本相对比较丰富,而且利率又相对比较低。这些地区通常都是位于欧洲大陆上经济最活跃的地带。在中世纪晚期的时候,意大利北部是欧洲经济最发达的地区,也是金融制度最富创造力的地区。后来,低地国家在这两个方面都超过了意大利。再后来,英国又迎头赶上。这些事实都曾被用来说明,好的信用市场是经济发展的源动力。尽管在信用市场缺失的情况下,经济发展一定会受到拖累,但是对于历史实事求是的审视却告诉我们,除了金融受到政治压抑的地方之外,信用市场的兴起通常是对经济变迁的一种回应,而并不是因为信用市场的兴起才推动了经济的发展。

我们要介绍的第四类也是最后一类借贷,是由公共部门发放的债券和其他类型的金融工具,这些公共部门包括城市、行省、公司、宗教团体(如天主教堂)等,当然最重要的还是君主(Tracy 1985;Potter 与 Rosenthal 1997;Altorfer 2004;Courdurié 1974;Epstein 2000)。除了君主之外,几乎所有公共部门发放的债券都是长期年金,而且大多数还是不定期的(也就是说,债务人可以选择在任何时候偿还)。而君主则既介入长期债务市场,又介入短期债务市场(Drelichman 2005;Pezzolo 2005;Epstein 2000;Quinn 2004;Gelderblom 与 Jonker 2006,2008;Hoffman 等 2000)。与其他三类借贷一样,这一类借贷也起源于中世纪。这些公共部门借钱的主要目的是筹集军费,或者兴建拱卫城市的防御工事。像宗教组织或行会这样的公共部门,通常以灵活的方式参与此类借贷活动。当他们从其成员那里募集到一定数额的捐款时,他们就会通过资本市场把这笔钱借出去;但是当君主向他们索取报效的时候,他们又会通过资本市场筹集资金。

那些通过长期债务市场借钱的公共部门,事实上促成了许多改革和创新。其实在公共债务市场兴起之前,统治者们就已经开始依赖信用借款来供给旷日持久的政治和军事竞争。这些竞争包括耗资巨大的战争,一般的统治者很难凭自己的力量支付这些战争的经费,因为他们只掌握其国内经济的很小一个部分。与战争的浩繁开支相比,他们在和平时期的那点预算实在是少得可怜(Hoffman 与 Rosenthal 1997;Dincecco 2009)。爱波斯坦指出,这些君主处理财政事务的方式,与他们究竟是希望参与还是退出国际竞争密切相关。如果他们只是在短时期内参与国际竞争,那么就会很自然地选择一些权宜之计,比如短期借款。这样一来,他们也就不会致力于发展长期金融市场,长期借贷的成本就会变得非常高(Epstein 2000)。然而随着时间的推移,越来越多的统治者开始意识到,欧洲国家之间的冲突必然会是一场持久战,所以他们开始着手建立一些便于他们自己借钱的机制(Pezzolo 2005;Velde 与 Weir 1992;Drelichman 2005)。这些机制包括中央银行(中央银行起初是为国家提供短期贷款的金融机构)、长期债券和债券市场(Dickson 1967;Muller 1997)、人寿相关类产品(Hoffman 等 2000),以及债权转股权(Quinn 2008)。

在这一段历史中,一个非常值得强调的事实是:只有一部分政治和金融机构允许君主以低廉的成本借钱(North 与 Weingast 1989;Dickson 1967;Neal 1993;Epstein 2000)。就拿英国来说,人们普遍认为 1688 年的光荣革命在王权和议会之间建立起了一种政治平衡(North 与 Weingast 1989),于是引发了一系列的金融变革(中央银行的建立,以及长期债券的兑换与交易)。因此到了 18 世纪 30 年代,英国国王就可以享受欧洲最优惠的借款利率。因为有了英国这个成功的范例,学者们就开始追问:为什么其他的欧洲国家未能步英国之后尘呢(例如 Stasavage 2003)?然而近期的研究不仅再次强调了欧洲金融制度的多元化,更明确提出:英国的模式并不是通向一个大规模、低成本的公共债务市场的唯一道路。尤其令人匪夷所思的是在荷兰省,其借贷制度的发展基本上走的是一条与英国截然相反的道路。在反抗西班牙殖民统治之初,荷兰就发行了年金。然而到后来,荷兰却发展起了一个短期借贷的市场。到 17 世纪中期的时候,短期借贷已经成为荷兰公债的主流。除此之外,这个市场最主要的运作者是该省的财政官员,而并不是银行家(Gelderblom 与 Jonker 2008)。与私人债务市场一样,欧洲的公共债务市场似乎也是因应战争的需求而发展起来的。因此,诺斯与温加斯特(North 1981;North 与 Weingast 1989)所提出的"代议制政府有利于保障债券持有人的产权"的观点,还应该放在更大的背景下进行理解。人们尤其应该认真考虑的是:国际政治局势和财政国家的兴起,对于代议制政府的成功和金融资本增长的影响。回到公共债务市场的问题上来,这种市场必然会对政治形成某种约束。但是在公元 18 世纪之前,如果不向公众发行债券,许多欧洲国家就根本没有办法维持。所以,大多数欧洲国家都要尽力培育一个公共债务市场。

因为债务市场上许多重要的创新都来源于公债,所以人们曾经认为:公债——尤其是君主所发行的公债——对于信用市场的发育至关重要(Neal 1993)。因为公债的数额往往极其可观,所以就催生了一个中介者群体,他们非常及时地打探到国王的短期财政需求,然后寻找合适的人来认购长期债券,并建立一个专门交易这类长期债券的市场(Neal 1993)。后来,这个中介者群体又逐渐介入到私人债务的领域。尽管我们可以不假思索地接受这个结论,并将其作为"政治经济促成欧洲和中国的'大分流'"的一个具体例证,但是我们还是希望更加谨慎地对待这个问题。毫无疑问,通过中间人促成的便宜信贷,有力地推动了 1750 年以后欧洲经济的持续发展,就好像廉价的美国棉花振兴了 18 世纪末 19 世纪初的英国工厂一样。但是人们在得出任何结论之前,还是应该仔细地评估 18 世纪中期以前君主干预信用市场所付出的代价,以及战争所占用的本可以派作其他用途的资源。

这种研究问题的视角强调制度的历时性与变异性。这种变异性在几个方面都增加了我们比较工作的难度。首先,当时的政府并没有刻意保留私人信用交易的统计数据,那些能够保留至今的数据大多是基于登记过程中的法律要求(或者是签约时要求登记,或者是进入司法程序之后要求登记)。在不同的时间和空间,这类要求的严格程度和执行力度也有所差异。所以我们在选取比较样本的时候要格外小心。因为不同时代、不同地区的登记制度有很大的差异,所以要比较信用市场的规模(比如英国和法国人均抵押借贷的数额)是非常困难的。对于某些时段、某些地区的市场,我们拥有非常翔实的数据(尤其是在公债和抵押借贷方面)。但是对于另一些市场,我们目前却只能收集到一些定性化的信息,只能通过价格的差异来间接地评估这个市场。

第二个困难我们在前文中已经提到过,就是研究者不能将利率与资本的充裕程度简单地挂钩,只有观察特定的人群使用特定的金融工具所造成的利率变化才真正能够说明问题。因此,一个市场的利率既取决于资本的充裕程度,也取决于这个市场究竟允许谁参与特定类型的借贷。具体地说,公元 1700 年前后,英国抵押借贷的利率低于法国,不仅仅是因为英国的资本更加充裕,同时也是因为英国的抵押借贷市场更加有效率。然而,利率的差异也可能是基于截然不同的原因。当时至少有一部分的利率差异,是由英国高度集中的产权结构造成的(Allen 1992:102—105,199—200)。这个结构意味着,小农很难通过抵押借贷获得资本。因为与其他借贷者相比,他们的违约风险更大。所以尽管他们的借款来源与其他借贷者是完全相同的,但是债权人向他们索取的利率却比别人更高(Rosenthal 1993)。这绝不是单纯的理论推演,现在就有研究可以证明:在某一个时期,法国南部一个小镇的借款利率差异达到 4.5%至 7%,而同一时期英国和法国的平均借款利率差异仅为 4%至 5%(Clark 2001;Hoffman 等 2000)。此外,如果一个英国的佃农希望通过信用市场借钱，但是因为他没有土地，所以他绝不可能获得抵押借款。因此，法国的抵押借贷市场上有一个风险比较高的部分，而英国却没有。所以，英国的平均利率低于法国就丝毫不足为奇了，而这种利率的差异也不可能说明资本的供给程度。

第三个困难，我们在比较中国和欧洲的差异时也同样遇见。这个困难是基于这样一个事实，即不同的金融工具在不同的经济环境中发挥着不同的作用。前文所提到的年金之于英国财政和短期借贷之于荷兰财政，就是这方面的一个典型例证。但还应该强调的是，这其实是一个普遍性的问题。我们不妨想一想公元1660年以后，相比于欧洲大陆，商业银行在英国迅猛发展的事实。当时，伦敦的商业和整个英国的包买商制度正处于迅猛发展的时期，制造业也随之而崛起（Neal 1994）。但是希望筹集资本的企业主们却无法依赖抵押市场，因为他们中只有很少一部分人拥有土地。因此，要成立企业或者进行一些长期的经营活动，只能依靠短期借贷。与此形成鲜明对照的是，欧洲大陆上农业生产仍占较大比重且土地所有更加分散的国家，其抵押贷款（包括用于制造业的抵押借贷）的来源就很多，对于商业贷款的需求则相对比较少。在了解了这样的差异之后，我们还能够期待英国和欧洲大陆的抵押借贷或商业借贷有相似的利息率吗？所以，如果我们希望比较信用市场的价格，就必须找到有可比性的比较对象，而这种比较的难度显然要大得多。

由此可见，与其将英国工业革命归功于其资本市场，我们还不如换一种思维方式。或许英国人会认为，英国的资本市场是其土地分配状况和经济发展进程相结合的产物。举例来说，18世纪伦敦城市银行的前身，就是17世纪的金匠银行。后来由国家银行经营的那些业务，一开始大多都是由商人自己经营的。在这两种情况下，我们都能清楚地看到促成这种变化的原因。城市银行的兴起，是由于伦敦在国际贸易和公共财政方面扮演着越来越重要的角色（Neal与Quinn 2003）。许多后来被认定与金融发展相关的组织和制度变化，其实都是和工业革命同步发生

的,而并不是发生在工业革命以前。这其间的变化就包括在公元 1750
年以后,出现了一个以伦敦主要商人银行为核心的,遍及全国的银行网
络。然而制造业股票大多是在这个企业已经成长到一定规模时,也就是
核心投资已经到位的情况下,才会在地方或全国范围的市场上面交易
(Michie 1999)。所以从经验层面而言,说金融革命引发了工业革命是不
能成立的。但与此同时,我们必须承认的是,如果没有金融方面的一系
列革新,工业革命也不可能开展得如此迅捷。

在没有重大的政治干扰的情况下,我们也看到了整个欧洲对于不断
增长的信贷需求的回应,这种现象与英国曾经发生过的情况非常相似。
当工业革命扩展到法国的时候,这个国家的银行网络开始建立起来
(Hoffman 等 2008)。法国的银行网络没有发展到英国那样密集,这是
因为公证人在银行网络之外提供了非常重要的替代性服务。在 19 世纪
的时候,法国的国内生产总值当中,大约有五分之一到四分之一是依赖
公证人从中斡旋的贷款。在 19 世纪 70 年代,法国政府对于成立合资银
行有着严格的限制,而且这些银行也很难在巴黎证券交易所上市,但同
时也存在着一些钻空子的方法。比如人们可以自由地进入私人银行,在
那里存在着一个虽然受到限制但是却非常活跃的股本交易市场。如果
说法国没有发展起一个最好的金融机制,但它显然也不是最坏的。当金
融需求增长的时候,就会有相应的供给。当时的德国、意大利和低地国
家也与之类似。

正是由于各国金融制度的多样性,一些学说得以以某国特有的某种
制度简单地解释其国民经济的成功。比如德国。一种说法是在 19 世纪
末期的时候,德国由于建立了"全能银行"(universal banks)而在金融方
面追赶上了英国(Gerschenkron 1962;Calomiris 1995)。这个结论当然
是很难反驳的,因为英国确实没有建立全能银行,但是它却忽略了一些
显而易见的事实。其实这类银行在当时德国整个金融体系之中,只占很
小的一部分(Guinnane 2002)。同样的,人们通常认为,法国的工业化速

度之所以比较慢，乃是因为它没有建立起一个大规模的证券交易市场，银行体系的扩充也相当缓慢。然而我们必须看到的是，在当时的法国，其实并不存在建立私人商业银行的实质性障碍，而且乡村地区对于银行服务的需求确实不够大。值得欣慰的是，近来的研究已经越来越细致和谨慎，揭示出了为企业提供资源的两种截然不同的金融体系。一种是英国那种商人银行加证券市场的模式，另一种是德国那种全能银行的模式。这两种模式的运作方式有所不同，但是却都能够有效地提供资源（Collins 1991）。对于特定的工业门类或企业而言，或许某一种模式显得更加有效，但是却并没有一种放之四海皆准的所谓"最优模式"。换句话说，这两种模式究竟孰优孰劣，还是取决于具体的情况。欧洲的经济发展归根结底是因为，每个国家都致力于发展自己的金融体系，以满足不断涌现的金融需求，而不是因为哪个国家可以自始至终地坚守某种"最有效的"发展路径。

我们不愿去进行国与国之间的比较，然后找出哪一种金融体系最有助于经济的成功，我们希望能够找到一个不一样的视角。我们相信，在一个激烈竞争的经济世界，不同的制度能够在长达几个世纪的时间中并存，就足以说明它们或许是同样有效率的，或者至少都是有用的。而且欧洲各国经济制度差异最大的时候，恰恰不是处于工业革命前夕的 18世纪 50 年代，而是第一次世界大战爆发前的 1913 年。随着金融体系不断扩充，储蓄银行、正规的和非正式的股票市场、中央银行、公积金体系、互惠银行、保险公司等其他类型的中间金融机构不断涌现出来，每个国家都走上了不同的发展道路。有一些集中程度非常高，有一些则保持着多重的交易体系。在一些国家，金融机构更多地处于政府的管制之下，在另一些国家，非营利性的部门却更加重要。因此，单因素的比较通常更加简单，但却没什么意义。因为在一个体系之中，它的某一个部分可能无法完成一个特定的目标，但是另一个部分却完全可以做到。

金融市场总是随着需求而不断发展的，所以信用市场在某一个时段的活跃程度,其实并不能说明这个体系在未来有需要的情况下能够提供多大数量级的贷款。1700 年以前是这样,1850 年以后亦是如此。工业化需要大量的、不断追加的资本,同时也向金融体系提出了许多新的需求。面对这些需求,新的金融机构缓慢而稳定地发展起来。一个典型的例子就是:19 世纪 20 年代,在荷兰国王的倡议之下,"比利时兴业银行"(Belgian Société Générale)成立了,这也是第一个专为推动工业发展而建立的金融机构(van der Wee 与 Verbreyt 1997)。但是当新兴的工业企业急需越来越多的资本时,各种正规的资本市场其实已经存在。因此,尽管在 19 世纪 50 年代以前股份公司并不多见,通过政府赞助的渠道筹集资金的企业也很少,欧洲的制造业者还是可以通过传统的金融中介(商人或商业银行家)获取短期借款。他们还可以通过一些更加传统的渠道募集股本和长期借款(如商业组织、社交网络和家族亲属)。格申克龙(Gerschenkron 1962)曾经指出,工业革命早期的企业规模都比较小,这就使得许多金融部门可以随着经济发展一起成长。因为在工业革命以前,相当一部分的资本流动并没有被正式记录下来,所以如果我们只关注像银行这样的正式制度,一定会高估工业革命以来信用市场的扩张程度。

最后,政治也在很大程度上塑造着一个国家的金融体系。在西欧,在国家政治影响下形成的制度多样性,远远超过了其经济效率的差异。当我们将视线转向中国时,我们也不能只想着去寻找一个堪与德国全能银行或英国乡村银行对比的金融机构,而是要去认真地辨识:那些有钱的人通过什么样的机制,将他们闲置不用的资金转借给那些急需资本的人?这种机制又表现为一种怎样的形式?

中国:信用市场存在吗?

当我们转向中国信用市场的时候,其实是希望看到那些在中国和欧洲经济舞台上粉墨登场的人们,怎样在截然不同的社会和制度环境之下,为他们的生产和贸易活动提供金融上的支撑? 为了达致这一目标,我们必须首先认清存在着哪些类型的信用交易和制度。我们很容易看到的是,中国与欧洲的一个重大的差异是:中国不存在一个像欧洲那样对债务和股权交易进行系统登记的制度。在这个意义上,帝制晚期的中国很像近代早期的英国,只有通过一些存在时间很长的机构的档案,或者法庭的诉讼档案,才能够看见债务的记录。绝大多数中国信用市场的研究者,一开始都将他们的研究范围局限于 20 世纪。事实上,那个时候的研究者很难想象,在 19 世纪西方商人与中国商人进行大规模的洲际贸易之前,票据能够在中国经济的母体中发展起来。但是在过去的二十多年中,越来越多的新材料在挑战着这种简单的预设。本节即将证明:在公元 1800 年以前,各种不同类型的金融交易在中国的存在,已经是不容置疑的事实。

　　前文已经提到,研究者们目前所找到的关于帝制晚期中国金融市场和信用制度的证据,远远少于近代早期的欧洲。然而如果我们重新界定债务的类型就会发现:在帝制晚期的中国,私人债务(两个人之间)几乎无处不在。对清代司法文献的研究告诉我们:债务、土地和婚姻方面的纠纷,是当时县级法官所面对的最主要的纠纷类型(P. Huang 1996；Macauley 1998)。在 20 世纪初的重庆市政档案中,也保存了大量关于债务的案例。这同样说明,这样的债权关系直至 20 世纪初期仍然是重要的和普遍的(Dykstra 未注明出版日期)。在私人债务的基础上,我们进一步关注商人之间的债务。在中国历史上,为长距离贸易提供贷款的制度很早就出现了,尽管其发展的轨迹与欧洲大不相同。正如我们在第三章中所讨论的,中华帝国的空间规模极大地促进了长距离贸易的发展。商人的足迹不仅遍布沿海地区和重要的河流沿岸,还延伸到大运河附近地区和内陆腹地。公元 15 世纪之后,随着复杂的商人网络日益形成,长距离贸易的范围和规模进一步得到拓展。这一网络具有多种的功能,但是其中最重要的一个功能就是创造了一个新的制度环境,使得那些原本因为空间的原因而难以履行的契约得以顺利实施。在这个交织着各种亲属关系的商人网络之中,形成了一个内在的资本市场,极大地减少了商人们通过正式契约向陌生人借贷的需求。当然,这并不意味着中国没有正式借贷,只是说与欧洲相比,其比例和重要性要小得多。

无论是在中国还是在欧洲,长距离贸易都起源于商人们携带商品在距离遥远的两地之间的贩运活动。那些比较成功的商人,往往会在他们经常做生意的城市建立固定的贸易网点。在中国,这些贸易网点往往被称为"总号"或"分号"(牛贯杰 2008:251—260)。每一个商号都有相对独立的管理团队,并可以独立地通过招股的方式筹集资本。我们到现在还不是很清楚,在我们所掌握的那些企业账簿中,商人们究竟在多大程度上计算过(或者认真考虑过),商品从买进到卖出这段时间内的利息成本。在欧洲的商业史研究中,对账簿的研究相当常见。但是在中国,这类研究到目前为止还非常少。传统时代的中国企业通常是由同乡或同宗族的人组成,因此这些企业常常是依赖非正式的或不成文的机制,去获取必不可少的商业借款。这是我们在研究中国的商业信贷时,必须要考虑的第二个特殊情况。

在公元 18 世纪的时候,中国商人使用的会票往往是在一个城市开具,在一段时间之后可以到另一个地方承兑,就像欧洲的国内汇票一样。但是一般说来,这些会票通常不会发给毫不相干的陌生人,而是只会发给某个地域性商人网络的成员(叶世昌、潘连贵 2004:148—152)。这些会票中的一部分是由"本土银行"(钱庄、票号)签发的,一种是随时可以承兑的,一种是在固定的期限之后才可以承兑。1985 年的时候,发现了一批共 23 张会票,最早的签发于 19 世纪 60 年代。在这批会票中,承兑期限最短的是 20 天,最长的是 210 天。这些会票中的绝大部分,都反映了一个徽商家族和另外三个徽商家族之间的银钱往来(黄鉴晖 2002:7)。黄鉴晖还指出:在当时的各大市场上可能都流通着类似于会票的信用工具,只是一方面因为当时的文人没有记述,一方面因为湮没于民间的相关文献资料还没有被发现,所以目前还没有充分的证据来说明这个问题(黄鉴晖 1994:21)。但是至少我们可以断定,那个时代的中国人已经能够想出一些办法为长距离贸易提供信贷,尽管我们现在还不知道这些信贷方式的使用范围究竟有多大。在 18 世纪的广州,中国商人和西方商人之间也发展起了一些信贷制度(Van Dyke 2005:150—156)。

到了 19 世纪,钱庄、票号这样的"本土银行"在中国就已经十分常见了。它们吸收商人、官员和其他富裕阶层的存款,并开展银钱汇兑、商业信贷、消费信贷等业务。现有的史料告诉我们,19 世纪 40 年代以后,这个银行网络延伸到越来越多的地方,但是在这之前的几个世纪,这些金融交易是怎样进行的我们却并不十分清楚。除了银钱汇兑之外,这些金融机构还要负责兑换铜钱和未经铸造的生银,正是这两种货币构成了这个帝国的双本位制货币体系。19 世纪下半期外国银行进入中国之后,正是通过中国的"本土银行"才成功地进入了中国的金融市场。然而在 19 世纪末,在清朝崩溃前的政治和经济风暴之中,中国的本土金融机制变得越来越脆弱和难以为继(叶世昌、潘连贵 2004:190—203)。

当我们转而考察金融市场的第三个层面——抵押的时候,会发现这方面的证据在中国历史上很少,或者说根本就不存在。然而,这并不意味着中国历史上不存在部分或全部的不动产转让机制。正如我们在第三章中所谈到的,土地买卖在传统时代的中国非常活跃。许多土地买卖契约都隐含着"先租后买"的意味。这一套交易制度还允许土地出售者和他的继承人在支付土地改良费用的前提下,赎回以前卖出的土地(即"回赎"),这就使得土地交易变成了以土地为担保的借贷。当土地价格骤然变化的时候,这种类型的交易也会令一部分人有机可乘。因为契约中关于土地回赎的条款通常是模棱两可的,所以买者有可能还要再次付钱给卖者(即"找价")。至迟到公元 10 世纪的时候,中国的法律就界定了"有条件售卖"和"断权式售卖"。自那以后,土地交易的新形式就层出不穷。为了简化交易方式,规范交易秩序,清代的法律一直试图清晰地界定"绝卖"和"活卖"。处理土地纠纷的地方官员会仔细权衡在什么样的条件下土地可以被赎回,以及买者在"找价"的情况下需要追加多少钱给卖者。从公元16世纪到18世纪,关于"回赎"和"找价"的纠纷明显增加。在长江下游商业贸易蓬勃发展的地区,此类纠纷最为常见。在其他一些南方地区,此类纠纷也是时有所闻。如果一份土地交易契约没有明确规定终止所有的后续交易,那么卖者和他的子孙就有权利在土地售出之后,向买者支付一笔符合土地市场价值的款项以赎回这块土地。对于买者而言也是如此,如果他希望终止这宗交易,也必须支付一笔追加款项。买卖双方的争执通常是关于:在多长的期限之内,卖者可以赎回土地;买者要追加多少钱才能彻底买断土地的产权。即使是在签署了"绝卖"契约的情况下,承审官员有时也会要求买者付给卖者一小笔钱,以补偿在土地出售之后增加的生产力,以及土地上生长的作物的市场价值。在这种情况下,承审官员其实是要求在市场发展中受益的一方,拿出自己的一部分收益去补偿曾经把土地卖给他的那个人,目的是维持社会的和谐与秩序(岸本美绪2007)。关于18世纪土地纠纷的司法实践是否真的有效?是否真的能够一以贯之?目前学界还有相当多的争论(Zelin 2004;Bourgon 2004),但是透过这样一些纠纷,我们的确可以看到一个超越特定历史时空的土地交易市场。

对于欧洲人来说,这样的土地交易契约其实也并不陌生。直到公元19世纪,欧洲很多地区的土地市场还允许人们赎回祖传的土地。在法国,这种制度被称为"亲属收回"(Diderot与D'Alembert 1751—1772,第14卷:211;Dyson 2003)。也许有人会认为这种契约是低效的,但是与不久前英国乡村仍然普遍实行的"三代租约"和"九十九年转租"的制度相比,这种土地交易方式真的显得那么不合时宜吗?在英国,支付现金的短期土地租赁(三至九年)取代终身租赁,其实也只是在经济发生结构性转型之后才出现的事(Allen 1992:87—102)。在法国,还有一些契约也涉及土地的买卖,而且明显地包含着"活卖"(vente à réméré)的选择。即买者支付一笔钱之后,卖者在协商好的时段内将土地转让给买者。如果卖者不能在约定的时间之内还回这笔钱,买者就变成这块土地的新主人。不管人们认为这是买卖关系还是借贷关系,它们都属于跨时段的契约关系。像"亲属收回"这样的习俗或许会提高交易费用,但是它并没有完全地挤压土地市场。读者们可能会注意到,这类契约不像真正的抵押那样高效,因为借钱的人为了保证信用,必须暂时放弃对部分资产的控制。因此,如果说信用市场是为了扩大人们的资本来源,那么"回赎"的确不能与"抵押"相提并论。在抵押交易之中,一个农夫可以用借贷来的款项经营他所有的资产;然而在回赎交易中,他虽然能得到资本,却失去了至少一部分的土地。

我们要考察的第四个层面,仍然折射出中国和欧洲的明显差异。在19世纪40年代之前,中国几乎可以说没有公共信贷的机制。除了盐商的不定期报效之外,中央财政部门和地方有司都很少求助于信用市场。如果某个地方需要资金进行基础设施建设,帝国政府只需要简单地调整对税收的划拨。一个省的税金上缴到北京之后,其中的一部分有可能被转拨到其他地区,相邻的省份往往会互相接济。在19世纪之前,即使是军事开支也是来自国家的常规税收。我们在后面还将讨论,中国资本市场的发展既没有得到国债发行的助益,也免受其负面影响。

尽管中国与信用市场相关的史料远远少于欧洲,但是这些史料仍然可以证明,中国的信用交易由来已久而且形式多样。只要抛弃经济发展必须依靠欧洲式金融制度的执念,未来的研究者一定会发掘出更多理解中国信用市场的维度。尽管在公共信贷方面差别甚大,但是欧洲和中国的企业都使用招股的方式筹集资金,使得这些企业不再是小规模的、简单的合伙组织。尽管目前的证据还很少,但是如果未来的研究能够更加系统地剖析中国的信用市场,人们应该可以看到:那些曾经被认为是不存在的市场,或者只是为土地兼并提供便利的市场,其实还有着更加复杂的功能。我们还应该厘清的是,这些市场是怎样随着经济的变迁而演进的。如果没有19世纪的政治危机,中国或许可以通过一些本土化的金融制度来补充那些采择于西方的金融制度,推动中国的工业化进程。事实上,在20世纪末期,中国迎来了新一轮的国内投资热潮,其资本市场与北美、欧洲和亚洲其他地区都有明显的差异。因此我们必须认真地考虑,历史上的中国或许和今天的中国一样,凭借着一个独特的金融市场来应对各种资金需求。

1850年之后的中国历史,证明了中国人可以发展出一个资本市场来解决各种金融需求。在19世纪90年代之前,中国是没有银行的,至少没有欧洲人所熟悉的那种银行。另外,当时的中国也没有真正意义上的抵押市场和证券交易,合伙制企业的法律地位也处于暧昧不明的状态。或许可以认为,这些都构成了经济发展的巨大障碍。因为从19世纪80年代开始,近代工业企业开始组建,这些企业的规模都远远大于此前几个世纪的私人企业。行文至此,读者应该能够注意到信用市场与第二章中所探讨的劳动力市场的差异。对于劳动力市场,工业化的发展并没有从根本上改变传统的家庭结构,因为越来越多的人成为雇佣劳动力而不是企业家。因此,劳动力市场的改进和拓展可以在原有的基础上进行,而与之形成对照的是,如果中国的企业要赶上技术进步的时代潮流,资本市场的结构就要发生彻底的变化。

尽管19世纪末期的中国面临着重重的政治危机,中国人还是在一些地区创造出了新的信用市场,其中最引人瞩目的当属上海。在这个市场中,一部分组织和制度照搬了西方的模式,但是另一部分则是中国人因地制宜的结果。因此,当时的中国金融制度既有模仿西方的成分,也保留和创生了与欧洲截然不同的经验。要言之,并不是所有的传统投资机制都与工业生产的发展格格不入。

让我们从纺织业开始,对上述观点进行阐释。在大多数处于发展阶段的经济体中,纺织业都是最能够吸引劳动力的支柱性产业。中国的纺

织企业一开始偏重于纺纱,后来兼营织布。这些企业采取了不同的法定
所有权结构。一种限定是由特别法令所规定的公司特许状,类似于 19
世纪 50 年代以前颁发给欧洲公司的特许状。另一些独资企业或公司的
所有权形式则比较简单。然而在后一种情况下,企业往往处于一个家族
的控制之下,这一点也与欧洲的情况非常相似(Goetzmann 与 Koll
2006)。从 1890 年到 1922 年(在这之后,日本在中国纺织业中的投资急
剧增加,关于中国纺织业的数据就不再能够反映国内的自主生产能力),
中国人开办的纺织企业从 1 家上升到 95 家,生产能力从 3.5 万锭上升到
120 万锭。织布厂的情况也与之相似:在 1922 年前,中国共有织布厂 27
家,织机 7000 台(丁昶贤 1987)。这些工厂大半由中国人开办,人们可能
会认为,彼时中国纺织工业的快速发展是因为法律制度的变革,将西方
的公司制度移植到了中国,又或者是因为新的金融制度的建立(Ma
2006)。事实上,作为当时中国纺织业生产中心的上海,在 19 世纪末期
正是一个发展中的新兴市场。像世界上许多其他地区一样,19 世纪 80
年代的上海也开设了股票市场。但是随着此后出现的泡沫,股票价格骤
然低落,人们对于股票市场的信心受到极大的打击。直到 20 世纪 20 年
代,上海股市才重新开盘。上海的第一次股市风潮与圣保罗证券交易所
第一次崩盘有许多相似之处。这两个股票市场都诞生于经济繁荣的时
期。但是因为持股人的范围过于狭窄,所以当繁荣不再的时候,股票交
易就立即陷于停顿(Hanley 2005)。圣保罗证券交易所重开于大约十年
之后,此时股票和证券都已在更广泛的范围内发行和交易,然而上海股
市却关闭了三十年之久。马德斌和其他一些研究者发现了移植欧洲制
度的一些失败之处。然而上海奇迹般的崛起却说明,一定有某些中国本
土的金融制度在起着替代性的作用,确保了这个城市的金融安全。

同样的,本土银行和外资银行当时都在向制造业者提供短期贷款。
此前的研究认为,近代银行制度的引进,对于二十世纪初期中国的经济
发展至关重要(Rawski 1989)。此后,这个观点又被扩展为:西方的法律

和促成欧洲经济发展的制度环境,是中国近代化进程中不可或缺的外部条件(Ma 2006;Goetzmann 与 Koll 2006)。但是这个结论是值得怀疑的。第一,早在 1904 年,中国就颁布了《公司律》。尽管当时工业企业的数量在增加,而且这些企业也的确需要金融服务,但是因《公司律》的刺激而创立的新式公司却寥寥无几(Kirby 1995)。对于《公司律》的失败,可能会有一些中国式的解释。但是从比较的框架中看,这其实不足为奇。在现今这个时代,企业家们相当依赖公司制度,但是在 20 世纪初期的时候,许多国家的人们在组建企业的时候,并不倾向于选择公司制度。"有限责任"并不是他们特别看重的问题。原因在于:第一,如果企业的创建者希望对这个企业实施排他性的控制,那么通过招股来吸收资本对于他而言就没有什么吸引力;第二,比较完备的合伙制度,常常能使人们更加方便地筹集到资金(Lamoreaux 与 Rosenthal 2005;Guinnane 等2007)。

二十世纪以前,上海之外的地区的企业运作经验,也使人们怀疑"西方制度对于二十世纪中国经济发展至关重要"这样的结论。上海使研究者可以看到中国人是怎样采用西方技术的,又是怎样审时度势地改进本土制度的。但是作为深受外国人影响的一个城市,上海的情况毕竟是特殊的。那些外国人的数量相对较少,受西方制度影响不那么直接的地区,又是怎样推进工业化进程的呢?以往的许多研究似乎在暗示,这种可能性即便有也是很小的。在上海之外,我们有两个极其适合研究工业发展的样本。第一个就是井盐开采。这项工业需要开凿很深的盐井(也是固定资本的一种形式)汲取卤水,需要许多周转资金去炼制卤水,还需要更多的资本去运销制成的食盐。这项工业需要大量有技术的劳动力,还需要丰富的管理经验。然而从事这方面生产的企业,规模都比较小。在自贡的井盐业生产中,中国人发展起了股份制的合伙关系(Zelin2005:32)。这种形式颇类似于私人股份有限公司。这类公司最早出现于欧洲法律之中,是在 19 世纪初期的时候(Lamoreaux 与 Rosenthal

2005)。欧洲的私人股份有限公司也采用合股的形式,但是因为它们不在股票交易所上市,所以它们的企业章程通常对该企业的控制和收益有附加的规定。中国的盐业企业亦是如此。因为目前发现的这类企业的契约大多集中在19世纪末至20世纪初,所以我们并不能断定这其中的条款是来自本土法律传统,还是依据舶来的法律观念。然而,这些通常以宗族为基础的共同所有制企业,至少在19世纪的时候就已经存在了。而且在此后的历史时段中,制盐的技术几乎没有发生明显的变化。但是自贡的盐井却经营得非常成功——它们在动荡的时代中存活下来,不断扩大投资,产量也增加得很快(Zelin 1990)。制盐业需要持久和大量的投资,除此之外并没有什么特别需要与其他产业不同的组织形式。对于那些与此类似的工业投资,制盐业所采用的以宗族为基础的融资模式是可以直接适用的。在这种情况下,公司制度的资本市场都不是必须的,一旦运作成功,这一类企业甚至可以不需要资本市场和公司制度。自贡的盐井甚至还可以在保留原有的金融和管理制度的情况下,成功地引进西方的蒸汽技术(Zelin 2005:第7章)。

第二个上海之外的观察样本,也在远离长江下游的地方。它就是位于山东济宁的玉堂酱园(Pomeranz 1997)。与自贡的盐井一样,它最初也是一个家族企业。它创建于18世纪70年代,也和自贡盐井一样,是累世经营的老字号。与许多创建于18世纪的调味品字号不同,玉堂酱园在20世纪初期的时候发展到了很大的规模。彭慕兰深入地研究了这家企业的历史,发掘出很多有价值的细节,使我们能够在上海的纺织厂和四川的盐井之外,继续推进对于中国企业的分析。玉堂酱园最初是由江苏移民创办的,在19世纪初期的时候卖给了组成合伙关系的本地人,这些人至少来自两个当地的宗族。后来在1827年的时候,一位酱园的伙计接过了这家企业的管理权。在这个世纪剩下的几十年中,玉堂酱园一直由宗族之外的人来进行管理。19世纪70年代,原来参与投资的一个家族决定缩减在酱园上的投资,以便用节省下来的资金去购置土地。

承担管理职责的酱园掌柜不得不招募新的合伙人,并发行有息债券,以填补资金的缺口。大约在 1900 年的时候,最初投资于酱园的两个家族买断了所有其他投资者的股份,由其中的一个家族对酱园进行控制。后来这家酱园又开始介入地方金融业务。如果我们将这个故事中所有的中国地名换成英国和法国的地名,将酱园换成纺织厂,你会发现这个故事即使在欧洲的语境下也一点都不显得隔膜。从上海到济宁,我们对于不同种类的中国制造业企业的考察,让我们有理由断言:如果没有 20 世纪上半期席卷整个中国的政治危机,中国的金融体系应该可以不断完善,为制造业的发展提供必需的资金支持。

当然,对于这三个观察样本,还可能有另外一种解读,这种解读更加强调这些企业的政治资源。对于早期的纺织企业和玉堂酱园而言,这种关联都不可忽视。人们不难看到:在 1922 年以前,中国机器纺织业的投资过半是外资,而且绝大多数都集中在上海。在这个城市中,外国人既有足够的金融实力进行投资,也有足够的军事实力保护他们的产权。不管是中国人还是外国人,只有那些有足够政治背景的人才敢于进行投资。虽然这些限制性的门槛的确存在,但是我们仍然要强调关于中国金融市场的中心论点:即中国并不是一个投资沙漠,中国的法律结构也并非限制大企业的组建。在 19 世纪 80 年代之前,中国或许还没有一个严格意义上的资本市场,但是上述三个事例都说明,那时的中国人仍然创制出一些投资的方式。就像过去 30 年的中国一样,只要是政治环境允许,这些独特的方式能够强有力地带动各行业的投资。然而正如我们所看到的,从 19 世纪 50 年代到 20 世纪 40 年代,中国的政治一直处于扰攘动荡之中,几乎没有资本市场发展的空间。因此在鸦片战争至甲午战争期间,中国企业能在政府如此孱弱的情况下获得那种程度的发展,的确是颇令人惊叹的事情。

20 世纪 70 年代中期,中国金融市场的又一次转型开始了。在许多西方学者的眼中,这一次的转型使中国的金融市场再一次变得极不稳定,甚至给中国未来的经济发展埋下了诸多隐患。是的,我们所说的正是 20 世纪 70 年代末期,"改革开放"政策所带来的投资热潮。对于这个过程的批评多种多样,最尖刻的是针对政府对信贷的过分控制,以及银行对于违约的贷款人没有处罚的权力。但是在这段时期之内,中国政府建立了股票市场、商业银行,并允许银行以外的金融中介机构在市场中发挥重要的作用。正因为有了极高的储蓄率和投资率,中国才在过去的四十多年中一直保持着世界上最快的经济发展速度。尽管我们对于这种金融机制仍然存在着种种疑虑,但是其快速的发展却是一个不争的事实。当然,适合于 1980 年的金融制度(那个时候大部分的制造业还属于国营,农村经济体制改革初见成效)不见得适合于今天。即便是在今天,我们仍然不清楚,最适合中国的金融体系究竟是应该复制美国、英国,还是欧洲其他国家的模式。

中国和欧洲的一个关键性差异:信贷需求水平

我们对于中国信用市场的分析说明,我们还没有真正揭示出前工业化时代中国信用市场的全貌。尽管如此,最近的许多研究还是令人振奋。因为这些研究不再执着于从前工业化时代的中国寻找与欧洲相同的制度,而是开始揭示中国经济问题的本土解决方案。一些信贷需求是在商业组织或商人网络内部,通过非正式的形式解决的,对于利息率并没有特别严格的计算。在中国早期近代化的经济中,许多信贷需求甚至是通过特定的社会制度和社会关系网络解决的,并不需要对信用交易的细节进行书面化的记载。除此之外,资本还通过其他的一些途径注入经济发展进程之中。在信用市场建立的过程中,中国的国家机构显得比欧洲所有国家都积极主动,许多基础建设的投资就是由国家包办,这一点在第六章中还将更加深入地讨论。对于中国人来说,不建立一个正式的金融市场当然要付出代价。但是这个代价其实是比较小的。如果我们回顾欧洲的历史也会发现,近代早期欧洲信用市场也并不是服务于经济发展,而是主要服务于争霸战争。然而,随着欧洲的农业经济开始进行结构性转型,资本市场的角色才变得越来越重要。如果说资本市场并不是中国和欧洲经济大分流的初始性条件,那么能用它来解释中国在随后几十年之中的经济滞后吗?

中国也有她自己的信用市场,但是从其正式性而言,当然远远不及欧洲的信用市场。我们认为,造成这种差异的一个重要原因是,尽管中国与欧洲的经济发展大体相同,但是信贷需求程度却有很大差异。不管是在政治层面还是在经济层面,中国对于信用的需求都比较低。在这一节,我们将简略地讨论,为什么中国政府在 19 世纪之前都不曾发行公债,而欧洲各国的政府却非常依赖公债(我们将在第六章中专门讨论公共财政的问题)接下来我们将深入分析信贷需求的经济根源。

欧洲各国的建立和维持都需要大量的借贷,而直到欧洲人介入中国事务之前,这个帝国都是从不欠债的。这个帝国的开支主要包括三个方面:用于巩固边防、开疆拓土的军费;内部治理所需的经费,以及经济建设的支出。在欧洲,所有这些开支都会令国家背负债务,但是在中国却从未如此。在两千多年的王朝更替之中,中国的统治者需要应付两种类型的军事开支:第一种是用于巩固国防的常规性开支,第二种则是非常规性的开支,通常集中出现在改朝换代或外敌入侵的时候。在大部分时间,中华帝国都可以在不增加开支的情况下保持明显的军事优势,因为周边的许多少数民族是贫弱、涣散的,不足以对中华帝国构成严峻的压力。然而,居住在长城以外的游牧民族却周期性地崛起,给帝国造成致命的打击。这一类的威胁常常令一个朝代面临灭顶之灾,但是这种情况毕竟很少出现。而且在两次边疆危机之间,通常还间隔着一个比较长的和平时期。在帝国岌岌可危的时候,对信贷的需求会比较迫切,但是在那样濒于绝境的情况下,很少有人愿意借出自己的钱,而且也未曾建立起便利资金融通的信用市场。因此,当中国统治者急需资金的时候,往往会采取像欧洲"专制君主"那样的做法。他们操纵货币,或者向掌握大量财富的人伸手(Von Glahn 1996：175—178)。

19世纪,当中华帝国面临着此起彼伏的内部叛乱时,由来已久的向富人征收的"捐输"急剧增加,而且开始用于支应军费(汤象龙 1987:35—37;周育民 2000：41—42)。然而,当一个朝代处于稳定阶段,建立服务于军事的信贷体系意义就不大。于是,中国皇帝就像罗马、奥斯曼帝国和欧洲的统治者(查理曼大帝、拿破仑、穆罕默德二世)一样,宁愿用国家的常规性收入来充当军费。①

在国家治理这一层面,依靠常规性收入也是顺理成章的。因为这一类开支通常是比较固定的,而且由于国家常规性收入增长极其缓慢,所以没有任何理由将当前的财政负担转移到未来。某些地区或某些省份遭遇内乱、天灾以及其他难以预料的突发情况,但只要这些危机是地方性的而不是全国性的,借贷也没有太大的意义。因为帝国的官员可以比较容易地从比较富庶、稳定的省份调取资源,以协济动荡、饥馑的省份。由此可见,在那样的国家体制之中,空间(调运)是比时间(借贷)更加理性的保险机制,还能将各个省份紧密地联结在一起。

诺斯、沃利斯和温加斯特(North 1981;North, Wallis 与 Weingast 2009)的论文曾经指出:要广泛地保障产权,必须建立代议制政府。但是清朝的历史却提供了一个反例。除非面临着极其严峻的挑战,中国皇帝不会随意征用民间财富,也不会扭曲市场以满足私利。然而正像我们在欧洲看到的那样,在受到外部威胁的时候,那些自诩为"仁慈"的君主还是会陡然改变政策。不论是在中国还是在欧洲,战争都常常引发许多财政和金融上的鲁莽行为。

当我们转而考察中国在个人投资方面的信贷需求,会发现有两个方面特别值得强调。首先是农业。以资本的密集程度而言,中国的水稻种

---

① 两宋是一个难以解释的时期。在长达三个世纪的时间里,中国的大陆部分分裂为几个对立、竞争的政权。看到这种情况,一个欧洲人可能会想到:为了能够一统天下,宋朝和它的竞争对手可能都发展起某种信贷制度。

植可能不输于（甚至超过）任何欧洲的农业活动。但是投入在水稻种植上的大部分资本都是用于修建和维护水利工程的，这实际上是政府和个人合作的一项事业。尽管开掘沟渠和修筑堤坝的所有劳动力都是农民，但是他们不需要承担所有的工程费用。耕畜是欧洲农业最重要的投资项目，但在中国的使用却远远没有那么普遍。当然，这并不是说中国农民就没有信贷的需求。

中国和欧洲信贷需求的最后一个差异，在于手工业生产。我们在第四章中曾经提到，中国的农村比欧洲的农村要繁荣兴盛得多。直到距离现在很近的 18 世纪，中国的乡村制造业仍然比城市制造业要发达得多。从事乡村制造业的通常是兼营种植业的小农家庭，规模很小，而且是劳动密集型的。在一些情况下，手工制造业带来的收入能够等于甚至超过种植业的收入。但是在当时中国的大部分地区，手工制造业都只是种植业的补充。有一些制造业是对农副产品进一步加工，比如烤烟、制茶、制糖、从蓝靛中提取染料、鞣制皮革等。然而更多的则是生产手工制成品，如纺织、日用品制造等（郑昌淦 1989）。这些都是劳动力密集的产业，看起来并不需要投入大量资本购买机器和工具。与其他的制造业相比，丝织业需要更多的投入，也就相应的有更大的借贷需求。潘敏德（Ming-te Pan）在汇总大量丝织业数据的基础上，复原出了明清江南家庭丝织业的生产模型。这个模型显示：即使从事丝织业的家庭需要负担较高的利息以获得所需的资金，从中丝织业仍然比其他产业更加有利可图（Pan 1996）。在棉纺织业中，存在着更加明确的分工。从事织布生产的小农家庭可以从市场上买到现成的棉线，并将织成的棉布拿到本地市场上销售（Elvin 1973）。小额的棉纺织品交易市场效率很高，这也就意味着棉纺织业对于信贷的需求甚至还低于丝织业。手工业在乡村的分布还会影响资本—劳动比率。中国的包买商制度，在很大程度上减少了商人的库存成本，而且中国的制造业结构也明显地降低了对资本的需求。正如我们在第四章中所讨论的：由于中国的制造业绝大多数分布在农村，使得许多生产门类都是劳动密集型的。而在中国如同在欧洲一样,农村手工业的资本密集程度通常比较低,因此对于信用市场的依赖程度也相对小于城市制造业。正如我们在第三章中所提到的:在工业革命的进程之中,资本密集型的生产比劳动密集型的生产更易于提高劳动生产率。但是在1650年以前,甚至在1700年以前,这个区别都并不明显。乡村制造业对信贷的需求相对较低,是因为这些产业往往位于原料产地(因此就减少了库存的成本),因为几乎所有的工人都是家庭成员(所以就不需要支付工资),而且乡村工匠往往比城市工匠更擅长于节省成本。

在农业和手工业生产中,需要借贷的人们既可以依赖于信用市场,也可以依赖于宗族。我们可以设想,如果一个血缘组织中的人们彼此非常了解,他们一定会乐于投资那些看起来有利可图的事业。因此之故,中国的大型家族或宗族(请参看本书第一章)就往往成为比信用市场更加重要的资本来源。这些血缘组织通常都具有保障合同实施的能力(其中也包含着对于家族未来利益的模糊预期),这就使得许多资本从信用市场中分流出来,进入到非正式的血缘群体之中,而且通常以代际交易的形式表现出来。只要生产的规模保持在一个相对较小的范围内,通过血缘组织(而不是信用市场)获取信贷的成本就不会特别高。

综上所述,因为中国很少有公共信贷,家族或宗族向其成员提供了大量的资本,而且中国的制造业结构明显减少了对资本的需求,所以中国的历史上并没有形成一个像欧洲那样大的信用市场。即便中国具有和英国或低地国家一样的信贷制度,中国的信用市场仍然会比较小。但是在信用需求比较小的情况下,在金融服务方面大量投资是不划算的。

在本章的一开始我们就提出,"资本市场的结构对于经济绩效至关重要"的常识是需要重新反思的。而现在,我们在兜了一个大圈子以后又回到了这个出发点。我们并没有执着于寻找所谓"无与伦比"的市场结构,而是去发现不同空间、不同类型、不同机制的信用市场。尽管有一些金融机制可能真的比别的更加高效,但是我们现有的历史视野还不足以让我们看清,这些机制究竟是什么样子。为了解释不同时空信用市场的本质性区别,我们必须要从一些更加基本的方面开始观察,比如说政治的差异。举个例来说,在传统时代的中国,朝廷从来不会借债,这就会带来一些重要的经济后果。但是除此之外,财富分配的不均衡也不容忽视。在一个财富分配高度不均的社会,不太可能形成抵押市场,更有可能形成的是依靠声誉进行借贷的市场。与上述两方面同样重要的,还有家庭之间的关系。扩展式的亲属组织可以,而且事实上也充当着内部成员之间的资本市场。最后,信贷需求也非常重要。中华帝国由于长期处于相对和平的状态,而且以农业为经济的重心,所以对信用市场的需求不大。而欧洲狂暴的政治斗争则不仅使每个国家都债台高筑,而且将大部分的制造业驱赶到了城市,所以建立信用市场的需求就比中国迫切得多。如果不是因为在 1850 年至 1970 年的 120 年之中,中国经历了一个极其复杂、极其悲惨的低落期,欧洲在工业化进程中大概不会占得那么多的先机。这一方面是因为中国可以,而且确实在许多方面模仿欧洲的成功经验;另一方面则是因为,中国内部的确生发出一些独特的机制,以推动经济的结构性转型,而且所有这些机制都并不依赖于资本市场。尽管相对较高的资本价格,可能阻碍了 18 世纪的中国人发明和使用机器,阻碍了技术革新的发生,但是中国人在稍晚一些的时代仍然采用和适应了机器生产(Allen 2009a)。由此可见,对于中国和欧洲经济差异的某种解释,可能适用于一个历史时期,却不见得适用于另一个时过境迁的时代。

总而言之,我们认为,至少在工业革命之前,金融结构对于经济发展的重要性是有限的。不管一个国家(或地区)的银行或资本市场是大还是小,真正至关重要的是整个金融市场的规模。另外,金融通常是经济发展的结果,而不是经济发展的成因。当经济的结构性变迁开始启动,必然会产生对于金融服务的需求。在政治束缚不是那么严重的情况下,旧的金融中介会顺应形势发生改变,新的金融机制和参与者群体也会渐次生发出来。

第六章　专制君主、战争、税收和公共产品

在各种文学作品和社会科学论著中，贪婪的暴君可谓层出不穷。在小说中，暴君总是难以战胜的，因为英雄人物必需要对抗一个凶悍的大反派。在社会科学论著中，专制君主也总是一个不可或缺的角色，因为它是某种良善政体最好的陪衬，这种政体最显著的特点就是允许人民代表自己。专制君主的贪婪导致了臣民的贫穷，而自由主义的政体却致力于提升市民群体的物质利益。因此之故，法国和西班牙之所以落在英国和荷兰之后，常常被归咎于其君主专制的统治（North 1981；De Long 与 Shleifer 1993；Acemoglu 等 2005）。这个观点通常也被用来解释，为什么中国会落后于欧洲的立宪制君主国和共和国（Mokyr 1990；Diamond 1997）。

上述的所有讨论，基于一个相同的观点：专制君主向其臣民征收的税款，远远大于提供公共服务所必需的数额。对于统治者来说，维持专制君主制可以说是一个莫大的诱惑。在过去的两千多年里，欧洲的财政制度通常都特别强调对君主的征税能力施加各种正式的限制。其中最著名的，莫过于组建各种形式的臣民会议，即后来所谓的代议政政体。当然，欧洲的统治者也常常试图摆脱这些限制其财政能力的桎梏，而且

在有的国家,这样的做法居然还能在相当长的一段时间里面行得通。然而即便如此,这些欧洲国家的情况也与中国有着很大的差别。中国的皇帝几乎从来没有遭遇过对财政政策的正式制约。于是,人们开始探讨不同的政治体制给财政带来的不同影响,并以这些财政上的差异来解释欧洲内部乃至整个欧亚大陆各国经济发展水平的差异(North 等 2009)。我们常常会想当然地认为,只有代议制政体才会实行解放生产力的低税收政策,而专制君主则寄生在横征暴敛之上,其治下的经济会因沉重的税收和低水平的基础设施建设而停滞不前。

时至今日,我们应该抛弃那些对于专制政治的陈旧认识。事实上,在过去二三十年里,对于政治体制和国家财政的研究所揭示出的情况,与上文中概括的比较视角很少有吻合之处。中国的失败并不是因为皇帝的贪得无厌,而欧洲的公共财政体系使其臣民背上了沉重的负担,而且扭曲了市场的经济激励——欧洲的成功并非受益于其财政体系,而是因为克服了该体系所带来的障碍。我们并不是全盘否定此前的主流观点,相反,我们还会围绕着这些观点进行公共财政的比较分析。但是在回顾中国和欧洲的历史的时候,我们还要对代议制政府和专制国家的概念做更多的限定。接下来读者将会看到,这些附加的考量因素将会使中国和欧洲的差别明显减小,最后甚至会使比较的结果发生彻底的反转。也就是说:中国皇帝所推行的税收政策,其实比任何欧洲代议制国家的税收政策都更加有益于经济发展。为了展开这项论述,本章将会一改此前的那种论证方式:即用一个核心的观点去调和那些看起来各自歧异甚至是互相矛盾的证据。在这一章中,我们将从三个不断递进的层面上展开理论和历史实际之间的对话。

首先,我们将会检视"需索无度的专制君主"背后潜藏的逻辑。接下来,我们将这个模式与历史证据相比较,并且提出:这个叙事模式必须要考虑两个关键的政治因素,第一个因素是战争或国际关系,第二个因素是那些没有投票权的人们究竟有多大的能力抵制自上而下的征敛。我们并不想将这两个因素放在一起进行笼统的论述，而是从更加重要的一个——国际关系开始谈起。传统的叙事模式更多地关注国内开支，但是在历史上，君主的钱包常常是被国际关系方面的问题所掏空的。其中，战争尤其是一个代价高昂的行动。因为中国和欧洲的战争频率相差很大，所以战争不能被视为一项无差别的公共开支。当我们将战争纳入分析框架以后，不同政体之间的财政差异就明显缩小了。虽然如此，专制政权仍然从其臣民手中汲取更大数额的财富。不过，对于非专制政权而言，战争还是促使公共开支趋于合理化的一个重要推手。

限制专制君主的征收数额，不仅意味着要改变他们的需求，还意味着要改变供给（也就是他们征税时所要付出的政治成本）。这就要求我们必须清楚地考虑，专制君主的臣民们怎样才能抵制横征暴敛。在这里，我们借用并进一步阐释了阿尔伯特·赫希曼（Albert O. Hirschman）关于"退出、呼吁和忠诚"的洞见。在臣民可以使用的限制征税的策略中，我们区别出哪些是"退出"，哪些是"呼吁"。"退出性策略"之所以可以在一定程度上影响到国家的财政体系，是因为在税收过高的时候，人们要么离开这个国家，要么转移到非正规经济当中去。"退出性策略"和战争结合在一起，可能会促使原本恣意妄为的统治者有所收敛，尤其是在国际关系相对缓和的时期。但是如果财政需求在短期内发生急剧的变化，"退出性策略"就不管用了。所以我们还要考虑"呼吁性策略"，也就是说人们通过公开的反抗或正式制度，来影响统治者的财政决策。我们将会证明，如果"退出性策略"和"呼吁性策略"能够奏效，处于和平时期的专制君主国家的税率可能会低于任何战争频仍的国家和地区（不管他们的政体是怎样的）。接下来我们还将解析，传承自中世纪的财政体制怎样在中国和欧洲各自演进。

一个观念的嬗变史

在人类的历史上，无数的思想家曾经描摹和分析过专制主义的特质。在启蒙时代,欧洲人开始将亚洲的统治者描述为高压的、落后的,并给他们治下的民众带来沉重的负担(例如孟德斯鸠[1748]1951:13 册,第 13 章)。启蒙思想家还别出心裁地提出了一个"开明专制"的概念,在这种理想的政体之下,智慧的君主抱持着民众利益至上的理念。这个概念的提出,其实是为了批评当时欧洲的统治者。但是不管怎样,这说明在 19 世纪初期的时候,欧洲人已经开始建构出替代君主专制(无论开明与否)的政治体系。在这一新的观念中,"现代"的或"好"的政体,应该实行议会君主制,给一部分民众参政议政的权力。极权主义国家在 20 世纪的兴起,使关于专制主义的研究焕发出新的生命力。其中,魏特夫(Karl Wittfogel)关于治水社会的研究(1957)可谓是影响最大的。在魏特夫的笔下,专制主义是由环境(尤其是水资源)决定的。魏特夫提出:在一个经济繁荣完全依赖治水的社会,政治巨头最容易积聚起不受限制的权力,因为只有他们能够驯服那些狂暴的江河。他们的统治能力从根本上说,都是来自治水。这一类的活动最容易形成覆盖各个领域的规模经济。因为治水的成本并不随着地域范围的扩大而增加,而且最好由同一个机构来组织和协调各方面的事务,例如灌溉、排水、防洪、水力利用等。按照魏特夫的说法,治水的过程中需要一个有效率的行政机构,决定哪里需要新的投资,哪里需要维修养护。这些机构后来就逐渐演变成这个社会的暴力机器,因为它能够得到来自各方面的信息,而且它本来就是为侦测各种偏离常规的行为而设计的。这样一来,只要治水社会的生活条件稍稍优越于不灌溉的外围地区,统治者就能够通过各种精心建立的经济、社会机制吸取大量的贡赋。

后来的经济史学家,不断地重复魏特夫的理论,并将这一理论进一步延伸,去解释那些并非由环境因素而造就的专制主义社会。道格拉斯·诺斯(North 1981)就曾提出一个著名的论断,即:专制主义之所以会产生,是因为暴力的技术使一小部分专业人员获得特权,让他们能够使用武器控制生产资料。正是因为意识到这种危险的情况,所以欧洲代议制政府最重要的目标就是迫使统治者尊重私有产权,在征税的问题上有所节制。因此,实行专制主义的西班牙和法国在财政问题上,明显比英国和荷兰更加高压,更加罔顾后果。一些从事比较研究的学者,如琼斯也十分赞同诺斯的观点,他将欧洲和中国在经济表现上的差异,归结为亚洲的皇帝未能提供充足的公共产品(E. L. Jones 1981)。琼斯和更晚一些的学者杰拉尔德·戴蒙德(Jared Diamond)也十分强调,1430年代中国突然停止大规模的海上冒险,也是因为所有的重大决定都是出自一个中央政府(Diamond 1997)。在这些不同版本的解释中,每一位作者都论及中国皇帝和中央政府的权力,讲述了一个不尽相同的关于专制皇权的故事,就好像他们在联合创作一个长篇小说的不同章节。在这些细节各不相同的故事中,所有的中国皇帝都热衷于横征暴敛,不愿意投资公共产品,并贪得无厌地将公共资源挪为己用,如修建宫殿、搜罗奇珍异宝、豢养私人等等,这些行为都可以归为私人消费。

　　尽管有很多比较分析公共财政的模型,我们还是借用麦克尼和奥尔森(McGuire 与 Olson 1996)所构建的模型,因为这个模型展现了专制君主既理性又贪婪的复杂性格。麦克尼和奥尔森并没有将专制君主和民主制度视为水火不容的两极,他们的理论出发点非常简单:任何一个政治体制都可以通过权力集团的大小来进行分析。独裁者意味着权力集团只包含一个人,当权力集团变得越来越大的时候,这个政权就会越来越自由。任何一个权力集团都追求其成员收益的最大化。在独夫自成一个集团的极端情况下,他就会尽可能最大化他自己从税收中获得的净收益。为了达到自己的目的,所有的权力集团都会运用同样的两种工具:税收和对公共事业的投资。随着税收的增加,人们投身于正式经济领域的激励就会越来越小。在最悲观的情况下,随着税收的增加,人们宁愿选择什么也不干;比这种情况稍好一点的,就是人们为了规避税收而进入非正式的经济领域。在这两种情况下,经济都受到了负面的影响。公共产品有助于增加经济的规模。但是值得强调的是,在这个模型中,权力集团只会通过一个渠道影响这个"税收 & 公共产品"的均衡:当权力集团的规模变大的时候,它能控制的经济领域也会增加,那么也就需要背负更多税收带来的经济扭曲的成本,并更多地受益于公共产品的增加。由此可见,在所有的政体之下,税率的增加都会引起经济规模的收缩,而公共产品供给的增加则有助于经济的发展。

在栏 6.1 中,我们展示了这个模型的细节。得到的结果首先就是:给定投资于公共产品的开支,专制君主一定会选择能够最大限度地增加财政收入的税率(就是位于拉弗曲线顶端的那一个税率)。这样一来,专制君主的收入就等于税收总额减去公共产品的开支。在其他条件不变的情况下,这个专制君主一定希望尽可能地提高税收总额。随着权力集团的规模增加,税收一定会降低,因为权力集团的成员越多,他们总体上就承受越多的税收成本(经济总产值减少了)。从这个模型中推导出的第二个结论,是有关在公共产品上究竟要投入多少的资金。对于专制君主而言,花费在公共产品上的每一元钱都要有足够的回报。它必须要有效地扩大经济的规模,并带来至少一元钱的税收。然而随着统治集团规模的增加,他们会获得公共产品所带来的两项回报——税收的增加和整个私有经济的壮大。因此,权力集团的规模越大,公共产品的供给就越充足。权力集团规模的增加,也有利于扼制腐败(将腐败定义为政府攫取的财富数量,和用在公共产品上的财富数量之间的差异)。麦克尼和奥尔森还进一步论证,当权力集团的规模大到一定程度的时候,他们会把一个国家的所有税收都用于发展公共产品(腐败自然就被根除了)。如果权力集团的规模在此基础上进一步增大,则不会改变税收和公共产品的结构。因为实行专制政治的社会,通常税收比较高,公共产品的供给程度比较低,所以专制国家往往不如民主国家富裕。

栏 6.1　税收和公共产品

在这里,我们将通过一个简单的推导来展现麦克尼和奥尔森的模型。假定 $Y(G)$ 公共产品的投资为 G 时的总收入,$Y(0)=0$,税率为 t,由此而形成的经济规模为 $R(t)$。假设有一个集团控制着税收,这个集团在经济体中所占的比例为 F(当这个集团只由一个独裁者构成时,$F=0$)。

为了从税收和公共产品上获得最大程度的收益,这个权力集团必须确定税收的比率和公共产品投资的数额。

$$\Pi_D = (1-t)R(t)FY(G) + [tR(t)Y(G)-G] \text{ 并满足 } G \leqslant tR(t)Y(G)$$

首先假设约束条件不具限制性,那么

$$\frac{\partial \Pi_D}{\partial t} = F\left\{-R(t)Y(G) + (1-t)\frac{\partial R}{\partial t}Y(G)\right\} + \left\{R(t)+t\frac{\partial R}{\partial t}\right\}Y(G) = 0$$

$$\frac{\partial \Pi_D}{\partial G} = \{(1-t)R(t)F + tR(t)\}\frac{\partial Y(G)}{\partial G} - 1 = 0$$

$$F\left\{-R(t) + (1-t)\frac{\partial R}{\partial t}\right\} = -\left\{R(t)+t\frac{\partial R}{\partial t}\right\}$$

$$t^* = -\frac{R}{\partial R/\partial t} - \frac{F}{1-F}$$

$$\frac{\partial Y(G)}{\partial G} = \frac{1}{[F+(1-F)t]R(t)}$$

在国家由独裁者统治的时候,$F=0$,随着 F 的增大,t 减小,G 增大。当 F 增大到一个临界值 $\hat{F}$,且 $\hat{F}<1$,会导致 $G=tR(t)Y(G)$。换句话说,此时的权力集团已经不再从国家收入中获取净收益分给集团的成员。

如果 F 在到达临界值后继续增大,也就是说 $F>\hat{F}$,那么

$$t^*(F)=t^*(\hat{F}), \quad G^*(F)=G^*(\hat{F})$$

也就是说,当 F 越过临界值之后,政治结构不会再进一步影响税收和公共产品。

从上述模型推导出的情况,十分符合 18 世纪欧洲的历史事实。那时,英国和荷兰的确比奥匈帝国、西班牙、那不勒斯和法国更加繁荣和富裕(North 1981)。而 19 世纪欧洲的兴盛和中国的萧条,似乎也可以用来印证这个模型。而且最重要的是,这个模型符合一种广为人知的意识形

态:人民越能够代表自己,精英就越难以巧取豪夺。在税收降低的同时,
用于公共产品的开支就增加了。但是这个模型中的预言却与今天的世
界相差甚远。在现今这个时代,我们常常可以看到高压的政权缺乏汲取
和动员财富的能力,而富裕的民主国家则拥有大得出奇的公共经济部
门。如果我们再回溯更久远一些的历史,也会发现这个模型与事实不
符。而且它也不能够解释本书涉及的一些历史现象。概括地说,中国
并不是一直比欧洲贫穷,低地国家和英国虽然分别在 16 世纪和 17 世纪
末期发生了政治转型,但是其经济的崛起历程却在更早以前就开始了。
而且我们可以进一步直言不讳地说,中国皇帝在公共产品上的投资似乎
比所有欧洲统治者都多得多。

历史的反驳

麦克尼和奥尔森的模型,其实是用数学的形式阐述了从启蒙时代到
1980 年代政治经济学家的智慧。但很可惜的是,它是错的。当研究者们
仔细地梳理税率变迁和公共产品投资的历史,会发现这个模型根本无法
成立。而对于这个模型的反驳也比比皆是。中国的研究者发现,清朝的
官僚机构其实就是通过提供公共产品来建立自己的合法性的,这也是从
根本上对于魏特夫理论的修正。欧洲的学者则是从 1976 年就提出,法
国和西班牙的税负实际上低于英国和荷兰(Mathias 与 O'Brien 1976)。
在 18 世纪中期的时候,英国和荷兰 10% 以上的 GDP 来自于税收,而奥
匈帝国和法国的税收则只占 GDP 的 5% 左右(Bogart 等 2009)。孟德斯
鸠曾经说过:"国民所享的自由越多,便越可征较重的赋税(孟德斯鸠
[1748]1951:13 册,第 12 章)",这与上述的研究结论似乎不谋而合。从
这个角度来看,专制君主的掠夺成性反而是他们缺乏征税权的表现。如
果他们有能力制定有效的财政税收制度,就不会依赖于事倍功半的巧取
豪夺。因为征税的成本一直以来都被人们所忽略,即使偶尔提及也是浅

尝辄止,所以我们有必要花一些篇幅来回顾一下这个层面的历史。

关于公元1800年前的税收和国家开支,我们了解的情况大致如下。对于近代早期的国家而言,政府开支主要分为几个方面:军费、民政经费、公共产品投资,以及君主的私人消费。尽管君主的私人消费对于一个普通家庭,甚至是一个扩展式大家族来说都是天文数字,但是不管在欧洲的君主国还是在帝制时期的中国,这项开支都从未庞大到影响国家的财政决策。民政经费一般说来也并不是国家开支的大宗,尽管许多官员会利用职权中饱私囊。对于欧洲国家来说,公共产品投资几乎不构成财政的负担。因为这方面的开支非常少,而且几乎所有的公共产品投资都不依赖于中央政府的收入。然而在帝制时期的中国,公共产品的供给却更加充足,而且大部分的经费都来自国家财政。不仅如此,这些开支项目还必须让民众既可以承受,又可以接受。

中国的统治者将公共产品视为维持社会秩序、强化社会控制的重要手段。他们充分地意识到,只有社会稳定才能长治久安。而要想社会稳定有序,物质的供给就必须持久而且充裕。这种衡量政权是否成功的标准对于一个幅员辽阔、外患不多,威胁社会稳定的因素主要来自内政的国家来说是很合理的。然而在欧洲,分裂割据使得每个国家面对着比较大的外部威胁,所以政治成功的标准也有所不同。虽然欧洲统治者也理解国内政治秩序的意义,他们都必须应对战争给国家财政带来的后果。在整个国家财政中,更加重要的是与其他国家竞争的开支,而不是国内治理所需的经费。

在本章所关注的几个世纪里,中国人更加关心的是怎样成功地维系一个国家,而欧洲人更加关心的是怎样成功地建立一个国家,其背后的逻辑和信条截然不同。在中国的主流意识形态中,理想的经济政策就是轻徭薄赋,国家尽量不直接干预商业。举个例来说,在中国的国内商业之中,一般很少征收过境税或其他与商品进口相关的税。尽管当时的朝廷曾经在名义上对国际贸易实行了限制性的政策(以至于隐性地提高了关税),但是中国的国内市场在长达一千年的时间里都远远地超过欧洲的市场。当然,国家的维系和运作都需要征税,所以在公元 1500 年以前,国家主要向农民征收两种类型的税——谷物和劳役。而在接下来的三个世纪里,谷物和劳役都折合成白银来征收,使得国家收入的转移和支付都更加便利、更加灵活。

在明朝,农业税又可以细分为两个类别:一类被称为"存留",即保留在州县,用于应付本地的各类行政、财政开支的部分;另一类称为"起运",即解运到京城或调拨到其他地区的部分。运送到京城的税粮(或税款)被用来支付中央政府的开支。除此之外,中央政府还在长江沿线的富庶省份加征一部分税粮,通过大运河运送到北京,以供养这个城市的人口。尽管当时并不存在一个完整的会计系统,地方官员还是会对存留本地和起运京城的税额,分别进行详细的记录。此外,户部的官员也可以在全国的范围内调拨税款和税粮,以有余补不足。这样一来,各个地方就不用为了应付某些不时之需而自行加税(Wong 即出)。

在整个 18 世纪,中国官员征收的常规性税收大约只占农业产出的 5%—10%,但是这个国家仍然可以维护河工、修筑用于灌溉的水利工程,建造大型的粮仓,以及开展其他有助于物质富足和经济发展的项目。为了达到同样的目标,清朝建立了一个更加紧密衔接的官僚系统,信息可以在各级官员之间更加顺畅地上传下达。1766 年,折合成银的土地税约占国家常规收入的 68%,盐税占 12%,商税占 11%,其他的杂项收入占 9%。如果将以实物形式征收的土地税计算进来,那么土地税占到了财政总收入的 73%,盐税约为 10%,商税为 9%,其余杂项税收为 8%(周志初 2002:29)。在比较富庶的省份,土地税的征收比例也比较高。而且富庶省份多征的部分并不是解送到中央,而是用于协济相对贫穷的省份。位于江南三角洲的浙江和江苏,是全国最富庶的地区,贡献了整个帝国接近四分之一的农业税,但是其人口的数量只占全国的 20% 不到(Wang 1973:89—90)。这些税收被用来供养军队、修建粮仓、开办学校,以及支付国内治理的各项开支。尽管现在我们很难获取准确的数据,但是可以肯定的是,帝制晚期中国的农业税率是比较低的,而且对商业和手工业的课税则比农业更低。所以即使在当时税负最沉重的省份,课征的总额也不到 GDP 的 7%。然而在 1780 年的法国,税收总额就已经达到了 GDP 的 7%。而且更值得强调的是,当时英国和荷兰的税率比法国还要高得多。

如果说中国的皇帝在财政改革方面比较保守,但是在征税的问题上比较节制,那么欧洲的君主则与之截然不同。欧洲的统治者十分热衷于寻找财源,他们制定出名目繁多的税种,并且不断地想出新的办法压榨他们的臣民。在八十年战争以前,欧洲君主与中国皇帝一样,主要依赖向臣民征收直接税。然而到了公元 17 世纪,法国、西班牙和英国财政收入的增加就主要是依靠间接税(包括关税、消费税和印花税)。另外,欧洲的君主都是积极的财政改革者,欧洲财政改革的一个重要部分就是国家借贷。事实上,欧洲君主从不满足于手头现有的资金,他们会想各种办法打破眼前的收支平衡,预支未来的财政收入。在第五章中,我们已经分析了统治者借钱的欲望对信用市场的影响。在这里,我们将进一步探讨统治者的资金需求带给国家财政怎样的后果。我们必须强调经济学家老生常谈的一个道理——国家借贷越多,就越需要通过征税来增加财政收入。因此从长远来看,国家债务增长的基础是公共收入的增长。举个例来说,在从公元 1550 年至 1850 年的三个世纪中,法国的税收都特别地稳定。但是自那以后,法国人所承担的税负却以令人难以置信的速度上升(Bonney 1995,1999)。

除了这些一般性的规律,还有一个非常值得强调的现象,即代议制国家的税收一般要高于所谓的"专制国家"(通常也被认为是"独裁国家")。自从马蒂耶斯(Mathias)和奥布莱恩(O'Brien)在 1976 年发表了那篇对法国和英国进行比较的、具有范式意义的论文,许多学者对于更多的国家、更长的历史时段进行了接力式的研究,并印证了他们的结论。

例如,在霍夫曼(Hoffman)和诺伯格(Norberg)主编的论文集(1994)中,通过对70年战争的主要参与国(英国、法国、西班牙、荷兰)1600年以后的历史的对比,也指出了这一点。理查德·邦尼(Richard Bonney)和其他一些研究者收集和整理了大量详细的财政数据,涉及一系列的国家,最后也得出了非常相似的结论(Bonney 1999)。最近,一些研究者开始关注文艺复兴初期的情况,其中斯蒂芬·爱波斯坦的研究最为突出(2000)。他的论文展现了公元1300年时意大利诸共和国运转良好的公共财政系统,这使得议会制英国在财政方面的种种成就不再显得那么突出。之所以会出现这样的情况,是因为意大利的共和国在财政和税收方面都特别勇于革新,尽管他们的代议制也只是局限于一小撮社会精英。欧洲经济史学家一次又一次地发现,代议制政府的税收实际上高于专制政府。代议制政府在公共财政问题上也更加勇于推陈出新:他们绝不满足于传统的土地税,而是大刀阔斧地开征间接税和商业税;他们发行长期的债券,并建立可以交易债券的市场。许多这类的改革措施后来被专制国家所效仿,所以这些措施给最初尝试革新的国家带来的比较优势会随着时间流逝而削减。然而,这些创新性的财政政策,的确令那些小规模的代议制国家具有了超越大国的竞争力。

中国在财政政策方面相对保守,并不意味着中国皇帝和他的臣僚就满足于待在与世隔绝的深宫禁院,让百姓们自求多福。相反,中央政府通过省级和县级的地方官员实施各种政策,以解决地方上的实际问题。公元18世纪的时候,中国拥有多达1300多个县。县一级的行政长官通常依靠地方耆老士绅,帮他们推行一种带有新儒家色彩的社会治理方案。包括修桥补路、兴修祠庙、设立粮仓、开办学校书院等。在一些地方,还有一些更加多样化的慈善活动,如抚育孤儿、救济嫠妇等。在这些地方精英中,许多人都曾经接受过针对科举考试的教育,也真心地认同地方官员所倡导的那些整齐社会秩序的原则。因为地方精英在增进地方社会福祉的方面贡献甚多,所以税收的数额可以适当降低一些。而这些税收之中,也只有一小部分被存留在州县一级的地方政府。许多地方性制度的建立和维系,都依赖地方精英出钱出力,而这也正是儒家意识形态赋予他们的责任(Wong 1994:105—126)。有的时候,地方精英似乎更希望在官府不介入的情况下,独立地料理地方事务(Mori 1969),但是更加普遍的情况是官民合作,共同出资。在一些事务上面,帝国的官员可以轻车熟路地对地方社会进行监管。但是另外一些事务,官府很难直接介入(Will 与 Wong 1991:63—69)。

对于地方公共事务,西欧人很少表现出如中国人那样的热情与关切。在理想化的设计中,欧洲国家允许地方机构或团体为了增进交往或提升公共福利而筹集资源(Bogart 等 2009)。但是现实的情况几乎从来都没有那么理想。从中世纪晚期到 20 世纪,欧洲统治者一直在毫不手软地限制地方征税和借贷的自由,并挖空心思地将地方的收入据为己有。公元 1688 年后英国变成了代议制政体,但是中央政府依然牢牢地控制着对地方公共产品(如道路、码头、运河)的投资(Allen 2009a)。地方的教区要改变征税比率,也需要征得议会的同意。这样一来,中央政府多征的税收并没有转变为地方上更充足的公共产品。唯一的例外是荷兰,这个国家允许各个行省和城市独立地运作水利事业(事实上,这部分地是因为这个国家从来没有一个中央政府)。如果公共产品真的是政治体制的晴雨表,那么中国的税收应该比欧洲高得多,但实际上中国的税收却低于欧洲。而且接下来我们将要看到,这种差异并不是因为欧洲国王沉溺于大兴土木和奢侈消费,而是因为巨额的军费开支。

国际关系

在本章的第一个模型中,税收具有两种功用——增加权力集团的收入和生产公共产品。我们可以将这两方面的活动分开来看,因为毕竟这两种活动的联结点仅在于它们有共同的经费来源。但是当我们谈到战争的时候,这个问题就完全不同了。一方面,战争是君主个人的开销。一直到法国大革命时期,欧洲的君主都极其热衷于打仗(Hoffman 与 Rosenthal 1997)。另一方面,战争尽管会带来沉重的财政负担,但也能够给经济带来戏剧性的影响。战败的一方通常会经济凋敝,战胜的一方则很有可能大发横财。另一个必须重视战争的理由是,尽管军事决定公共开支是全世界任何国家的通例,但是中国和欧洲相比还是有着根本上的不同。

为了使麦克尼和奥尔森的模型更加贴近中国和欧洲的财政史,我们必须考虑到战争的程度和范围。在我们之前,许多研究者从这个角度来解析欧洲的高税收(Bonney 1999)。战争带来的另一个不那么明显的后果是,它消解了各个国家在公共财政方面的独立性。举个例来说:我们可以设想,法国和英国的福利开支在正常情况下应该是彼此独立的,但是在战争时期就不一定了。事实上,如果一个专制国家和一个代议制国家打仗,他们必须要调动大致上数量相当的资源。这样一来,法国的税收决策就不可能将西班牙和英国置之度外(因为西班牙和英国是法国的劲敌)。我们也同样不能想象,当荷兰和西班牙激烈交战的时候,荷兰的财政体系丝毫没有刺激西班牙人进行财政改革。在后文中我们将会看到,在战争的压力之下,欧洲所有类型的国家都提高了税收。换句话说,欧洲和中国的差异可以从两个维度进行思考:一方面,战争给中国和欧洲带来了如此不同的历史经验,也使得中国的税收从总体上低于欧洲;另一方面,即使不考虑战争的影响,代议制国家和专制国家还是有着根本上的区别。对于研究者而言,怎么样在历史书写中将这两个方面整合起来呢?

要回答这个问题,我们首先必须认清的是:所有的国家都不得不将至少一部分资源投入到战争这项公共开支中,因为它关系到这个国家的安危存亡。在栏 6.2 中,我们用数学公式展现了这个问题的细节。如果一个国家没有军事方面的投资,它的经济也注定无法保全(通常是被人全盘夺走）。一个经济系统若没有道路、学校和社会福利方面的开支，或许尚能苟延时日。但是如果一个国家没有军队，它就注定会被别的国家所吞并，波兰三次被瓜分的历史就清楚地证明了这一点。当军事方面的投资增加时，经济可能一开始会稍有收缩。但是如果投资高到一定的程度，经济最终会因此而获得发展的机会。当然，军事方面的投资会影响到人们纳税的意愿，也会影响到公共产品投资的收益。但是人们的产权又会发生怎样的变化呢？在殖民地时期的美洲，殖民者每征服一地，必然会大肆地掠夺。波兰被瓜分的过程虽然没有如此的惨烈，但也只有接受俄国、普鲁士、奥地利统治的地方精英，才有可能保住他们的产业。在历史中我们还可以看到，许多征服战争其实得到了大量的民意支持，所以我们可以断言，无论对于君主而言还是对于民众而言，征服总是比被征服要好。

栏 6.2　将战争的变量引入模型

假定战争是一场赌博 $W(w)$ 且 $W(0)=0$。函数 $W(w)$ 是递增且凹的。如果 F 足够小，那么权力集团在和平时期就已经最大限度地征收了税费，所以他们只能用平时征收的税款来应付战争和发展公共产品。

$$\pi_w = W(w)(1-t)R(t)FY(G) + W(w)tR(t)Y(G) - G - w \text{ 并满足 } G+w \leqslant tR(t)Y(G)$$

$$\frac{\partial \pi_w}{\partial t} = W(w)FY(G)\left\{-R(t)+(1-t)\frac{\partial R}{\partial t}\right\} + W(w)Y(G)\left\{R(t)+t\frac{\partial R}{\partial t}\right\} = 0$$

上式可化简为 $\dfrac{\partial \pi_w}{\partial t} = F\left\{-R(t)+(1-t)\dfrac{\partial R}{\partial t}\right\} + \left\{R(t)+t\dfrac{\partial R}{\partial t}\right\} = 0$

$$\frac{\partial \pi_w}{\partial G} = W(w)\{(1-t)R+tR(t)\}\frac{\partial Y(G)}{\partial G} - 1 = 0$$

$$\frac{\partial \pi_w}{\partial w} = \frac{\partial W}{\partial w}\{(1-t)R(t)FY(G)+tR(t)Y(G)\} - 1 = 0$$

$$t^* = -\frac{R}{\dfrac{\partial R}{\partial t}} - \frac{F}{1-F}$$

$$\frac{\partial Y(G)}{\partial G} = \frac{1}{W(w)[F+(1-F)t]R(t)}$$

$$\frac{\partial W}{\partial w} = \frac{1}{R(t)FY(G) + [t(1-F)R(t)Y(G)]}$$

如果存在着一个临界值$\hat{F}_w$,使得约束条件具有限制性$[G+w=tR(t)Y(G)]$。换句话说,当权力集团在全体人口中的比例大于$\hat{F}_w$的时候,他就不会从税收中提取净收益分给其集团的成员。然而在集权体制下,即使在和平时期税收也是最大化的,公共产品的开支则是最小化的($F=0$)。所以战争的开支是随着F递增的。

公共产品的投资也依赖战争的收益。也就是说在F一定的情况下,那些发了战争财的国家($W(w)>1$)就会获得更多的公共产品投资,而那些在战争中亏蚀了资财的国家($W(w)<1$),公共产品的投资就会缩减。

当权力集团在全体人口中比例是$\hat{F}_w$,且$W(w^*)=1$,战争不会对现状有任何影响。当$F<\hat{F}_w$的时候,公共产品投资将与和平时期相等。当$F>\hat{F}_w$的时候,

$$t^*(F)=t^*(\hat{F}_w), G^*(F)=G^*(\hat{F}_w)。$$

也就是说,$F>\hat{F}_w$的国家在面对战争的时候,税收会比和平时期增加,公共产品投资会比和平时期减少。

对于权力集团来说,供养军队就意味着要调整在其他事务上的开支。我们首先来看一个专制政府会怎么做。在麦克尼和奥尔森的模型中,专制君主在和平时期已经最大化了税收收入。那么当这个国家面对战争的时候,征税的比例已经无法变得更大了。所以公共产品的投资就可能出现两种情况:那些没有发到战争财的国家,其公共产品投资会在原本就很少的基础上进一步缩减;而那些在战争中赚得盆满钵满的国家,其公共产品的投资则会显著增加。然而无论如何,在战争情况下,专制君主对于公共财政收益的净支配能力减弱了。不论是我们现在讨论的这个模型,还是其他许多的研究都认为:政治竞争确实可以减少腐败,其程度取决于有多大比例的资源被转移到军事方面(从而脱离腐败者的掌控)。除了专制独裁的政权之外,我们还要看一下代议制政权在面对战争时会发生些什么。在这个模型中,权力集团的规模增大,税收就会降低,而公共产品的开支和战争的开支则会增加。前文还提到,当权力集团的规模大到一个临界值的时候,他们会把一个国家的所有税收都用

于发展公共产品。在一个无须应对战争的经济体中,这个临界值会降低。但事实上,不管权力集团的规模有多大,在战争时期投入到军事和公事产品中的资源,都会大于和平时期。因此在战争时期,国家开支变化的曲线一定会更早地与税收变化的曲线相交(税收还是会随着权力集团的规模增加而降低)。对于那些税收等于公共产品投资加军费的国家而言,战争一定会提高税收,而战争对于公共产品的影响,则取决于这些军事行动能在多大程度上有效地保护私人经济。

战争使我们更容易看到:一个处于和平时期的专制国家,可能会比一个自由主义国家更着力于发展公共产品。因为真实的战争是代价高昂、收益有限的(战争通常会令经济残破,需要花很多时间才能复苏),在此期间,公共产品的投资必然会非常之低。这就可以解释,为什么中国的皇帝投入到公共产品上的资金比例大于欧洲的君主。在欧洲,军费是国家开支中最重要的一个部分,通常会占到政府收入的 70% 至 90%(Hoffman 与 Rosenthal 1997)。这其中的原因很简单:欧洲的主要国家基本上是一半的时间处于战争,另一半的时间处于和平。但即使是在和平时期也并不能高枕无忧,仍然要支付大量的军费。事实上,欧洲各国崛起的历史正是一部军备竞争的历史。在前面章节中提到的财政改革,其最重要的动力也是统治者不断地寻找必不可少的资源来供养军队。他们不断地增加税收,开辟新的财源,并想尽办法地将临时的(非常规的)税收变为永久的(常规的)征派。由此可见,战争不仅导致了欧洲的高税收,而且是欧洲财政变革最有力的推手。

尽管帝制时期的中国不像欧洲那样战乱不息,但也并不是完全没有敌人。所以中国皇帝在长达几个世纪的时间里,都供养着世界上规模最大的常备军。在清朝的时候,军队消耗着相当大一部分的国家收入。修筑和维护举世闻名的长城就是一项重大的军事开支。除此之外,帝制晚期的中国还在边境和内陆的心腹要地派驻了大量的军队。除此之外,18世纪的几次重要战争使得满洲统治者的军队挺进到内亚地区,将大片明朝未曾统治过的区域纳入版图,然而这一切都是代价高昂的。在此之后,中央政府必须要将常规岁入的50%以上用于养兵。这方面的详细数据目前还有待于进一步收集,但是现有的研究已经显示出:在18世纪中期的时候,每年的军费大约为2300万两白银,而国家每年的财政收入约为4100至4200万两(周育民 2000:36—38)。由于当时欧洲和亚洲的财政数据都极不准确,所以我们不能完全相信这些数据,只能将其视为参考性的。但是这些数据的确可以说明,欧洲君主用在军事上的资源和经费占其财政收入的比例远远多于中国皇帝,而要比较军事支出占整个国民生产总值的比例则差异更大。

尽管在今天的人看来,将国家收入的一半用于养兵实在是惊人的大手笔,但是至少还留下了相当大的一部分用于发展公共产品。当时的欧洲人甚至还做不到这一点,而且在本章所探讨的几个世纪之中,中国和欧洲用于发展公共产品的财政资源,其实也有着很大的差异。欧洲的君主只能用不到五分之一的税入去支撑非军事类的支出,但是中国的皇帝却可以用一半的财政收入去发展公共产品、充实官僚系统和解决个人用度。此外,至少到1830年,中国并没有像欧洲那样面临着不断增长的军费需求。事实上,在相当长的历史时段,统一的中央王朝并未遭遇严峻的外部威胁。在这些长久的和平时期中,中国臣民已经习惯于政治较高的公共产品投资水平,那么当外患严重而必须缩减公共产品投资时,就很有可能引发国内的动荡和叛乱。由此可见,要比较中国和欧洲的历史,战争是一个不可或缺的维度。

另外还需要强调的是,近代早期的欧洲统治者如饥似渴地提高税收,并不是基于一种截然不同的意识形态。不论是在中国还是在欧洲,所谓"好政府"的理念都强调轻徭薄赋、收支平衡,以及对公共服务的慷慨支持。法国国王享利四世和他的首相苏利公爵(duc de Sully)树立了一个17世纪好政府的典范,其核心举措就是恢复国内秩序、促成经济复苏、保护宗教少数派的私有产权,以及最令人称道的低税收。一个半世纪以后,勃艮第的庄园主难以忍受路易十五的首相对他们的各种索取,就曾经委婉地提醒凡尔赛的当政者:国王的财政之所以面临着种种危险,就是因为它被卷入到战争之中。要想保持这个国家的长治久安,必须采用节俭谨慎的理财之道(Potter 与 Rosenthal 1997)。

但是像法国人那样以建立好政府自励,在当时是极其少见的情况。为了打仗,欧洲的君主想尽一切办法寻找财源,甚至不惜违背民意。对于当时的民众而言,应该效忠的只有自己的领主,要劝说他们去支持领地之外的任何其他统治者都是相当困难的。更重要的是,如果战争胜利了,君主将是最大的受益者;但是如果战争失败了,背负重担的还是普通的民众(Hoffman 与 Rosenthal 1997)。因此,欧洲长时期的战乱和动荡意味着军事开支和由此而来的税收负担,造成统治者和民众之间长期处于一种紧张对抗的关系。

然而,并不是所有的亚洲国家都保持着低税收、低军费的财政结构。直到 17 世纪,东南亚还处于分裂割据、扰攘动荡之中。直到近代早期,泰族人、越南人、马来人和缅甸人之间还处于混战不休的状态,而且这些较大的族群还与东南亚大陆和岛屿上的一些少数族群长期争斗。所以,像中国那样相对平衡稳定的政治格局,也只是亚洲诸多政治生态中的一种。换句话说,并不是只有欧洲的君主才穷兵黩武。奥斯曼帝国和莫卧儿帝国的建立者用武力征服了广大的领土,并使这些领土能够支撑庞大的军队。在这些帝国的政治架构之中,首要的目标就是实现永不停息的政治扩张。相比而言,清朝也和在它之前的一些朝代一样,扩展了中国的版图。但是清朝统治者真正的政治智慧,却在于改进了从前朝继承过来的帝国行政系统,使其能够以较低的成本提供各种类型的公共产品。

欧洲的统治者也充分地认同中国式的"好政府"理念,虽然他们或许并没有将这一套理念与清朝联系在一起。前文中我们提到了法国的例子,但事实上这样的观念在当时的欧洲流传甚广。如果欧洲统治者听从一些早期经济学家（其中最著名的是亚当·斯密）的建议，他们一定会大大地降低税收比例，以达到中国的政策制定者所极力追求的统治目标。除此之外，他们还会为扩展市场而取消国内的贸易障碍，这些改革定会使他们的国家看起来更像中国。然而不幸的是，对于当时处于建国阶段的欧洲君主而言，供养军队和扩展行政机构才是当务之急，他们不可能有机会像斯密设想的那样低税治国。或许他们最好的选择也是像斯密建议的那样：一方面承认君主需要更多的收入，一方面尽可能地用对经济损害最小的方式征收必不可少的税收。

在上文中，我们比较了两类截然不同的政治体制。一类是将国内开支放在首位，另一类则更加关注国际竞争。这种比较可以提供以下几个方面的经验：第一，将战争纳入分析的过程，有助于解释为什么欧洲君主的开支总是比中国皇帝更大；如果说专制君主总是会最大限度地聚敛财富，那也就等于是暗示像中国这样的专制政权的税率，一定会高于英国、荷兰这样的代议制政权。事实上，如果我们假设专制君主的贪欲是不受限制的，他们总是位于拉弗曲线最顶端的位置，那也就是说民主国家只有在最极端的情况下才会用相似的方式征税。因为在和平时期就最大限度地征收了赋税，所以在发生战争的时候，专制君主只能掏自己的腰包，而战争时期的税率也会与和平时期相差无几。第二方面的经验与开支方式有关。在任何一个国家，战争都会挤压公共产品的投资。这样一来，中国皇帝可以将更多国家收入投向公共产品，就变得比较容易理解。但是还有一个很重要的事实与上述结论是矛盾的，那就是中国的专制君主事实上比欧洲的专制君主征税更少。如果将征税所带来的其他成本纳入分析，那么我们的模型就能很好地包容这个事实。在下一节中，我们将进行这方面的论述，但是现在我们想更加深入地谈一谈从这个模型引申出来的几层隐含之意。

第一层隐含之意是，近代早期欧洲的政治竞争是代价极其高昂的。在公元 1700 年以前，欧洲君主所征收的高于中国的那一部分税收，很少被投入到基础设施建设之中。[①] 在本章的开头,提到了当代专制主义和自由民主在国内政治中的竞争,以及这种竞争所带来的良性后果,但是这种模式不能被原封不动地套用到国际关系之中。事实上,让欧洲统治者的欲求空前一致的那种政治竞争,正是以大量的军费开支为前提条件的。政治竞争当然会对统治者形成一定的约束,政绩不佳的统治者一定会被取代或被外来势力征服,但是政治竞争本身也是需要资源的。在公元 1500 年至 1789 年期间,尽管欧洲独立国家的数量减少了,但是主要国家(包括英国、法国、西班牙、葡萄牙、荷兰、佛罗伦萨、威尼斯,以及奥斯曼土耳其帝国)的规模却变化甚微。当然,奥匈帝国和普鲁士也作为欧洲新兴的政治力量而崛起,许多国家也通过海外殖民来扩大自己的势力范围。然而在欧洲内部,尽管政治、军事竞争愈演愈烈,却很少有统治者被彻底打垮。由此可见,政治竞争对于欧洲的历史进程只起到间接的作用,如促进资本市场的发育、推动殖民帝国的建立等。而那些在欧洲本土爆发的战争,大多却是代价高昂且收效甚微的。

　　第二层隐含之意涉及民主制度,或者说是代议制的政体。这种制度所倡导的自由其实是以非常高的税收为代价的,因为这类国家通常比较小,而且还要面临着强大的、专制主义的对手。在 1800 年以前,长途旅行所需的时间和费用都很高,所以代议制只能在国土面积非常小的国家内实行。在威尼斯,定期召开议会并不是一件难事。但是在法国、英国、荷兰和西班牙的某个省,定期召开议会就非常困难。而要在整个西班牙定期召开议会,那几乎就是天方夜谭。国家小意味着国内各地的人口密度和人均收入水平相差甚微,所以小国都必须征高额的税收以维持军队,以震慑法国、西班牙、哈布斯堡这样的大帝国。如果我们通过人均占有资源的数量来衡量经济是否成功,那么军事上的成功从很大程度上来说,就取决于一个国家

[①] 在此之后,一些国家为了调遣军队而修建了道路,这些道路也同时有利于改善交通条件(参见 Arbellot 1973)。

能投向战场的资源总量。下面我们就以 18 世纪初期的英国和法国为例来说明这个问题。那时,不列颠群岛(英格兰、苏格兰、威尔士以及爱尔兰)的总人口约为 9 百万,而法国的人口则大约是不列颠群岛的两倍(de Vries 1984)。尽管相比而言,英国的财政体系可能更加有效率(Brewer 1989),而且英国的平均国民收入水平也更高一些,但是这两方面的优势都不足以战胜那个虽然代议制并不彻底,但是人口和总收入都更大的法国。所以当时的英国就像荷兰和威尼斯一样,税率随着战争的指挥棒发生变动。而且这个税率的大小还深受与之竞争的、非代议制的专制国家的影响,并不能完全基于国内情况而定。所以尽管当时的财政制度要求降低税收,但事实上不仅做不到,而且税率一直居高不下。

如果充分考虑到战争对于财政制度演变的重要意义,就比较容易理解中国和欧洲在财政方面最大的一个差别——公债。一直以来,中国都没有足够的动机和意图去发展公债。直到鸦片战争后,中国政府和列强签署了一系列灾难性的条约,情况才发生了变化。从 1850 年代到第一次世界大战期间,中国政府所借的大部分债务都是为了偿付战争赔款,因此也就对经济无甚助益。相反的,欧洲国家从中世纪开始就毫不节制地借钱。而且国家都是通过信用市场借钱。绝大多数情况下借来的钱并不是投资于公共基础设施,而是支付军费。借债之所以那么有吸引力,是因为它使统治者可以预支未来和平时期剩余的国家收入,在最紧要的关头扩充军队的规模和装备。这对于实行代议制的小国尤为重要,因为他们通常也会面对规模大得多的敌人。如果没有信用市场,荷兰不可能战胜西班牙,英国也不可能战胜法国。拥有自由裁量权的专制统治者可以大手大脚地花钱,但是想要增税却要受到宪法的制约,而借债的信用市场却可以使他们无需增税也可以扩大收入(Drelichman 2005)。正是因为公共债务上的差异,致使欧洲比中国经历了更多的财政变革。但是战争推动下的财政变革,其实也是一把双刃剑。毫无疑问,战争促进了经济的货币化(因为君主们更愿意将国家收入变现为货币,并用这些货币去供养专业化的军队,而不愿再依赖封建臣属的效忠)。这样的货币化当然有助于市场的扩展,而且显然还加快了证券市场的成长,扩充了一些与政府债务密切相关的公司的股本(例如英格兰银行),培育了一些政府特许的垄断行业。这种规模效益不仅有利于提升金融市场的效率,对于私人投资者也有相当程度的裨益。但是由战争催生出来的财政金融政策,其负面效应也不容忽视。欧洲各国税收政策对贸易的扭曲程度,是当时的中国人绝对不能想象的。这些国家的统治者还经常操纵货币贬值,或者用各种方式降低那些面值以法定货币计价的金融合同的安全性。他们还视违约为家常便饭,甚至亲手导演了一次又一次波及面巨大的金融崩盘。菲利普二世统治时期的西班牙和1719—1720年摄政时期的法国,就曾经出现过这样的情况。

给独裁者施压:退出和呼吁

尽管信用市场的发展可以帮助我们理解,为什么欧洲那些富裕的小国可以在激烈的竞争中生存下来,但却不足以解释,为什么中国的税收水平会那么低。事实上,对于一心希望捞钱的独裁者来说,经济本身并不构成实质性的障碍。因此人们采取政治行动的意愿,就成为限制独裁者肆意征敛的决定性因素。当代的证据显示,人们可以承受相当高的税率(高到30%),而不至于对正规经济造成严重的影响(美国人要缴纳高于20%的收入税,州税通常为7%,社会保险和其他的杂项税收加起来还有4%至5%。欧洲各国的税率尽管有所不同,但是将所有税收全部相加之后,税率也与美国相差无几)。如果税率高到30%至40%,正规经济仍然没有明显地萎缩,那么在不考虑政治压力的情况下,一个独裁者至少可以将税收比率提高到这样一个水平。但是在今天的世界上,只有那些资源丰富、统治者可以控制出口的国家才能够征收重税,其他的独裁者也只能依靠低得多的税收维持用度。在1800年前的中国和欧洲,国家收入的大部分都来自国内资源,提高税收的成本是非常之高的。既最大限度地征收赋税,又不至于引起民怨沸腾,这需要做非常微妙的考虑与平衡(Levi 1989)。在这里,我们借用了阿尔伯特·赫希曼关于公司治理的洞见来解释政府行为。我们认为,不论是专制国家的臣民还是民主国家的市民,都可以用两种方式来影响统治者或官员的财政决策。这两种方式分别是"退出"和"呼吁"(Hirchman 1970)。

我们所定义的"退出",是指民众不认同统治者的所作所为时,采用各种回避正面对抗的策略,使统治者无法获得预期的收入。这些策略包括移民到公共开支和个人机会更多一些的国家,也包括转移到非正规的经济领域。当税负过于沉重时,或者当政府在公共产品上的开支过于吝啬时,一个家庭就有可能做出上述的选择。这种消极的抵抗一般不会严重地削弱一个政权,但是它可以让统治者看到攫取资源也是有代价的,也可以提醒统治者克制自己的贪欲,在公共服务上投入得更多一些。

除此之外,还有一种方式能够更加有效地吸引统治者的注意,但是代价也更大,这就是我们所说的"呼吁"。它包括旨在制定新税制的机构,如西班牙议会和法国三级会议,以及有组织的抗议和武装叛乱。无论一个政权是民主的还是专制的,这种方式都会比较有效。在其震慑之下,税收和国家开支都不会过分地逾越民众的底线。但问题是,人们交税的意愿不仅仅取决于税率的高低,也取决于政权的性质。在栏 6.3 中,我们设计了一个模型。在这个模型中,经济的产值随着税收的增加而降低,其降低的程度直接取决于控制经济的权力集团的规模(独裁者一个人构成一个权力集团,民主国家的权力集团至少包括半数的人口)。尽管有许多其他的方式可以描述"退出"和"呼吁"对于国家财政的影响,但是这种方式显然是最简单的。它还能够显示出,只要控制税收和国家收入的权力集团规模足够大,能够有效地扼制对税收的贪占,政治改革的红利就不会很快地耗尽。在这个模型中,我们并没有站在专制君主的角度,分析他如何为了增加国家收入而承诺或提供更多的公共产品,因为这样一个互动过程有太多的不确定因素。如果人们交税的意愿和政权的包容性同步提升,那么国家收入、公共开支和军费也会随之而增加。另外正如前一节中所提到的,处于战争之中的国家也会比处于和平时期的国家征税更多。我们经过反复的斟酌,得出了一个与此前完全不同的对中国和欧洲进行比较的模型。中国的统治者并不能简单地用"专制"或"独裁"来形容。他们充分地认识到:一个处于和平时期的经济体系,理应比战时经济体系提供更多的公共产品(即使是在今天,如果中国军费开支的比例像美国那样大,中国基础设施建设的速度一定会大大减缓)。除此之外,这个模型也再次印证了,与代议制政府相结合的欧洲政治和财政变革,具有非常重要的意义。

栏 6.3 将"退出"和"呼吁"引入模型

若要将栏 6.1 和栏 6.2 的结果整合起来,关键是要理解:不管处于什么样的政体之下,不管国家行为有多大的差异,税收都会对正规经济形成同等的破坏。在这种前提之下,一个贪婪的独裁者总是会选择最高的税率。但是我们知道,人们是否逃税取决于他们认为税收是合法的,还是会被腐败的权力集团贪占。人们对于税收合法性的判断,则取决于代议制的程度(F),以及权力集团在多大程度上逼迫人们弃他而去。

这就意味着,因民众避税而对经济造成的损失($1-R(t)$)取决于 F。换句话说,$R(t,F)$ 使得

$$\frac{\partial R}{\partial t}<0;\frac{\partial R}{\partial F}>0;\frac{\partial^2 R}{\partial t \partial F}>0。$$

权力集团继续最大化同样的目标函数:

$\pi=W(w)(1-t)R(t)FY(G)+W(w)tR(t)Y(G)-G-w$ 并满足 $G+w\leqslant tR(t)Y(G)$

我们声称,如果人们缴税的意愿足够迅速地随着 F 而增长$\left(\frac{\partial R}{\partial F}>0\right)$,那么$\frac{\partial t^*}{\partial F}>0$。

与前面的例子一样,我们还是要假设存在一个临界值$\hat{F}$,使得 $G+w=tR(t)Y(G)$。在 $F>\hat{F}$的情况下,这个约束条件仍然具有限制作用。但是因为征税成本降低了,所以税收还是可以增加到足够发展公共产品和应对战争的程度。

在 $F<\bar{F}$ 的情况下,因为这个约束条件不具有限制作用,公共产品和军事方面的开支将会持续增加,就像前面的例子所展现的一样。

因此,关键在于 F 的变化如何导致 t^* 的变化

$$\frac{\partial \pi}{\partial t}=W(w)F\left\{-R(t)Y(G)+(1-t)\frac{\partial R}{\partial t}Y(G)\right\}+W(w)\left\{R(t)+t\frac{\partial R}{\partial t}\right\}Y(G)$$
$$=0,$$

因为 $W(w)Y(G)$ 在每一项中均有出现,所以上式可化简为:

$$\frac{\partial \pi}{\partial t}=F\left\{-R(t)+(1-t)\frac{\partial R}{\partial t}\right\}+\left\{R(t)+t\frac{\partial R}{\partial t}\right\}=0,$$

并且,

$$\frac{\partial^2 \pi}{\partial t \partial F}=-R(t)+(1-t)\frac{\partial R}{\partial t}+\frac{\partial R}{\partial F}(1-F)+\frac{\partial^2 R}{\partial t \partial F}(F+t-tF).$$

上式中的头两项 $(-R(t)+(1-t)\partial R/\partial t)$ 是负值,介于 -1 和 0 之间,涵盖了人们常规的避税反应;上式中的第 3 和第 4 项 $\left(\frac{\partial R}{\partial F}(1-F)+\frac{\partial^2 R}{\partial t \partial F}(F+t-tF)\right)$ 是正值,反映了在选举权扩大的情况下人们缴税意愿的增长。当"无代表不纳税"成为人们的共识时,后两项远远大于前两项。

此前的研究认为,民众间接、隐晦地表达出来的退出威胁,使得中国皇帝在税收问题上表现出一定程度的克制。但也正是同样的原因,致使中国最高统治者在面临 19 世纪的政治危机时,仍然不敢增加税收以筹集必要的财政经费(M. Li 2003)。在中国,"仁政"的概念就是轻徭薄赋和提供公共产品。一直到清朝,帝国的官僚机构都极力地宣称,自己是这套原则的忠实践行者,并用各种方式让民众相信,既使政府行为表现出对这套原则的偏离,那也一定是为着某些公共的目标。从水利工程方面,就可以明显地看出这一点。如果政府是通过增加常规的公共收入来支持这项昂贵的基础设施建设,这类项目就是最容易滋生腐败的温床。但是当时的中国政府,却常常用群众动员的方式组织水利建设。重要的问题常常是在短时间内集中资金和人力来解决。据周志初估算,在 18 世纪的时候,常规性的河流治理和水利控制项目,每年大约要花费白银 200 余万两(当时国家每年

的经制性财政支出大约为 4100 万至 4200 万两)。临时性的维修和保养,
每年大约要花费 150 万两。除此之外,江浙沿海一带管理海防工程的费用,
每年大约还要花费 50 万两左右。这样一来,河工塘工合计每年约需支出
经费 400 万两,其中大约有一半都是非常规性支出(周志初 2002:27)。在
基础设施建设方面,群众动员方式较之常规项目有明显的优势。它一方面
使得皇帝能够调动更多的资源,另一方面也使民众相信,他们所提供的资
源都用到了某项具体的工程,而不是莫名其妙地被国家所侵吞。

事实上,在另外一些基础建设项目上,也采取了群众动员的方式。
例如仓储体系,也是依赖周期性的群众动员以扩充规模,并调集和储存
更多的粮食。从 17 世纪末到 18 世纪末,帝国政府正是用这种方式积贮
了成千上万吨的粮食(Will 与 Wong 1991)。与水利工程不同的是,仓储
体系的扩充不会带来生态上的危险,尽管也有官员担心各级官员会因此而
过多地干预市场。但是与水利工程相似的是,通过群众动员的方式调集人
力和资源来建设粮仓,增加积贮,也是一种更加便利和有效的方式。

中华帝国长期的和平,使得统治者和其臣民都十分依赖上面所提到的
国家建设策略。在欧亚大陆的另外一端,国王的非常规性收入通常也通过
类似于中国式的群众动员方式来筹集。近代早期欧洲的每一个统治者,都
既有常规性收入又有非常规性收入。非常规性收入是为着某种特殊用途
的专项拨款,到某一个预定的时间就必须终止。但是说这类收入的筹集类
似于中国的群众动员,其实是一种错觉。欧洲的统治者从来没有成功地建
立起一个像中国那样的财政体系,让民众相信他们所缴纳的财富都被用到
了合理的地方。这个失败可以归结为许多原因,最重要的一个就是欧洲君
主的非常规性收入基本都用于打仗,很少用于提供公共物品。① 国王们不
可能信守他们的诺言,将钱花在国内的公共物品上,因为他们实在是有

① 当然也有一些例外,比如 18 世纪的法国就曾经投资修建皇家道路。但是值得强调的是,这些
　皇家道路的修建其实是一种政治策略,而且直到工业革命前夕,才出现了这样的投资。

太多的仗要打。这些战争的成本甚至高到让国王们压缩自己的个人消费，将省下来的资源用在军事和最基本的国家行政上。即使是极度崇尚奢华的法王路易十四，也必须缩减自己的开支。我们有理由相信，如果能够避免"奥格斯堡同盟战争"和"西班牙王位继承战争"的话，他不仅能够大幅度地降低税收，甚至还能够修建十座凡尔赛宫。①

此外，通过税收而集中起来的资源，并没有用于国家治理的特定需要，而是大多流入了国库。所以民众通常也不赞成为发展公共物品而征税，因为他们很清楚，一旦战争爆发，这些钱最后还是会成为军费。更进一步地说，在当时那种贫穷匮乏的经济条件下，征如此之高的税是民众们极不愿意接受的。他们宁愿将自己的收入留下来养家糊口，而不愿意将这些钱用于修建更好的道路，或者兴办他们根本上不起的学校。但是令人费解的是，在欧洲历史上，很少有君主因为将国家资源用于他们最热衷的战争而受到惩罚。

下面我们来看一看那些侵吞社会福利资源的统治者们（其中最著名的就是将大批教产收归国有的英王亨利八世）。在 17 世纪的法国，教育和慈善事业最主要的兴办者——天主教会，要向国库缴纳补贴费（在当时称为"免费的捐赠"）。这些钱在名义上用于帮助国王征讨异教徒（Michaud 1991）。可是当国王将这些钱挪用作一般经费时，教会还是必须要定期缴纳这笔赞助。尽管双方可以就此进行协商，教会也有退出的权力，但是国王最终还是没有受到任何实质性的惩罚。同样的，欧洲人也有很多的机会以"退出"的方式惩戒倒行逆施的统治者，但是最后的结果仍然是：国家收入不断增长，战争开支不得人心。这和当时中国的情况截然不同。

民众很难通过"退出"的策略倒逼路易十四改弦更张。于是，欧洲人

① 据理查德·邦尼（Richard Bonney 2007）估算，凡尔赛宫的修建成本为 9200 万里弗，而这只占路易十四半个多世纪统治期内全部税收的不到 2%。

越来越多地依赖"呼吁"的策略。而人们对于"好政府"的定义,也不仅仅局限于低税收,而是灵活地调整为"无代表,不纳税"。在后来的美国独立战争期间,这也成为最响亮的政治口号。因为社会精英有了发声的途径,所以欧洲的专制君主——即使是最热衷于绝对专制的那些——都无法成为财政上的独裁者。他们在征税方面,以及有时候在怎样花钱方面,都要面临着许多严峻的限制。在某一些领域,他们可以比较随心所欲地征税,但是绝大部分的税率都必须在征询议会后才能决定。尽管有些统治者可以长时间不理睬议会,但是要想在不召开议会的情况下增加财政收入,基本上是非常困难的。事实上,如果我们想要理解近代早期欧洲的公共财政,就必须要首先理解那些至关重要的影响收入和支出的制度。

为了征税,近代早期的欧洲君主采用了各种各样的策略。一开始,税款是由那些有义务向国家提供某种服务的人征收的。在封建时代,国王的税收理论上说是来自他自己的领地,他可以命令自己的封臣周期性地提供军事服务,通常是一年六十天。但是这样的安排远远不能满足实际的需要,因为现实的战事总是比军事义务所规定的时间要长,而封臣们也没有足够的动力向封君提供高质量的军事服务。因此,国王不得不另想办法解决战争经费。他们可以与臣民重新商定军事义务的内容,也可以将国内有影响的人聚集在一起进行讨论和协商。这种协商机制在英国称为议会(Parliament),在法国称为三级会议(Estates General),在西班牙称为国会(Cortes),在神圣罗马帝国称为帝国会议(Diet),另外还有其他一些名称。因此我们不妨将其称为"代表大会"(estates)。尽管在这些机构中,被代表的对象有所不同(例如,西班牙国会所代表的大部分是城市,英国议会所代表的大部分是新贵族),但是有一点是毋庸置疑的,那就是:这些代议机构在税收方面有着制度性的发言权。只有代议机构认为国王所提出的税收政策符合他们的利益和主张,他们才会松开自己的钱袋子。

由代议制机构批准的税收有两种：一种是普通税（即统治者在有生之年都可以征收的税种），另一种是特别税（即在战争结束后，或者在某个特定的时期之后，又或者在达到了某个预先设定的征收数额后即停止征收的税种）。这些税收包括直接税，如土地税、人头税和资本利得税，也包括间接税，如营业税和通过税等。一旦某项税收得到批准，就会有一些机构介入到其中，征收相应的款项。有些时候，税款是由政府的公务人员征收的；有些时候，则是由被授予征税权的个人或商号征收的。在这两种情况下，对基础设施的投资之大都到了惊人的地步——这也进一步说明了欧洲君主对增加收入的执着。

虽然君主们为了增加收入进行了这些制度上的建设，当时欧洲的税率上升还是相当缓慢的，因为统治者总是面临着许多的问题。首先，统治权基本上是一个私人层面的事情。也就是说，两个彼此独立的地区即使有一个共同的君主，它们在财政上也并不一定是统一的。例如，尽管卡斯提尔和阿拉贡在斐迪南二世和伊萨贝拉一世统治时期成为共主联邦，但这也只是确定了后世君主的世系传承。当他们的继承人希望增加税收的时候，他们必须要分别与各省的代表进行协商。也就是说，他们不仅需要与卡斯提尔和阿拉贡的民众代表大会进行协商，还需要征询加泰罗尼亚和其他北方省份的相似机构。欧洲各国财政统一的步伐非常缓慢，许多国家直到公元19世纪都没有完成（Dincecco 2010）。在南欧、欧洲大陆和英伦三岛都有这样的情况。直到公元1707年，英格兰和苏格兰还是由同一个国王分别统治，而爱尔兰的统一则更是迟至公元1801年才得以实现。这种条块分割的统治带来两个方面的后果：第一个后果就是"搭便车"的问题，每个地区都希望由其他地区承担公共产品的成本。国王能够期待的最好的结果，就是首先与一些影响力较大的地区达成增税的协议，并说服其他地区渐次效仿。至于这种努力是否能够成功，则主要取决于国王的财政目标是否能得到人们的支持；统治权分割的第二个后果就是，增加了与偏远地区协商的成本。因为协商和征询的基本原则是,国王必须亲自来到这个地区,当面向地方代表会议提出增加税收的要求。当然,如果国王的目标是讨人喜欢的,这种面对面的讨价还价其实根本就没有什么必要。但是更常见的情况是,民众对于国王的要求并不积极响应,甚至是完全拒绝。这样一来,国王就面临着一个两难的窘境:是硬着头皮造访那些桀骜不驯的地区,还是用手头有限的钱勉强度日。正因为如此,不同地区的财政负担也迥然有别(Hoffman 与 Rosenthal 1997;Beik 1989;Elliott 1986;de Vries 与 van de Woude 1997;van Zanden 与 van Riel 2004)。

对于近代早期的欧洲君主而言,要在不同的地区之间进行财政平衡,还要就征税问题与地方精英讨价还价,实在是相当令人头疼的事情。这件事不仅占用了他们太多的时间,而且还有可能使其他社会阶层有机可乘。所以在每一个国家中,君主都在努力地改变策略,回避代表会议。在这种策略取得成功的地方,就建立起了绝对君主制。在实行绝对君主制的国家,国王可以不依赖于代表会议,自由裁量国家的开支。国王可以让代表会议靠边站,但是这样做其实要付出相当大的代价。因为在缺乏咨议程序的情况下,任何常规的税都没有办法征收。所以,抛开代表会议并不意味着税收固定下来了,而是意味着国王必须要另想办法获取财政收入。

在想办法获取国家收入方面,国王还是有一定的转圜余地,因为他不仅是这个国家的最高行政长官,也位于整个司法体系的顶端(North 与 Weingast 1989)。他的行政职能使他至少在货币流通的某一些环节上具有自由裁量的权力,也使他能够在一定程度上左右征缴税收的机构。而国王的司法权,也使他在保证国家收入方面有相当的自由度。事实上,国王的司法调控权就是增加国家收入的利器,最常见的就是出售公共产品的垄断权。

由此可见,在欧洲的历史上,统治者通常在如何赚钱和如何花钱这两个方面遭受到不同程度的限制。概括起来说,地方精英可以限制国王征税,却不可能限制国王如何花钱。而相反的情况——地方精英不能决定征税比例,却能在财政开支方面给予国王有效的建议——却是不太可能发生的事情。因此在我们的讨论中,也会更加注重国王在征收层面遭遇的限制,而相对弱化开支层面的限制。在有一些地方,精英能够影响征税;在另一些地方,他们既能够影响征税,又能够影响国家开支;但是还有一些地方,他们什么也影响不了。因为国王对于每一个地方的统治,都是借助当地已有的制度,因此每个地方的财政独立程度有很大的差异。在某种极端的情况下,国王可能对他统治的地区行使完全的财政控制权;而另一种极端的情况是,国王对任何地区都不拥有财政控制权,这样一来他就成为议会民主制的君主。但是还有一种情况就是,国王对于每个地区的控制程度各不相同。在某一些地区,他可能面临着对于征税的部分限制;在另一些地区,他可能又面临着对于开支的部分限制。这种类型的政府,我们通常称之为"绝对专制"。

西班牙的菲利普二世就是一个绝对专制的君主。在卡斯提尔,他对于征税的决定权比在伊比利亚半岛的任何地方都大。然而他在税收合理化方面的努力,却被低地国家的人们视为对自由的侵犯。也正是低地国家民众对新税收政策的反感,激起了16世纪的尼德兰革命,致使西班牙丢掉了尼德兰北部地区。在伊比利亚半岛,卡斯提尔的税收较其他地区更重,然而也正是由于卡斯提尔的税收合理化改革,使得西班牙帝国永远失去了葡萄牙(Elliott 1986)。威廉·贝克(William Beik 1989)和其他一些学者也认为,即使是路易十四在征税之前,也必须要与那些有国民代表大会的省份进行艰难的谈判。而那些没有国民代表大会的省份,就容易就范得多。贝克还特别提到,路易十四还曾经被迫给朗格多克留下了一笔相当大的款项,旨在为这个省份提供公共产品。

值得特别强调的是,尽管代议制在欧洲由来已久,但事实上它却是经历了一连串的考验,才最终成为被普遍接受的财政决策制度的。在许多古代城邦,代议制是最基本的治理原则(比如雅典和罗马,但是斯巴达除外)。在后来入侵罗马帝国的蛮族政权中,代议制也是其政治架构的重要组成部分。然而对于大多数的统治者而言,代议制绝不是一个讨人喜欢的制度。从罗马皇帝到绝对专制的君主,再到像威廉、玛丽这样的立宪制君主,欧洲统治者们还是不同程度地接受了这项制度。但是这个接受的过程绝不是风平浪静的,查理一世和路易十六甚至还为此而掉了脑袋(Rosenthal 1998)。由此可见,欧洲可能建立了比较有效的财政制度,但是这个制度调适的过程绝非轻而易举,因为它象征着君主权力的弱化。

代议制之于欧洲正如"仁政"之于中国。直到二十世纪,中国都没有形成在国家官僚体系之外的、让统治者和其臣民就税收问题进行协商的正规机制。然而,广大的中国民众也并不是全然地沉默和被动。那些大大小小的国内叛乱,其实就是因为沉重的税收负担,以及官员的中饱私囊。不论是在中国还是在欧洲,民众叛乱都是促成税收协商的一个重要途径(Wong 1997:231—251)。对于民众而言,要发动一次叛乱既代价高昂又充满着不可预知的危险。但是对于政府而言,要平息一次叛乱同样是伤筋动骨的事情。后面一个事实无疑在一定程度上限制了政府征税的欲望,只是在欧洲,轻徭薄赋从来满足不了统治者的财政需求。

基于上述的认识,我们对于欧洲和中国税收背后的政治经济的理解就会更加接近。中国的统治者可以用低水平的税收来维持一个国家,是因为这种低水平的税收已经可以供养一个相当庞大的常备军,并保持国内的政治平衡。这种政治平衡实质上就是通过限制皇帝和各级官员的巧取豪夺,以达到国内财政和政治的相对稳定。除此之外,皇帝也会投资于一系列对于乡村民众至关重要的公共物品,以换取黔首黎民对自己的拥戴。与此同时,在欧洲高度竞争的政治经济之中,为了支付与日俱增的军费,税收必须要保持在一个相当高的水平。为战争所累的统治者们,根本无暇顾及国内的公共开支——此类事务基本上都是由个人或行会、教堂这样的非政府组织主持的。尽管中国和欧洲的统治者都过着他们的臣民无法想象的奢侈生活,但是政治制度却决定了,他们能够从财政体系中拿走的部分是有限的。从政治的视角来看,凡尔赛宫和紫禁城是穷奢极侈的,但是从财政的视角来看,它们在整个国家的收入所占的比例并不高。另外,代议制政府的出现也并没有在任何意义上减轻国家的财政压力,一方面因为这个体系本身就是代价高昂的,而更重要的是因为这种新型的政府也必须要应对接踵而至的战争。

对历史的重新解读:平衡与难以预见的后果

在工业革命以前,经济增长的最重要的途径有两条:第一条是通过市场,第二条是通过改变农业劳动生产率。相比较而言,技术的变革只是一个外生的、人们始料未及的变数。因此之故,中国税收较低、公共物品供给较高的财政体制,就比欧洲税收较高、公共物品供给较低的财政体制更加契合那个时代的经济环境。也就是说,中国的财政制度比欧洲的财政制度更加优越。

尽管中国和欧洲统治者和人民的理想没有太大的不同,但是长期以来战争频度的差异的确使中国和欧洲形成了迥然有别的财政结构。最显而易见的是,中国皇帝更加重视“退出”行为所带来的威胁,而不是“呼吁”行为所包含的限制,因为他们不必应对接踵而至的战争。然而在欧洲一面,早在公元 1300 年以前,这套策略就已经不管用了,统治者必须要认真倾听臣民的声音。这些差异使得欧亚大陆两端的财政架构呈现出很大的不同,其演变的轨迹也渐行渐远。

在没有代议制并面临巨大地理和文化差异的情况下,中国建立起了官僚行政体制以统治帝国。中国的历史学家常常会质疑儒家思想的真实效用,但是与欧洲的政治理念相比,儒家思想的优越之处在于:它能够为上至皇帝、社会精英,下至目不识丁的农夫,提供一套既简明易懂又相当有说服力的行为规范。因为有了这样的规范,地方官员可以在社会精英的帮助之下为各类国家事务筹集资金。通常的程序是:皇帝向省级官员下发谕旨,明确提出对资金的需求。省级官员再将这一旨意传达到州县一级的地方官。公元 18 世纪的时候,中国的公共开支显著地增加。如果说公元 18 世纪的时候有一个国家在推动经济发展方面用力甚多,那一定是清朝统治下的中国,而不是英国、法国或欧洲的任何其他国家。

清朝统治者清楚地意识到,地理差异既可能带来诸多困扰,也可能转化为一种不可多得的优势。各级官员都从属于一个庞大的、垂直整合的官僚体系。在财政决策方面,富庶省份的官员通常需要与其他省份和中央政府的官员进行协调,以确保相对贫穷的地区能够得到常规性或非常规性的接济。如果没有这个资源调剂的过程,我们很难想象清朝如何巩固自己的边防。因此之故,中国的官员通常隐晦地将这个农业帝国划分为三类不同的区域。第一类区域是经济核心区及其周边的腹地。那些繁荣富庶的省份通常要提供大量的财政盈余,以接济周边相对贫穷的地区;第二类区域是北方和西南的边境地区,这些地区深居内陆,与异族政权迎面对峙;第三类区域是南部和东南部的沿海地区,这些地区包含着许多港口,与亚洲其他地区保持着频繁的贸易往来(Wong 2004)。在欧洲,是人们的呼吁之声而不是退出这个政权的决绝行为,催逼着国家提供更多的公共产品(以及军事资源)。在前面的章节中我们曾经提到,制度性的约束迫使统治者接受人们的诉求,尽管他们事实上是极不情愿的。关于国家预算的协商总是反反复复没完没了,但是我们或许可以想象,统治者可以在此过程中打造一个廉洁仁慈的好名声,从而避免"退出"的惩罚和"呼吁"的掣肘。尽管这样的做法从理论上说是相当的吸引人,但是也不能很好地解释欧洲税收的增长。当然,好名声可以让更多的"税收—支出"选项得到人们的支持,从而弱化不同政体在财政方面的差异。如果民众在统治者偏离平衡状态时可以及时开启惩罚机制,如果统治者能够始终秉持平衡状态的财政政策,名声机制的积极效果就是非常显著的。不管是在哪一种政治制度之下,只要统治者和其民众有足够的耐心,就有可能最终达到某种有效率的财政平衡(腐败程度低、税收水平高、公共物品供给水平高)。如果一个社会达到了建立在名声机制之上的税收平衡,统治者要么必须降低税率,要么必须向他的臣民提供大量的公共物品,否则就会招来抗税运动甚至是民众叛乱。

然而我们认为,上述基于名声机制的重复博弈而达到有效率的平衡状态的例子,在真实的历史中并不多见。欧洲人注重用制度来规范公共财政,就是因为欧洲统治者的行为从来都达不到"仁政"的标准。尽管个别君主的行为是可圈可点的(比如法国国王亨利四世),但是在一个没有约束力的制度构架之中,战争和腐败还是会渐渐地抬起他们丑陋的头,使整个社会退回到一种赤裸裸的、残酷的政治经济生态。公元 1800 年以前清代中国的历史,基本上达到了以轻徭薄赋、大量提供公共产品为特征的"仁政均衡"。但是之后的情形却急转直下。由于政治局面扰攘动荡,这个帝国不得不想尽办法去开拓新的财源。

由此可见,欧洲的财政平衡可能并不是其制度环境的结果,而更有可能是整个欧洲分裂割据的后果。在欧洲,如果没有长时期的分裂割据,就不可能有那么多的战争。即使是在每一个政权内部,采邑分封的制度也使人们对税收的增加有较强的抵制能力,并有可能为自己所属的群体铺设发声的渠道。因此之故,欧洲的统治者更加注重在国家边境或在国内各割据势力的交界之处征收贸易税。不管是从绝对值看还是从相对值看,欧洲国家从贸易当中获取的财政收入都超过中国。欧洲的关税既有国家之间的,也有一国之内的。事实上,公元 1700 年时存在于欧洲的各个政权几乎都是征服、联姻和遗产继承的结果。正如我们前文中所提到的,即使已经长期地处在同一个国王的统治之下,不同的省份还是保留着自治的传统和机制。尽管这样的自治使当地民众能够发出他们的呼吁之声,但是也造成了一国之内的关税壁垒,使得国王能够从中攫取大量的财政收入。在整个公元 18 世纪,法国和西班牙都力图打破国内的关税壁垒。这样的举措是旨在提高经济产值的改革方案的一部分,但是却因破坏了财政平衡而遭到地方精英的抵制。大革命之后,法国建立起代议制政体,此前长期存在的国内关税壁垒很快就被移除了。然而形成鲜明对照的是,英国和爱尔兰在公元 1801 年正式合并,但是早在一百多年以前英国就已经确立了代议制政体。由此可见,代议政治和财权收归中央之间,并不存在简单和必然的因果关联。而我们力图要说明的是,高度竞争的地缘政治格局不仅导致了欧洲旷日持久的战争,还严重地扭曲了欧洲内部的贸易。

中国的财政体制很适合在前工业化的经济条件之下,提升民众整体的福祉。轻徭薄赋和高水平的公共产品投资,通常能够带来正面的经济效应。中国的财政制度可以承受得住各种各样的天灾人祸,尽管这些灾祸足以影响到整个社会的经济安全和普通民众的物质福利。税收和国家开支之间基本上维持在平衡的状态。在欧洲,也有许多人曾经希望改变那种高税收、低公共产品供应的财政模式,但是面对着庞大的军费需求,他们无一例外地败下阵来。

在公元 1850 年以前的几个世纪,中国统治者通常能够有效地应对各种经济机遇和挑战。在这样一个囊括了不同地域、不同社会阶层的帝国,适度税收是实现一种全方位的平衡的关键一环。然而在公元 18 世纪,随着人口的增加和帝国版图的扩展,要达到这种财政、社会和经济的多维度平衡,总体来说是越来越困难了。尽管这个国家推行了许多政策,让人们有可能到那些尚未开发的地方去寻找新的机会,但仍然有一部分人在天灾人祸的打击下显得相当孱弱和无助。

在欧洲,高税收、高军费的财政平衡很少给普通百姓带来直接的福祉。但是除了公共产品投资长期不足之外,这种财政制度却也带来了一些意料之外的正面效应,使欧洲拥有了一些中国所不具备的优势。例如,政府对武器的大量需求,促进了技术的变革。即使是与战争无关的领域,也能够因此而受益。如果不是政府不遗余力地推动,促成了一些原本可能不会发生的技术变革和投资增长。当然,谁也没有料到会出现这个结果,因为当时的欧洲国家从来没有将提升经济的总体水平作为自

己努力的目标。举个例来说,国家大量投资研发速度更快、性能更好的
军舰。但是在这个过程中,与船舶制造相关的技术就逐渐积累并传播开
来,最终所有船只的速度都得到了提升。同理,在大炮和海军装备不断
升级的同时,商业和民生也不断地得到改善。当然,这样的观点其实已
经是老生常谈了(Nef 1950)。我们希望强调的是,必须要将这种意料之
外的长期后果与国家的直接意图进行对比。对于近代早期的欧洲国家
而言,最关切的事情莫过于战争。相比较而言,帝制晚期的中国还更多
地关注到社会福利的问题。这个观点与第三章中提到的"欧洲制造业因
缘际会地分布在了城市之中"的结论前后呼应。在这两项观察中,我们
都明确地区分了意料之外的因素和刻意人为的因素对于长期经济发展
的影响。

如果只是从近代早期欧洲和帝制晚期中国两个例子来观察,似乎要
得到这样的结论:持续的动荡比长久的和平更有利于促进经济发展。但
是另一个必须直面的事实是,包括非洲、南欧、中欧、东南亚在内的许多
地区,也经历了长期的分裂和战争,却没有像工业革命前的欧洲那样因
祸得福,占尽先机。未来的研究需要进一步解释,为什么这些高度竞争
的地区没有走上资本密集型的技术变革之路。不过显而易见的是,政治
竞争和军事冲突并不一定会带来技术变革和经济发展。

公元 1850 年之后的中国和欧洲

从某种程度上说,在公元 1850 年之后,中国和欧洲的国家财政、战
争和经济发展之间的关系,与一个世纪以前已经截然相反。中国"低税
收,高公共产品供给"的财政平衡模式已经难以为继,取而代之的是以筹
集军费为目标的高税收财政体制。筹集到的军费一方面用于扑灭公元
19 世纪中期国内此起彼伏的叛乱,一方面用于加强军备,抵抗外侮。因
此之故,中国政府投资于公共物品的意愿和能力,比起一个世纪以前大

大降低。就像更早期的欧洲国家一样,公元 1850 年之后的中国也开始将国内贸易和国际贸易作为主要的财政收入来源,并提高了政府垄断的食盐销售价格。

与上述情况形成鲜明对比的是,欧洲各国不再专注于代价高昂的战争。而在此之前,正是这些纷至沓来的战争导致了国家财政急剧膨胀。随着战争开支的减少,欧洲各国开始提供越来越多的公共产品。19 世纪 40 至 50 年代,贯穿欧洲大陆的铁路开始建造;19 世纪后半期,欧洲各国又开始建立污水处理系统、埋设下水管道、铺筑城市路面、安装路灯等等,以提升城市的形象和宜居程度。在增加公共产品供给的同时,欧洲人还完成了从 18 世纪就已经开始向自由贸易的转变。这些转变有的是发生在一国之内,有的则是由各个国家协同完成。1847 年,英国单方面地废止了"谷物法";1860 年,英国和法国签订了一份重要的贸易条约。

中国和欧洲财政制度的这些变化,都发生在工业革命之后,并未对工业革命的发生起到助推的作用。然而,19 世纪下半期的中国完全有可能在调动资源、促进经济发展方面做得更好一些。因为与 18 世纪相比,当时的中国政府已经能够获取到更多的国家收入。但是 1895 年之后税收的大幅度增加,其实是列强逼迫下的无奈之举。增加的那些财政收入,也大多用作了战争赔款。近代早期欧洲的军费开支,很难直接地、正面地推动经济发展。同样的,19 世纪末 20 世纪初中国的战争赔款,也几乎不可能成为当时中国经济的催化剂。

1849 年,中国的财政收入为白银 4 259 万两,其中 77% 来自农业和贸易盈余。36 年后,中国的财政收入增长到了白银 7 700 万两,其中征自贸易的税款已经达到了此前的 4 倍。从 18 世纪 20 年代至 19 世纪 40 年代,中国政府的开支保持在白银 3 000 万至 4 000 万两之间。然而从 19 世纪 60 年代至 19 世纪 90 年代,中国政府的开支迅速地翻了一番,达到白银 7 000 万至 8 000 万两(滨下武志 1989:66)。传统的观点认为,此时的中国是一个积贫积弱的国家。但是一个真正积贫积弱的国家,显然不可能使国家收入和国家开支都增加得如此之快,所以这个事实其实反映着一个更加重要的变化,即这个国家已经有能力筹措远远超出此前预期的国家收入。尽管许多时候仍然是入不敷出,但是这个国家已然具备了应对外国挑战的财政实力。

这些新增的财政收入,相当大一部分都是来自海关。除了为外国贷款做担保之外(这些贷款被用于平息1867年发生在中国西北部的回民叛乱),海关税收在19世纪80年代还被用于修建铁路(滨下武志1989:68,72)。中央政府对于海关税收越来越严格的控制,说明这个国家正在不断提升进行基础制度建设的能力。如果我们不再紧盯着19世纪末清政府救亡图存的失败,而是将它与18世纪时的清政府进行比较,我们就不难看到她在财政能力方面的长足进步。在1911年,也就是这个帝国的最后一年,它的财政收入达到了前所未有的3亿200万两白银。其中,农业税从原来的白银3 000万两增加到白银5 000万两,贸易税达到了白银2亿700万两,其余的4 500万两白银则来自各种杂项收入。尽管晚清政府在许多方面都已显得疲弱不堪,但敛财的能力却绝不在此之列(魏光奇1986:27)。但是不幸的是,1895年中日甲午战争的赔款,几乎已经相当于朝廷一整年的收入,而1900年拳乱之后的庚子赔款,更高达甲午战争赔款的1到1.5倍。由此可见,让中国的财政状况岌岌可危,最后陷入绝境的,其实是付给列强的巨额战争赔款。

如果中国未曾背负如此沉重的国际债务,并将新增的国家收入用于发展经济,结局会是怎样呢?是否有一些迹象可以证明,当时的清政府其实完全有可能更加有效地利用这笔资金?通常来说,人们会将19世纪末中国工业化的失败与日本明治维新的成功相比较,但是这样的比较往往会掺入一些历史的后见之明,人们总是或多或少地将20世纪中期中日经济发展的差异投射到19世纪。如果研究者们能够认真地评估当时的中国事实上都做了些什么,如果有更多的资金作为后盾,她又会怎样去推动一场经济变革,那么最终得出的结论会积极和正面得多。本杰明·艾尔曼(Benjamin Elman)对于中国科学和技术演变历程的研究,涉及了19世纪末期的一些变化。他认为:中国学术中对于自然界进行探究的传统和西方的自然科学,在19世纪60年代的时候交融在一起。不论是作为政府官员后备的、受过精良教育的士人阶层,还是学识有限的普通工匠,都对来自西方的科学和技术产生了浓厚的兴趣。而日本却是在十多年之后才发展到这样的程度。为了获取消化和发展舶来技术的经验,日本的官员还专程考察过中国的兵工厂和造船厂(Elman 2005:283—395)。

日本经济思想史家泰萨·莫里斯-铃木(Tessa Morris-Suzuki)发现,19世纪末20世纪初时,日本曾经通过许多地方性的学术群体来传播技术和知识,而中国的省级地方政府也曾经试图在其所辖的县份建立类似的知识共同体(Morris-Suzuki 1994；Jin 1919)。如果我们更加直接地去搜寻19世纪的证据就会发现,以往人们深信不疑的"日本人比中国人更加坚定和努力地推动经济发展"的结论其实是站不住脚的。在1900年之后,如果中国人能有更多的财政和组织资源去支撑经济改革的种种努力,那么工业化和经济发展或许都是可以期待的目标。但是中日战争和义和团叛乱之后的巨额赔款,使得中国财政陷入了前所未有的困境,国家再也不可能投入大量资金以发展经济。在19世纪末期,尽管中国已经不能像日本那样全力以赴发展经济,但是地方官员所掌握的财权却比以前更大了。所以我们可以设想,如果中国所面对的外部威胁减弱一些,中国人可能会付出更多的努力去争取经济的发展。但是如果与外部世界的接触更少一些,中国很可能会继续保持那种长期延续的财政平衡,既没有机会也没有足够的压力去开启一个脱胎换骨的转变历程。

19世纪的欧洲也经历了税收增加、财政变革和国家对经济事务越来越多的介入。即使不了解亚历山大·格申克龙(Alexander Gerschenkron)的"后发优势"理论(1962),当时的欧洲国家也越来越重视经济的发展。军费在国家财政(以及经济总产值)中的比例逐渐下降,这与当时中国形成了鲜明的对照。由此可见，肇始于法国大革命的政治变革，推动着当时的欧洲走上了一条与中国渐行渐远的道路。当中国的皇帝将越来越多的钱花在打仗上（或者是用作战争赔款），欧洲大陆的国家却在想方设法地加大对经济的投入。当然，英国是一个例外，因为高税收是这个帝国得以存续的重要条件。但是因为英国的人均收入相当高，所以她既可以供养全世界最庞大的海军，也可以拿出足够多的钱投资于公共产品（Davis 与 Huttenback 1986）。

在开拓海外殖民地的同时，欧洲国家在不同的时期、不同的领域，通过各种各样的方式增加对于公共产品的投资。彼得·林德特（Peter Lindert）的研究（2004）集中讨论了教育和公共福利方面公共开支的增加。这项研究也揭示出：从 19 世纪 80 年代到 20 世纪中期，代议制（呼吁的机制）在公共服务拓展的过程中发挥了至关重要的作用。但是福利国家和新的教育体系的建立，首先还是要依赖不断增加的公共开支。在交通运输方面，19 世纪的公共开支主要包括修建道路、疏浚运河、铁路建设补贴，以及交通建设（港口、桥梁和道路）的特许经营。还有一些由地方政府主导的开支，主要用于改善本地的公共设施，例如城市发展过程中对于公共卫生、饮用水、街道照明、市场和交通服务的需求。

当然，公共产品的增加也同样依赖能使人们发出呼吁之声的制度。拥有代议制政府的国家通常更愿意将一部分中央财政经费花在公共事业上。正是因为如此，铁路、运河以及其他许多重要的公共设施才获得了必不可少的建设经费。同样重要的是，地方基础设施的建设和教育体系的完善，也在相当大的程度上依赖于呼吁机制。英国国会就曾通过法案，授权建立公路信托基金和铁路公司（Bogart 2005；Bogart 与 Richardson 即将出版）。呼吁机制还使许多城市有权力决定，像照明、供水等公共产品，究竟是由他们自己提供，还是交给一些公共部门去经营和管理。最后，19 世纪欧洲蓬勃兴起的非营利性组织，也在相当大的程度上得益于呼吁机制的存在。因为不管这些组织是信用合作社、储蓄银

行还是农业改良区,都取决于其成员的能力,而这种能力又在相当程度
上来自于政府给予他们的发言权。

不断提高的公共产品供给,标志着欧洲旧制度的终结。然而 19 世
纪也并不是一个与过去完全决裂的时代。军事仍然是各个国家极其关
切的问题。因此,欧洲各国发展贸易、修建铁路不仅仅是为了追求经济
利益,还有着保持欧洲均势的更深层用意。也是出于同样的原因,中央
政府一般不愿意看到地方政府(尤其是拥有自治权的城市)掌握财权。
限制城市财政独立的最主要意图,是为了避免地方政府与中央政府争夺
财政收入。因为在财政上受到严格的限制,地方政府就只能依靠私人机
构来发展公共设施。呼吁机制对于公共产品的供给至关重要,但是中国
的历史也告诉我们,欧洲的经验绝不是放之四海而皆准的——在更早一
些的时代,中国的公共产品供给水平之所以高于欧洲,并不是因为那时
的中国存在着某种形式的呼吁机制,而是因为统治者害怕民众选择退出
(Wong 2007)。

本章用一个简单的政治经济学模型,讨论了中国和欧洲公共财政的
差异。在将这个模型用于解释历史的时候,我们将它打磨得更加复杂和
精致。通过这样的方式,我们最终对工业革命以前欧洲和中国财政制度
的关键性差异有了一个更好的理解。

或许这一章最有争议的部分就是认为,在工业革命以前,中国的政
治经济(尤其是财政制度),比欧洲的财政制度更有利于促进经济发展。
因为中国的皇帝在大多数情况下,并不是掠夺成性的独裁者。不仅如
此,中国的财政制度(尤其是清代的财政制度)还非常重视适度征税,以
及提供大量的公共产品。这样的制度推动了农业和商业的发展——准
确地说就是实现了欧洲经济史学家津津乐道的"斯密型增长"。但是"斯
密型增长"并不一定会将整个经济带入工业化的轨道(Wong 1997:
9—52)。

欧洲的情况恰与中国形成鲜明的对照。增税的政治压力引发了统

治者和社会精英之间的冲突。在农业商品经济的短期视角之下,这样的压力基本上没有什么正面的意义。然而从更长远来看,这样的压力反而形成了一种有益的刺激,促成了未来的政治和经济转型。战争当然是劳民伤财的,但它同时也提供了对工业制成品的庞大需求。但是我们需要谨记的是,竞争性的国家体系并不一定会促进经济的发展。像非洲、东南亚这样一些地区,国家之间激烈的竞争只是导致了无休无止的战争。

还有一个显而易见的事实是:直到工业革命开始以后,以及统一的中央政权开始兼并财权以后,代议制度的直接优势才真正显现出来。在近代早期,除了最小的国家之外,所有欧洲国家的财政制度都是效率低下、各自为政的。在这样的制度之下,尽管欧洲各国的税收比例高于中国,但是公共物品的供给水平却相当低。中国的事实还让我们看到,尽管代议制在 19 至 20 世纪的欧洲发挥了至关重要的作用,但并不是所有地区、所有时代的公共产品供给都必须依赖代议制的推动。

19 世纪中期,中国面临着越来越严重的内忧外患,而且也因未曾发展起运作大规模财政体系的能力而付出了巨大的代价。要适应一个以战争为主导的世界是非常困难的。然而 1949 年之后的中国历史再一次说明:建立一个高税收、高公共产品供给的财政体系,并不一定需要通过代议制政体。1949 年直至改革开放,许多类型的公共产品都被提供给大众,比如普遍设立小学、建立覆盖全国的医疗卫生体系、进行基础设施建设等等。

1978 年以后,中国政府一直致力于经济改革,许多经济领域都经历了所有制改革。到目前为止,中国的要素市场——尤其是资本市场——还存在着许多问题。但是从经济发展中所获得的收益,有相当大的一部分都已经投入到基础设施建设和其他各类公共产品之中。尽管中国的公共部门经历了巨大的收缩,但是对于一些传统公共部门的投资仍然是有增无减。在未来的十到二十年中,中国或许会推动新一轮的政治转型。但是这场转型开启的动因,绝不会是因为此前的中国政府无法提供足够的公共产品而招致不满。

在本章中，我们特别强调欧洲各国财政制度的变化，对于中国各地财政制度的差异却只是粗略地提及。在这一章中，我们将政权空间规模差异作为一个给定因素，对中华帝国与欧洲高度竞争的政治体系进行了比较。在前面的几章中我们曾经多次提到：许多高度竞争的政治体系都未能像欧洲那样，最终博弈出一个罕见的、有利于经济发展的平衡局面。同样的例外也出现在帝国体制之中。中国的官僚体系非常重视公共产品和农业生产，与其他帝国相比，这也是一个独一无二的制度安排。在蒙古人统治过的三个帝国（俄罗斯、波斯和中亚）中，没有一个拥有与中国相似的治理结构。蒙古人或许是不愿、或许是不能，将他们已经相当了解的中国式政治结构移植到其他帝国。因此，在幅员辽阔的大国之中，中华帝国所达到的那种平衡也是绝无仅有的。我们并不认为欧洲能够代表所有的竞争型国家，中国能够代表所有的帝国。而是说在竞争型国家体系和帝国之中，她们分别构成了两个特别成功的样本。接下来我们应该进一步地讨论，欧亚大陆两端截然不同的两种政治平衡究竟是怎样维持下去的。

第七章 发展背后的政治经济：1500—1950

在前面的几章中，我们可以看到：在近代早期，中国比欧洲更加容易通过贸易推动经济发展。尽管欧洲和中国的经济制度存在着很大的差异，但是我们并没有发现这种差异使中国和欧洲的经济发展呈现出本质上的不同。另外，是否实行代议制似乎也并没有像人们通常认为的那样，深刻地影响到经济的发展。当然，这样的观点一定会受到许多的质疑，因为工业革命之前的政治和经济运作方式，一定会深刻地影响到 19 世纪中国和欧洲的经济大分流。事实上，我们也并不否认这一点。我们只是想说明，对于 19 世纪欧洲和中国经济发展影响至深的许多关键性差异，其实早在几个世纪以前就已经出现了。尤其是 1650 年至 1800 年间的政治架构，其实早就已经成为定局。清朝统治下的中国是一个统一的、幅员辽阔的政治空间，与一千多年前的汉朝如出一辙，与今天的中华人民共和国更是极为相似。十八世纪中期的欧洲正处于严重的分裂之中，其分裂的程度虽然不及中世纪，但远远超过今天。总而言之，在上面提到的所有时代，欧洲都未能达到中国那种程度的统一。和此前的研究者不同，我们不认为这种差异是源于欧洲的某种文化基因，也不认为政治和经济环境从很早以前就赋予了欧洲某种确定无疑的优势。在这一章中,我们将要说明:在近代早期,中国的政治经济比欧洲的政治经济更有可能推动经济的发展。另外,中国的行政官员从某种意义上来说也更加成功。因为他们在一个如此庞大的国家中维持了长久的政治和平与社会安定,这对于欧洲人而言不仅是难以做到的,甚至是难以想象的。时至今日,19世纪的"大分流"不仅成为一个欧洲如何获得成功的故事,更成为一个中国因未能效仿欧洲而遭至失败的故事。更进一步地说,"大分流"还成为一个在中国应对西方列强和日本挑战的过程中,政治经济遭受重创的故事。这段历史与21世纪中国持续的经济增长似乎毫不相干,但是中国政府推动经济发展的能力,其实至少在一定程度上与这个国家过往的历史联系在一起。

帝制晚期:外国人、中国人和中国的统治策略

当欧洲的君主和伊斯兰世界的统治者千方百计地平息国内叛乱、镇压异己力量的时候,中国的官员却在阅读一本在内容和主旨上都与马基雅维利的《君主论》大异其趣的书。这本书名为《大学衍义补》,作者是15世纪著名的儒家学者丘濬,这本书既总结了早前几个世纪影响深远的治国方略,又加入了作者自己的按语。丘濬将这本书上呈御览之后,明孝宗下令在全国范围内广泛刊行。因此,这本书成为当时官员最重要的参考书,其所涉及的内容包括水利、仓储、税收、少数民族治理等诸多方面。清朝皇帝继承并发展了这样一套治国传统,他们制定了一系列的经济政策以实现经济繁荣、社会稳定。他们十分清楚在一个农业帝国中怎样实行"仁政"。在17世纪末18世纪初,满洲皇帝已经成功地控制了帝国内的定居农业人口(他们占到帝国总人口的90%以上),并通过一系列的政策和措施去管理这个比明朝更加生机勃勃、锐意进取的社会。

然而如果只有皇帝对于新儒家治国方略的认同,并不足以使明清两朝成功地统治这样一个庞大的农业帝国。要使这套治国方略真正获得

成功，则不论是社会精英还是普通百姓都需要对《大学衍义补》这样的新儒家作品中所倡导的原则和政策真心地信服。至少他们应该相信，在这样一套政治秩序之下，他们的利益能够得到更好的维护，他们也用不着付出巨大的代价去脱离这个帝国。当然，我们并不是说帝制晚期的中国人总是在走与留之间反复地权衡，而是说如果人们对自己的境遇极度不满，他们就会不同程度地使用"退出"和"呼吁"的策略，来重新调整他们自己与国家的关系。但是事实上，当时大部分的中国人都选择了继续追随这个国家。为什么？因为他们既能拥有相当大的不受国家干预的自由，又能享有较为充足的物质福利。在这样的情况下，大部分人都不愿意付出巨大的代价去重新建立一个政治秩序。

就算是精英和普通百姓都接受了帝国的统治方针，那么建立在新儒学基础上的社会秩序又怎样弱化和消解那些使其他帝国不堪重负，甚至是四分五裂的挑战呢？首先，社会精英的核心是受过精良教育的士人，他们通过科举考试获取官职、提升社会地位；第二，与帝制初期的汉代和帝制中期的唐代不同，帝制晚期的明清已经不需要面对大量的门阀世族；第三，商人阶层并没有受到国家严重的压榨，因此也没有必要花费巨大的成本组织起来与国家对抗。相反的，不论是地主还是商人都得到了官府的授权，承担起维护社会秩序的职责。只要没有出现特殊的情况，国家通常会允许他们自行其是。而且在与官府合作的过程中，商业精英的利益也得到了有效的维护。

从商业精英的视角来看，国家的长距离贸易政策对他们特别有利，而且国家通常不会过多地勒索他们的财富（相比较而言，意大利和德国的商人就显得相当脆弱。在很长的历史时期之内，他们都无法抵抗本国君主的巧取豪夺）。明清时期的中国政府还能够将统治成本降到相当低的程度，因为她们通常依赖地方精英建立社会制度、维持社会秩序。像仓储、学校、修桥、补路、建立祠庙等事务，通常都是由官府和地方精英合作完成（Wong 1997：105—126）。当自然灾害或社会危机出现的时候，官员、地方精英和普通百姓通常都期待着通过合作解决问题。如果合作的可能性不大，他们通常也不会认为脱离这个国家就能改善他们的处境。晚明时期，中央政权在地方势力纷纷崛起的情况下还维持了相当长的时间，而许多帝国在这样的情况下早已无力支撑。明王朝崩溃之后，她的制度和统治理念又在相当大的程度上被满洲统治者所继承。

1644 年，满洲人正式建立了清朝，这个朝代将中国的版图再一次扩展到了中亚。与蒙古人不同的是，满洲人大量地采纳了前代的官僚体系和社会治理方式，以有效地统治这个帝国数量庞大的农业人口。他们改进了信息传递的方式，提高了官僚机构的效率，而且尤为重要的是，提高了对于各种突发情况的反应能力，但是最基本的制度安排和统治理念却与前代皇帝提倡的那些原则和政策如出一辙。① 当我们评价入主中原的少数民族统治者时，常常都是以"延续帝国的命脉"还是"加速帝国的灭亡"为标准。如果以这个标准来评价满洲统治者的话，我们大概会做出很高的评价，因为他们融入并发展了一个由来已久的官僚体系，从而成功地控制了整个农业中国。18 世纪关于满洲人失去尚武精神、过分汉化的种种担忧，其实反映了他们正在经历着的一个巨大的同化进程（Elliot 2001）。尽管许多研究者指出，满汉之间还是存在着重要的差异，但是与几个世纪以前蒙古人和汉族人的隔阂相比，已经缩小了很多。在政治方面，满人与汉人之间的联系和相似之处更加显而易见。而且如果将满汉关系与罗马帝国和蛮族的关系相比较的话，更能够感受到满洲人在处理民族关系方面了不起的作为。在西罗马帝国的末期，许多不同的族群入侵罗马帝国的部分领土，但是她们既不能联合起来，又不能成功地消灭对方。而在中国历史上，从外部入主中原的民族在人数上都远远少于帝国境内原有的居民。在满洲人登上历史舞台之前，早就有一整套既有利

---

① 在处理与北方边疆族群的关系时，满洲人进行了一系列重要的革新，尤其是对蒙古、新疆和西藏实行特殊的政策。目前已经有许多关于清代的研究涉及这些问题，但是因为本书主要关心经济方面的实践，所以对此不予赘述。

于统治者又有利于普通百姓的政策在等待着这个少数族群。

18 世纪中国的政治经济从总体来说继承了前代已经确定下来的原则,但是与明朝相比,它要求官员更加积极地介入到各种事务之中。在整个 18 世纪,国内的贸易税都被刻意地维持在一个尽可能低的水平,商人在很大程度上自主地运作着地方市场。国家不仅利用市场采购皇室和各级官府需用的物品,还通过市场购买建筑材料、雇佣劳动力,以建造和维修与政府相关的各类工程。对于普通百姓来说更加重要的是,国家还能够调运谷物,赈济灾荒。国家政治经济的这些特征,既有助于长距离贸易的成长,也增加了第三章中讲到的"非正式制度"的重要性。这个国家还鼓励手工业制品(第四章中曾经论及)在全国范围内的运销。一些官员在职位调动的过程中,也将许多产品的制作技术广为传播(Wong 1999)。在第六章中我们曾经提到,18 世纪的中国政府一般只征收小农家庭的农业税,而不会对其生产的手工业产品征税。事实上,对于星罗棋布的乡村手工业征税,需要付出很大的成本。而对于城市规模较大的手工工场征税,则相对比较容易。因此之故,政府很现实地放弃了来自于乡村家庭手工业的税收。

另外,国家在公共财政和私人金融方面所扮演的角色,也有助于推动经济发展。在第五章中我们曾经谈到,中国历史上的私人信用市场大多是非正式的,政府仅在比较低的限度上对其进行管控。中国的商业可以在政府不过多介入的情况下,发展起各种非正式的金融制度以调节生产、组织运销。因此,开展商业活动的成本就比使用正式制度要低得多。在第六章中我们还曾经提到:18 世纪的清朝政府在基础设施(如保障农业生产和交通运输的水利工程)方面的投资,远远多于同时期的欧洲。此外,中国政府在社会治理上的开支也比欧洲国家更高,她还督促地方官府和地方精英共同筹集资金修建学校、粮仓、道路、祠庙,设立防控各类犯罪行为的保甲体系。

帝制中国和欧洲国家不同的空间规模,很适合用与企业治理相关的权衡理论(Trade-offs)进行理解,这个理论也有助于说明,国家规模是影响政治经济的一个重要因素。企业规模(以资本总量和劳动力数量计,或以生产能力计)随着技术的变化而变化,一个经理人如果希望扩大企业的规模,就必须要使其内部管理比依靠市场更有效率。明帝国选择了一个比较小的规模,她治下的民众绝大多数都是定居人口,比较容易适应和平的生活,也大多能够接受将贸易限定在一国之内的作法。明朝统治者之所以会这样做,并不是因为他们无力收复西部那些前朝曾经统治过的领土。相反的,他们其实是通过限制自己的领土野心,将资源集中用于国内发展。清朝则在明朝的基础上更进了一步,她不仅向帝国的农业人口提供了更加完善的治理举措,还最大限度地扩张了帝国的版图。她成功的统治策略也为她的扩张提供了不可或缺的资源。那么欧洲国家形成的过程中,又有怎样不同的经验呢?

从查理五世到拿破仑时期的欧洲国家形成

对于强敌环伺的统治者而言,马基雅维利的《君主论》是一本绝好的行为指南。马基雅维利认为,一个野心勃勃的君主既扩大自己的势力范围,又想避免被他的臣民束手束脚。实现他的野心不仅意味着打败外部的敌人,还意味着将臣民的反叛扼杀在摇篮之中。作为专制君主最实用的教科书,《君主论》使我们看到了欧洲政治史上长期存在的冲突。欧洲国家不可能在"低税收、低公共产品供给"的基础上,建立起统治者与其臣民的关系。相反,欧洲国家都是在王朝与王朝的冲突,以及统治者与臣民的激烈对抗中建立起来的。

欧洲分裂的格局很难改变,但是直到公元 1300 年,从罗马帝国崩溃以后开始的欧洲国家越变越小的趋势终于开始扭转,国家规模开始增大(Tilly 1990)。造成这种情况的原因是,在那个时代,欧洲所面临的外部挑战仅仅来自强大的奥斯曼土耳其帝国。从西班牙到波兰,几乎所有的欧洲国家都利用一套新的军事技术进行扩张,这种技术不仅完全不同于罗马军团所使用的技术,甚至与公元1000年前后欧洲人普遍使用的技术都大相径庭(Hoffman 2011)。对于防守的一方而言,修筑要塞使一些比较小的国家(如低地国家)能够抵挡住强大国家的进攻。但是修筑要塞需要资源,而且花钱的地方还不止于此。在公元1300年,封建军事义务被领薪水的士兵所取代(不管这些士兵是外国雇佣兵还是像"西班牙方阵"那样从国内招募的军队)。到公元1400年,训练炮兵进一步增加了战争的成本。只有那些非常有钱的国家才能继续参加欧洲的政治竞争。这些有钱的国家既包括威尼斯、佛罗伦萨这样的小国,也包括法国、卡斯提尔这样的大国。尽管在激烈的争霸战争之中,许多独立的国家最终消失了,但是扩张中的国家仍然面临着巨大的障碍,尤其是几个国家组成联盟去共同对抗实力雄厚的大国。在克雷西战役(Crécy 1346)和滑铁卢战役(Waterloo 1815)之间的四百多年里,欧洲的国际冲突比之前的一千年只是稍有缓解。旷日持久的战争带来了几个方面的后果。第一,是16世纪末军事基础设施的发展,使得欧洲可以将其政治野心延伸到全世界的许多地区。第二,忙于应对各类战争的欧洲国家,在1815年以前根本不可能实行像中国那样的统治策略(Parker 1996)。

1516年,查理·哈布斯堡继承了西班牙的王位。这就是我们在第一章中曾经提到的查理五世。查理是欧洲统一进程中的关键人物(Lynch[1964] 1991第1章)。他的祖父母和外祖父母分别遗留给他一个拥有独立主权的国家。在继承西班牙王位的同时,他还统治着奥地利、低地国家和意大利半岛的大部分地区。然而他并不满足于此,还通过竞选当上了神圣罗马帝国的皇帝。在埃尔南·科尔特斯(Hernán Cortés)和弗朗西斯科·皮萨罗(Francisco Pizarro)征服拉丁美洲大部分地区之后,他又成为这片土地的统治者。因此,在他1556年退位之前,已经统治着一个和中国差不多大的帝国。虽然他的统治范围不包括法兰西,但是其领土范围也远超过查理和拿破仑帝国。但是就像罗马皇帝图拉真一样,查理五世兼并土地的能力超过了他治理这些地区的能力。所以在退位的时候，他将帝国一分为二。将神圣罗马帝国的帝位和奥地利让给他的弟弟斐迪南一世，剩余的部分则留给了他的儿子菲利普二世。

查理五世的欧洲帝国既不同于帝制中国，也不同于罗马帝国。[1] 它既没有实现充分的整合，也未曾经历一连串铁血的征服战争。此外，尽管查理作为统治者的合法性是不容置疑的，但是他在不同地区的权威其实不可一概而论。在当地民众的积极争取之下，查理之前的君主曾将相当广泛的自治权授予一些地区，这极大地限制了查理的行动。更加要紧的是，这些地区都要用不同的方式进行统治，任何关键性制度和机构的变动，都需要得到地方代表大会的同意，或者要求君主本人到场。在有一些地区，甚至这两个条件都必需具备。因为许多的领地面积都很小，所以查理统治他的帝国的难度远远高于中国皇帝。当然，卡斯提尔的臣民认同一套基本相同的制度，但是这片土地的面积大约只相当于今天西班牙的三分之二。在荷兰，查理统治的省份和领地有十几处之多，但是他对每个地区的统治力度都不尽相同。另外，尽管卡斯蒂利亚人和加泰罗尼亚人之间有较多的认同感（至少多于他们对那不勒斯人和维也纳人的认同感），但是他们似乎并没有刻意宣扬这一点，也并没有采取有效的政治行动去巩固这层特殊的关系。因此，查理五世整合欧洲领土的努力最终归于失败。他的儿子菲利普二世继续致力于此，但是最终却引发了荷兰的革命。

稍微讲一点题外话，其实正是因为欧洲统治者很难获取彼此的财富和领土，所以他们才开始将眼光投向海外。美洲辽阔的土地就曾经是欧洲君主的殖民地，也在相当长的时间里为西班牙国王提供了巨额的财富。对亚洲的贸易通常被一些定期向国库缴纳奉献的商人所垄断，他们

---

[1] 在这里，我们集中讨论欧洲帝国，是因为它与本书的主题直接相关。在后文中，我们还将简要地述及查理五世的殖民帝国。

想尽办法在亚洲的新老贸易港口中占据一席之地,并大量采购当地的稀有土产和奢侈品。这两种情况,通常都被历史学家称为"帝国"。但是单纯的土地和贸易的扩张,并不能构成本书所定义的基于领土和人口规模的"帝国"。这些所谓的"帝国"要么专注于贸易,要么不遗余力地榨取殖民地的财富,却都没有致力于将新获得的土地整合成一个更大的、更和谐的共同体。直到19世纪殖民热潮兴起之时,这种将殖民地和宗主国割裂开来的做法仍然广泛存在。由此可见,中国的"帝国"和欧洲的"帝国"之间存在着最基本的制度差异。

查理五世的臣民们最为关心的,莫过于君主授予本地的特许权,这说明欧洲那些大国并没有从政治竞争和领土兼并中获得很多人想象中那么大的收益(Lynch[1964]1991,Elliott 1986)。事实上,这些比较大的政治体在制度上通常都是四分五裂的,而且也长期处于战争之中。以中国人的眼光来看,查理五世的欧洲领土并不算大,而且从没有真正地整合在一起。在获取贸易收益方面,一个和平的大帝国总是比一个战乱频仍的小国更有优势。就这一点而言,哈布斯堡王朝与英国的差异,一定小于这两个帝国与中国的差异。因为旷日持久的战争,查理五世和他的后继者们都不可能在自己的领土上实现制度化的和谐。欧洲始终都是一个充满竞争的政治体系。在前一章中我们曾经谈到:竞争型国家在经济方面的优势,要到更晚一些时候才能显现出来,而且这种优势其实是出乎人们意料的。从公元1300年至1700年,欧洲政治最显著的特征仍然是国与国之间的战争。尽管国家规模稍有增加,但是统一制度的形成还要等到工业革命之后的经济转型期才逐渐开始。

欧洲的工业化与帝国主义:国家形成与经济发展

社会科学家常常将推动经济发展的条件与促成民主政体的条件联系在一起。能够享有自由和民主的人们,通常也能够拥有受保障的私人产权。欧洲那些经济比较发达的国家和地区,基本上都是现代民主政治的发源地。代议制政府的兴起,不仅开启了欧洲政治史的新时代,也给全世界带来深刻的影响。然而,欧洲政治结构的分水岭并不是英国的光荣革命,而是法国大革命(Bogart 等 2009)。18 世纪的时候,没有任何一个欧洲国家追随英国建立议会君主制,就像 17 世纪的时候,没有其他国家效法荷兰建立联邦共和国一样。不仅如此,当时绝大多数的欧洲统治者都十分厌恶这样的制度。然而在法国大革命之后的四分之一个世纪中,欧洲经历了一次大规模的政治转型——法国和荷兰建立起了统一的议会君主制,德国和意大利境内独立邦国的数量也急剧减少,普鲁士建立了专制君主制,西班牙和葡萄牙正在向君主立宪制迈进。拿破仑建立一个庞大帝国体系的努力失败了,但是由他引发的许多变化却保留了下来。其中最重要的就是,法国、荷兰和意大利的统治家族在复位之后,都毫不妥协地推行财政中央集权化。不仅如此,这些变化还波及了更大的范围。例如,1830 年比利时独立的时候,立即建立了代议制的政府。①

人们通常更加关注 19 世纪末期民主政治的兴起,而相对忽视法国大革命带来的种种变化,原因大致如下:首先,在法国大革命的影响下建立起的政权,通常都是保守主义的或专制主义的(例如普鲁士、荷兰、奥地利帝国、俄国)。因此,尽管这种变化为拿破仑退位之后欧洲基础设施投资急剧增长的经济格局提供了有益的支撑,但是它并未实现经济发展和自由化的相得益彰。但是从比较的视角来看,这个时代的欧洲人开始更像中国。欧洲的统治者也越来越看重高效的治理和经济的繁荣。非常耐人寻味的是,这种政治革新并没有减少欧洲的分裂。当然,在 1789 年到 1815 年之间,因为拿破仑战争和维也纳会议重新划分了欧洲的疆

---

① 当然,所有的事情都有例外。比如奥匈帝国就拒绝这股改革的潮流。这个帝国在十九世纪的种种表现都说明,它统治下的不同地区还在实行着不同的制度(甚至连奥地利的皇帝都需要以匈牙利国王的身份实施对匈牙利的统治)。

界,欧洲独立国家的数量继续减少。然而,终结欧洲分裂格局的最激进尝试——拿破仑统一西欧大部分地区的宏大计划——却是功败垂成。尽管许多地区的民众一开始都很拥护法国征服者推行的改革措施,但是他们并不愿意接受法国人的统治。地方精英在改革的问题上有时也会出现分歧,但是他们一致反对来自外国的统治者,更加不能容忍自己的权力遭到削弱。

法国大革命初期建立的政治体制,基本上是建立国家层面的认同以削弱地方的政治认同。但是这种新的认同并不比此前的地方认同更能有效地推进大区域的一体化进程。举例来说:以对法国的认同取代对布列塔尼公国的认同,并不一定会增加对整个欧洲的认同。

19世纪中期以前的欧洲历史极其明显地反映出,罗马帝国的分裂给欧洲造成了极其深远的影响。在蛮族入侵过去很久之后,甚至在欧洲已成为全世界范围的战争和暴力输出者之后,欧洲的政治进程仍然深陷于一种地方性的逻辑。国家的形成需要经济、政治、军事各方面的推力,这些因素欧洲都在不同程度上具备了。然而,领土的整合是一个非常痛苦而又缓慢的过程。1815年之后,拿破仑的失败使欧洲的统一化为泡影,幸存下来的国家才能坐享地方势力被剪除的有利形势。除此之外,欧洲国家还通过贸易和货币谈判来降低分裂的经济成本。她们还极力地宣扬"势力均衡"的原则,一方面承认彼此之间的冲突和竞争,一方面有效地约束威胁到别国利益的权力扩张。签订于17世纪中期的《威斯特伐利亚和约》,十分清楚而且完善地表述了这样的政治原则。如果欧洲人在政治上做出更多的努力,他们或许能够在交易成本更低的情况下获取更大的经济空间,并从贸易中获得更多的收益。但是欧洲人非常清楚地知道,这样的设想通常是不现实的。所以,绕开政治统一而建立区域经济共同体的做法,早在19世纪就已经逐渐成形了。当然,自下而上地建立一个经济共同体与自上而下地做这件事情有很大的差异。

由于本国的领土四分五裂,欧洲统治者只能竭尽全力地夺取海外的财富和霸权。因此,在欧洲国家纷纷建立新的政治体制、改易新的政治理念的时候,其中的一些国家开始了向海外的冒险。在19世纪的下半期,世界上许多未曾被欧洲白人所占领过的地区,都已经变成了欧洲列强的正式殖民地。凭借着在过去几个世纪的争霸战争中积累起来的军事实力和战争经验,欧洲人相当顺利地掠夺了亚洲和非洲许多地区的劳动力和原材料。更加准确地说,工业化促成了一种新的国际分工格局:即工业资本主要集中在西欧,北美则从世界其他地区购买原材料和吸引劳动力(Findlay与O'Rourke 2007第七章)。英国人大力提倡自由贸易,并将其视为促进人类经济发展最有效、最良善的方式。这种经济原则究竟在多大程度上支配了当时的国际贸易,目前还存在着较大的争议。但是可以确定的是,自由贸易和建立在资源禀赋以及相对优势基础上的国际分工,为当时的经济发展提供了强劲的动力。欧洲人寻找新的经济机会的过程,根植于近代早期的欧洲政治经济形态,即欧洲各国非但无法在欧洲范围内互相合作,而且还转向激烈的海外竞争。

19世纪英国对全世界的控制,建立在其几个世纪的海洋探索和征服的基础上。英国和其他欧洲国家借助经济掠夺来建立和巩固国际政治地位,这种能力依赖于一系列的技术进步和制度变革。而且这样的变革更有可能发生在欧洲,而不是中国或者世界上的其他任何地方。频繁的战争使企业主们纷纷涌向城市,寻求庇护,使得城市里的相对价格更有利于资本投资。除此之外,大量企业的聚集还促进了经济的发展,军事技术的发展也有助于提升民用技术的水平。在前面的几章中,我们谈到了影响近代早期中国和欧洲经济发展的关键因素。我们认为,中国并不是不能走欧洲那样的发展道路,但是中国和欧洲最关键的差异在于要素的相对价格。为了解释这个问题,我们分析了政治环境对于经济抉择的影响,并论证了为什么欧洲的某些地区比中国和世界上任何其他地方都更有可能发生工业革命。这种经济转型一旦开始,单纯地比较中国和欧洲的经济发展态势就没有太大的意义。另外,我们还要准确地评估欧洲对于中国的影响。当中国被迫进入全球经济体系以后,一系列的政治异动既阻碍了中国按照自己的节奏实现经济转型,也使得经济转型变成了一个难以企及的目标。

1850 年之后,我们再也不能将中国和欧洲视为两个互不相干的地域。事实上,他们之中任何一方的政治和经济变化,都有可能引起另一方相应的变化。对于欧洲来说,来自中国的影响可能是比较有限的,她更加看重的是与美国和世界其他一些地区的关系(Findlay 与 O'Rourke 2007:402—424)。但是对于中国来说,她关注的所有政治问题和经济问题,都不再是一国内部的事务。尽管 19 世纪的中国从来没有成为任何一个列强的正式殖民地,但外国企业和外国官员对于中国的影响却是巨大的。在欧洲人凸显存在感的同时,中国政府却在双重挑战面前日益疲弱,它既要坚持 18 世纪的治国方略,又要建立一个能够应付国际事务的新型国家。在 1850 年之后的整整一个世纪里,中国政府始终处于自身难保的状态,更别提维持这个国家的稳定和秩序。[①] 然而一个新的中国政府在 1949 年建立起来,她不仅是一个主权国家,还成功地接管了以往被清朝统治的大部分土地。中国人之所以能够完成这样一个壮举,乃是因为将国家统一放在至高无上的地位,中央政府有效地掌握着治理国家的权力。这样一来,中国的经济再一次获得了空间规模上的优势,走上了一条欧洲人在第二次世界大战以后才开始渐渐探索的道路。

帝制中国:在欧洲主宰的世界中发展的限制

在秦朝之后的两千年,中国经济的发展之所以能够取得成就,与其帝国的规模紧密相关,这一点我们在本书前面的章节中已经进行了论证。在这个历史时段之内,中国的政治经济所支撑的制度和相对价格,

---

① 关于这一时期的中国历史,请参见史景迁的著作(Spence 1990:137—513)

非常适用于农业帝国和农村经济。但是当外来的政治压力给中国执政者提出了新的要求，传统的制度体系和治国方略就越来越难以维系。我们并不认为1911年帝制的崩溃，是因为中国经济早已失去了活力。相反的，这个帝国是到19世纪，随着国内治理和国际交往变得越来越困难和代价高昂，才最终丧失了她的经济优势。

十九世纪，中国一贯奉行的"在和平的环境中发展贸易，通过相对温和的税收提供公共产品和社会服务"的政治经济理念，开始变得越来越行不通。们提高了税收，减少了公共产品的供给。19世纪中期，中国政府提高了商业税。到19世纪70年代至19世纪80年代，这个国家的新政治路线图看来已经十分奏效。1895年，大清水师在朝鲜半岛附近遭遇日本海军的重创，这成为中国历史上一个关键的转折点。战胜的日本将一笔惩罚性的赔款强加于中国。为了偿还这笔赔款，中国政府不得不提高税收，国内民众的不满情绪与日俱增。1900年，八国联军入侵北京，要求清政府镇压攻击外国传教士和教民的义和拳运动，这成为一个让清政府更加难以应对的挑战。随之而来的赔款几乎相当于清政府年度财政总收入的3倍。满足外国人需索的唯一办法，就是将所有的政府财政收入都转移到这一个目标上来。

事到如今，中国政府以农业和农村经济为基础促进经济繁荣的传统做法，已经变得越来越不合时宜。1911年清朝灭亡之后，这样的政治经济模式彻底失去了意义，因为在1949年中华人民共和国建立之前，中国大陆在大部分时间里都深陷于政治分裂的困境。即使是在1927年至1937年，国民政府形式上实现了国家的统一，但是也仅仅只能从5个省份征收农业税。国民政府对许多地区的统治，其实还要依赖地方军阀的合作。她也只能对清朝统治过的一些边缘地区宣示名义上的主权，比如西藏。而台湾尽管在几个世纪以前就有人员往来的历史，在18世纪的时候正式成为福建的一个府，但此时已被日本占领。而雪上加霜的是，日本的势力范围更扩至中国东北。凡此种种，令20世纪30年代的中国面临着一个晦暗的、吉凶叵测的未来。

政治竞争和军事冲突是民国时期的常态。本书前面章节所讲到的，帝制时期促成经济发展的种种条件，此时都已经丧失殆尽。相反的，中国的政治局面倒越来越像近代早期的欧洲，一方面是频频触发战争的政治竞争，一方面是长时期的财政赤字。如果欧洲的经验是唯一的，那么中国大陆应该会陷入小国林立纷争的局面，中国的政治进程也会变成几个世纪以前欧洲历史的翻版。从这个角度来看，帝国主义是开启中国政治分裂和纷争的最重要因素。尽管外国列强的到来使19世纪的中国陷入了前所未有的政治乱局，但是在1895年日本割占台湾之前，列强诸国其实并没有吞并中国某个地区的野心。在没有彻底沦为殖民地的情况下，人们可能会认为，20世纪初期的中国会像近代早期的欧洲那样，经历漫长而激烈的政治纷争。从欧洲人的视角来看，中国由统一走向分裂是完全有可能的，因为毕竟有那么多的昔日帝国都已经分崩离析。但是如果机械地照搬欧洲的历史，或者将中国与其他的帝国简单地等同起来，我们就不能够解释中国究竟发生了什么。事实上，四分五裂的局面在中国并没有持续太长的时间。

历史学家总是将19世纪的中国历史描述为一个江河日下的过程。虽然也会提到人们进行制度更新和调适的能力，以及中国人对于越来越多的西方商人、传教士和外交官的接纳。尽管当时的中国统治者已经意识到他们正面对着多重的挑战，但是在19世纪50年代或者19世纪60年代，甚至在19世纪80年代或者19世纪90年代，还是没有任何人能够预料到这个庞大的政权会在1911年走向末路。19世纪其他大国的统治者同样也没有这样的先见之明，但是中国的统治者在帝制穷途末路的情况下，甚至还发展起了一套新的制度和策略去创建一个新的政府，以替代那个行将就木的帝国。他们在多大程度上获得了成功还很难说，但是至少20世纪上半期的军阀混战、抗日战争以及国共内战都没有令中国出现长久的分裂。在此之后，一个新的政权建立起来了，其领土范围和人口数量与清朝相差无几。在重新实现了政治稳定之后，中国又重新获得了一个大型政治单位的诸多优势。中国的发展经验告诉我们：在清朝灭亡之前，中国的确有着自成一体的经济，而来自外国列强的政治压力显然滞碍了这个经济体的发展。

　　清朝未能成功地完成向近代经济的转变，而中国在经历了一段时间的分裂之后，又出现了一个大规模的政权，这两个事实背后隐藏着不同的逻辑。从某种意义上来说，这似乎支持了一种既有的观点：即认为中国共产党所建立的无非是中国历史上最近的一个朝代，他们与中国历史上曾经有过的那些统治者也没有太大的差别。但是从另一个角度来说，1949 年之后的中国可以借鉴早先时代的发展经验，努力地吸收和适应外国的经济、社会和政治理念，以及各种有益的制度安排。我们还是可以通过这样的线索去理解，为什么 1980 年之后的中国能够发展得如此迅猛。然而，一个政权的空间规模对其当下经济发展的影响，还并不是我们这本书最关心的问题。我们着力探讨的是：在 19 世纪经济大分流之前，政权规模的差异分别给中国和欧洲带来怎样不同的影响？通过简要地勾勒 19 至 20 世纪中国政治变迁的一些特征，我们反复地向读者强调：存在于中国大陆的诸个政权，不仅有着庞大的空间规模，而且有着强韧而持久的内在关联。当"帝国"的影子在新中国的机体中依稀可见的时候，欧洲也开始（从 1950 年）向着政治、经济一体化迈进。在很长的时间里，我们都认为欧洲民族国家的形成代表着政治制度的演进。但是真正令人费解的，其实是欧洲向着中国的政治规模发展，并不是中国的政治规模变得越来越像任何一个欧洲国家。这个事实应该可以折射出，西方学者长期以来的视角存在着多大程度的偏见。而本书所呈现的历史视角，至少能让研究者们开始纠正这样一种偏见。

政治竞争与经济发展

　　尽管欧亚大陆的两端孕育出完全不同的政治格局，但是用于解析这两种格局的政治经济框架却十分相似。对于欧洲,研究者们十分强调代议制和国家之间竞争的重要性。然而对于中国和其他的专制政权,过去的研究者们却只看到了经济的停滞。人们一度认为,良善制度在欧洲的出现,使得欧洲经济走上了持续发展的道路;而中国民众则在乾纲独断的皇帝令人窒息的压迫之下,一步一步地走向"马尔萨斯陷阱"。但是读者们应该可以发现,我们的观点与上述论断截然不同。在绝大多数情况下,国家之间的竞争都是代价高昂的,而且不可避免地会对市场规模造成负面影响,然而帝制之所以能够长期存在,至少有一部分原因是这种制度关乎民众的福利。然而,任何一种治理方式的优越性都不能被过分地夸大,因为即使到了 19 世纪,欧洲国家的政治结构还是存在着巨大的差异,中国各地和欧洲各区域的生活水平也有着很大的不同。

近年来,研究者们发现了大量的材料,证明 20 世纪以前中国民众的收入存在着明显的区域差异。同时也能够证明,帝制时期的中国民众并不像传统观点所说的那样,苦苦地挣扎在温饱线上。此外,帝制中国的政策似乎也不是那样的需索无度,致使投资受到抑制,人们普遍生活在贫穷之中。相反的,这些政策似乎旨在促进全国范围的经济繁荣。欧洲一方的证据与既有的论断更加矛盾,因为在 20 世纪的最后 25 年中,即使是在未处于铁幕之后的那些欧洲国家,代议制也远远没有得到巩固。当然有人会认为(我们在其他地方也曾这样讲过),统治者们一般不愿意采纳更加有效的制度,因为这将会削弱他们的权力(Rosenthal 1998)。从中国的历史经验来看,这种局部修正的认知恐怕还是远远不够的。威廉二世时期,德国的经济十分强劲,但即使是用英国或者法国的标准来衡量,她的民主制度都是不完整的。同样成问题的是,尽管英格兰和爱尔兰在长达 120 年的时间里属于同一个国家,但是英格兰的经济成就并没有在爱尔兰形成同等的回响。而奥匈帝国和伊比利亚半岛的内部差距就更大了。总而言之,即便是在欧洲的范围内,竞争型的国家体系也并不一定会带来积极的后果。经济发展态势比较好的国家,并没有在欧洲内部扩充领土，典型的例子就是 17 世纪的荷兰和 18 世纪的英国。完成了制度转型的国家可能会达到更高的经济发展速度，但是她们并没有在欧洲拓展领土——要说经济发展在领土面积上带来任何好处，那就是她们后来都变成了殖民帝国。

我们并不是说有效的治理形式从不存在，或者说在一个很长的时间段里不可能存在，只是说促使一个国家采用代议制的压力可能没有那么大，而且改革的成效在不同地区可能有很大的差异。不管是在历史上还是在今时今日，政治结构都影响着经济的发展，但是欧洲国家形成对于经济发展的意义，可能是被错误地估计了。当代欧洲的政治变迁说明，中国的政策对于经济发展的正面效用至少不输于欧盟或者任何一个欧洲国家。我们希望强调的是，一个国家采用任何一种政治体制，在很大程度上是基于财政的原因，而不是因为对自由的热爱或者不愿意忍受一个腐败的独裁者。而且关于代议制的种种冲突，其实也更多的是争夺控制财政收入和征税的权力。因此，代议制并不是由那些希望消除专制税收造成的经济扭曲的人们促成的。这些人其实是希望从专制君主手中夺取制定征税比率、主导国家开支的权力。当然，欧洲的政治变迁的确影响到了经济的发展，但是这种影响其实是我们在本书第三章中所提到的：竞争型的国家体系直接（尽管不是预料之中的）导致欧洲选择了资本密集型的生产方式，而帝制中国的和平环境则带来了劳动密集型的生产方式。在本章中，我们讨论了从查理五式时期开始的欧洲政治结构，从明朝开始的中国政治结构，分别是怎样影响了整个制度变迁的进程。坦白地说，欧洲人并不是迷恋小国寡民的状态，而是从 1500 年开始，每个国家甚至是每一个省都形成了自己的政治认同，极大地阻碍了欧洲的统一进程。而中国的发展则是由一个强有力的中央政权主导，虽然也要根据具体情况对每个省份做不同的考虑。政权的空间规模究竟会怎样影响到今天的经济发展，是我们在接下来的"结论"部分要专门讨论的一个话题。但是还要特别强调的是：由于政治、军事竞争已经趋于缓和，开放的国际市场也日益形成,今天的欧洲国家比以前更容易保持独立了。我们可以设想,如果历史上的加泰罗尼亚人、苏格兰人或佛兰德人,曾经因为惧怕外敌入侵而关闭了国际贸易的大门,他们也许就不会像今天这样希望争取独立了。

结论：发现、方法与意义

这本书探讨的是一个经济学中的经典问题：为什么持久、强劲的经济发展，最早出现在欧洲而不是中国？在前面的七章中，我们反复地论证：促使这两个地区发生经济"大分流"的，其实是她们各自的政治进程。到了 19 世纪，中国和欧洲的经济大分流已经越来越明显，但是其肇因却潜藏在很久以前的那些时代。在长达几个世纪的时间中，帝制中国都比战火纷飞的欧洲更加稳定、更加兴盛。战争给那些幸存下来的人留下了无尽的悲伤（那些在战争中丧生的人当然更加不幸），但是也在 1700 年前的几个世纪之中，歪打正着地将欧洲引向城市化、资本密集化的发展道路。强调欧洲和中国的政治环境，并不意味着我们试图推翻之前基于经济视角的诸多论断。相反，以亚当·斯密和大卫·李嘉图为代表的经济学家对于前工业化时代的理论概括，仍然是极具洞察力的。

研究者此前对于政治进程和经济发展关系的讨论，是基于这样一个推论：即我们可以用看待经济竞争的眼光，去看待国与国之间的竞争。这个观点在现实政治中有相应的例证：比如贪婪的独裁者给国家财政带来的负担，总是远远大于受到法律约束的政客在竞选中的花费。如此一来,研究者们就断定,一个充满竞争的、创新的欧洲一定要胜过帝制的、因循守旧的中国。本书就是结合了当代的和过往的历史,来反驳这种简单化的推论。我们认为,政治竞争的历史代价是极其高昂的。尽管政治竞争遍及整个世界,也贯穿着人类的历史,但是它通常无法带来富强和繁荣。在过去,政治可不仅仅是君子动口不动手的竞选,还包含着一国之内和国与国之间的暴力竞争。为了保证政治斗争过程中有充足的资源,一个老谋深算的政治家会强力地介入自己国家的经济活动,并想方设法摧毁对手的经济。在历史上,如此为所欲为的统治者往往给经济带来灾难性的后果,正如霍布斯所说:"生活是肮脏、野蛮和短暂的。"

中国和欧洲的经济大分流,的确是源于这两个地区在政治上的差异。但是我们认为,欧洲国家之间的竞争并没有给经济发展带来不可多得的良机,而是拖慢了经济增长的步伐。18世纪晚期以前欧洲长期的贫穷,主要是因为每个国家的国土面积都非常有限,因此限制了市场的发展。资本密集型生产方式的出现,其实是欧洲政治乱象所引发的出人意料的后果,并不是由政府刻意推动和引导的。相反,中国那样一个庞大而又稳定的帝国,是其上千年繁荣和强盛的根源。中国的历史文献中处处可以看到,政府为了维持这个帝国的长治久安,想法设法地促进经济的发展。基于上面的两重观察,我们至少不能想当然地断定,中国的失败是由于其经济体系失去了发展的动力,或者中国受其文化、环境或政治痼疾的拖累而止步不前。

事实证明,欧洲的制度并不像我们以往认为的那样,明显地优越于中国的制度。因此我们不能够接受那种曾经甚嚣尘上的老生常谈,即认为欧洲所向披靡地迈向技术革新,而中国却在原地停滞不动。清理好思维的园地之后,我们就能够将这两种经济重新放在一起审视了。我们相信,这种研究思路的回报已经在前面几章中充分显现出来。我们一方面明确地提出:那些常常被人们关注的文化或经济因素(例如民主制、非正式制度、资本市场),要么是根植于我们所强调的政治过程之中,要么就是经不起基于历史证据的推敲。另一方面，我们还追溯了不同的国际关系格局对于技术变革、信用市场以及政府开支的影响。继而展现出，欧洲在长期的战争威胁之下，意外地形成了一个非常有利于经济变革的环境，而较少面对战争的清朝所推行的经济政策，则更易于促成"斯密型增长"而不是工业革命。

我们的分析更加关注两种政治结构（帝国和列国纷争）给经济变革带来了什么样的后果，却相对较少讨论欧洲究竟为什么，以及在什么时候取代了中国的经济领头羊地位？我们非常肯定地指出，新的生产方式更有可能出现在欧洲的某些地区，而不是中国的任何地方。造成这种差异的原因，必须从中国和欧洲迥然有别的政治结构中去寻找。比较流行的关于欧洲何时，以及为何能够超越中国的解释之中，存在着两个非常容易出错的地方。第一，由于量化信息比较缺乏，过于精确的时间叙述可能是不准确的。事实上，任何比"1450 年至 1800 年期间欧洲的人均收入开始高于中国"更加精确的叙述，可能意义都不大。对于要求精确的社会科学而言，这无疑是一个令人沮丧的结论，但是我们的确不能期待更多。第二，有一些分析试图找到一个具有决定性意义的转折点，而且希望交代清楚那一个时间点上所有的相关因素。这样的描述通常比较细致，囊括了许多可能起到作用的因素，但是这些因素的相对重要性和显著性是很难确定的。通过论证欧洲比中国更有可能成为近代经济的策源地，我们几乎发展起一种与社会科学更为接近的解释方式：即某些因素或某些情况的出现，带来了某种后果的可能性。但结局究竟如何，还取决于特定环境中的另一些影响因素。

我们研究比较经济史的方法，与当前较为流行的方法有很大的不同。我们并没有提出一个宏大的理论，而是将解释建立在许多小而精的理论之上。每一个理论或模型都充分地考虑到了经济结构的差异，不仅仅是欧洲与中国之间的差异，还包括各个地区内部的差异。举例来说，在第二章中，我们讨论家庭结构对劳动力市场的影响时使用了一个模型,以展现家庭结构如何影响到劳动力市场的规模。接下来,我们又建立了一系列推论来说明拥有不同的主流家庭结构的经济体,其劳动力市场中的雇佣工人的平均技术水平会有怎样的差异。我们在构建一个因果链条时,会尽可能地追求简洁、清晰,因为这个因果链条可能在论证的过程中至关重要,尤其是在可利用的数据比较少的时候。举第二个简单的例子,在第四章中,我们首先使用了"列昂惕夫生产函数",然后使用了"科布-道格拉斯生产函数"来论证战争对于相对价格的影响,以揭示城市制造业和乡村制造业的区别,在于是否能够有效地躲避战争的侵扰。接下来,我们又从静态的模型转向动态的分析,以展现战争对于相对价格和技术变革方向的影响。在上述的每一个论证阶段,我们都对因果链上的各个环节进行了仔细的斟酌和评估。

我们的比较经济史研究具有经济学的维度,因为我们有意识地使用了经济学的理论来解析所遇到的问题;我们的研究还运用了比较的视角和历史学的研究方法,因为我们尽可能地将各种因素放在一个完整的语境中进行探讨,尤其是致力于解释一个特定的制度怎样在不同的历史和社会环境中运作,不管它们是家庭制度、亲属组织、金融市场、信用交易,还是由政府或商人团体主持的商业纠纷处理。我们的比较将中国和欧洲视为两个截然不同,但是又在规模上具有可比性的地区,而在这两个地区内部又存在着各种各样的差异。我们认为:因为一些简单的经济学原因,有一些现象不论是在一个地区之内,还是在欧洲和中国之间,都会呈现出明显的差异,制造业的密集程度就是其中之一。在欧洲和中国的诸多差异之中,我们尤其关注那些受政治因素影响的差异。

我们较多使用的分析方法,是将一些基础理论放在特定地区的历史进程之中。我们当然希望能够解决宏大而且重要的问题,但是我们的每一个结论都是谨慎、克制的,严格限制在特定的历史时空。我们并没有对经济变迁提出任何一揽子的解释,也并没有提出任何普适性的理论来说明政治对经济变迁的影响。事实上我们非常怀疑,在社会科学、历史学或其他的学科门类之中,是否真的有某种放之四海而皆准的解释。因此之故,我们将所有的精力集中起来回答一个问题:即为什么近代经济开始于欧洲,而不是中国? 我们的大多数论证都从属于这个大问题的某一个方面。当然,也有一些分析相对比较宏观,比如第六章中,我们讨论到了中国和欧洲的税收水平以及公共产品构成。我们解释了为什么在19世纪以前,中国的税收水平比欧洲低,但公共产品的供给程度却比欧洲更高,以及中国后来怎样在和欧洲早些时期的历史比较相似的情况下,提高了税率,且降低了公共产品供给水平。时至今日,尽管我们面对的世界已经发生了很大的变化——尤其是军费在整个政府开支中的比重大大减少——但是财政政策仍然是人们最为关注的政治问题。除此之外,在中央(如北京、布鲁塞尔)和地方(如四川、广东、西班牙、瑞典)之间分配权力的制度,到今天仍然存在着。

然而,我们对于"为什么现代经济起源于欧洲而不是中国"这个问题的讨论,到1800年前后就结束了。在本书中,我们的目标是寻找导致近代技术大分流的各种因素,而这个过程在1800年以前也基本结束了。因此,本书中较少使用19世纪或20世纪的材料,更没有涉及欧洲和中国之外的世界其他地区。当然,19世纪到20世纪期间,整个世界经济发展的进程又发生了明显的改变,出现了许多我们还没有来得及讨论的问题和可能性。然而,我们从历史的角度对于制度变迁的探讨,仍然有助于理解20世纪中国和欧洲经历过的各种变迁,也能够在一定程度上照见那充满变数的未来。我们认为,不管人们是否清楚地意识到,制度变迁至少在一定程度上是过去的再现和延伸。此外,中国和欧洲之间的差异也有助于凸显这两个地区今天面临的挑战和机遇。

当然,20世纪的全球经济环境与本书中所讲到的中国和欧洲,一定是大相径庭。技术的进步和政治的变迁既改变了制度的面貌,也改变了人们的选择。举例来说,为了说明相对价格在生产抉择中的重要性,我们在本书的第四章中着力讨论了近代中国和欧洲的制造业选址问题。

然而在 20 世纪,这个问题已经远远没有那么重要了。今天,战争对于经济的影响早已大大降低,全世界的企业家和经济政策制定者都在极力追求资本集约化。不同地区在相对价格上的差异虽然还是存在,但即便是最劳动密集型的外包生产,也使得贫穷地区的资本利用更加集约化。同样的,人口的变化和劳动力市场的变化,使得我们在第二章中讨论的问题在 1900 年以后也不再重要。现在的公司规模变大了太多,所以家庭结构已经不可能像过去那样深刻地影响劳动力市场。我们必须承认,我们对于特定时段、特定地域所做的分析工作,或许并不适用于其他的历史时空。对于这一点,我们既不感到意外,也不感到沮丧。相反,我们期待社会科学研究者都能够自觉地进行这样的自我约束。

许多研究者都自觉或不自觉地接受了这样一种时代划分,即认为第二次世界大战之后,人类社会的历史与几十年前或几个世纪以前相比,出现了明显的断裂。所以他们自然会怀疑,本书中所讨论的问题与过去的半个世纪究竟有多大的关系。因此,尽管我们已经提醒过,本书的一些经验分析可能与今天的世界并没有直接的关联,但是这一点对本书的读者而言可能不会构成太大的困扰。如果这种历史时段的划分,能够使当代史研究者和更早些时期的研究者之间形成一种相对明确和稳定的分工,那么研究者们就可以安心地待在自己的领域内,选择适宜的方法进行各自的研究。但事实上,这样谨慎地自我约束的状态很难持久,因为今天的许多社会科学和人文学科都在追求"大而全",越来越关注那些看似能将"现在"和"过去"联结起来的学术议题。许多研究者都跃跃欲试地用在今天的世界中形成的学术眼光,去看待和评估过往的历史。同样的,许多研究者也放心大胆地将欧洲或"新欧洲"的制度与理念,作为评价全世界的标准。诺斯、沃利斯和温加斯特的《暴力与社会秩序》一书(North,Wallis 与 Weingast 2009),就体现出这样一种轻率,在前面的章节中我们已经有所提及。本书的绝大部分篇章,就是为了质疑和挑战这种研究取向。我们将中国和欧洲放在同一个分析平台,利用一些基本的经济学理论，以及中国和欧洲的历史事实，去验证那些在现在看来很重要的因素，究竟在多大程度上影响到中国和欧洲过往的经济表现。在这个基础之上，我们才能够放心地将视野转移到二战之后，并断定：只有真正认清了中国和欧洲的历史，才能更好地面对她们的现在和未来。

因为制度变迁总是发生在具体的历史情境之中，所以政治始终会影响到经济的运作。我们反复强调的一点是，帝国的理念和制度总是在中国这片土地上周而复始地出现，而欧洲历史上则未曾出现过这样的循环。不管中国还是欧洲，从 1914 年至 1947 年都经历了一连串的灾难，而且这些灾难几乎都与政治和国际形势息息相关。尽管个别地区在 20 世纪 20 年代也出现了较快的经济发展，但是欧洲和中国的绝大部分地区在两次世界大战期间都经历了一个极其黑暗的时代。而且在这三十多年之内，中国和欧洲的政权规模竟然越来越接近。尤其是在饱受战争蹂躏的中国，其四分五裂的状态与割据纷争的欧洲有太多的相似之处。因此如果我们仅仅关注 20 世纪上半期，就不难看到：帝国消失了，我们印象中截然不同的欧洲和中国也已经不复存在。

如果我们再将视线转向 20 世纪末期，就会看到中国已经重新统一，而欧洲也开始弱化竞争、强化合作，甚至出现了一体化的趋势。时至今日，欧洲人已经实现了越来越多的政治合作和经济一体化，这既是在中国历史上反复出现的情形，也是 1949 年以后的中国人不懈追求的目标。今天的欧洲人之所以致力于更大程度的政治合作，是因为这个世界曾经被冷战一分为二。冷战的阵营划分在一定程度上消解了欧洲内部的政治竞争。尽管二战之后的经济复苏，是由每一个国家独立推动的，但它的进程是被架构在资本主义西方和社会主义东方之间新一轮的国际竞争中。二战后，西方社会对共产主义的恐惧使得两次世界大战期间形成的军事同盟成为了历史，但也种下了欧洲经济一体化的种子。但是到目前为止，欧洲经济合作的程度还比较有限，政治一体化的步伐也相当缓慢，区域化的政策还时时受制于民族主义的经济诉求。欧盟（EU）的前身是"欧洲煤钢共同体"（European Coal and Steal Community），后来又转变为"欧洲共同市场"（Common Market），但这还并不是推动经济一体化的关键性政治步骤。欧洲联盟最灿烂的花朵要到几十年之后才会绽放。

在中国，历史与现实的明显断裂发生在20世纪50至60年代。20世纪50年代中期，中央计划取代了曾经覆盖城市和乡村，并曾促使人们采用最早形成于西方的各种制度和技术的市场。尽管我们在前面章节中分析过的许多经济实践和制度环境，在1949年以后被否定，但是一些关键的政治和经济因素仍然保留了下来，也在1949年之后的某些转折关头重新显现出来。中华人民共和国缔造了一个统一的中央政权，治理着清王朝鼎盛时期的绝大部分领土。尽管推行的制度在表面上看来更接近于苏联的制度，而不是本国的传统制度，但是他们非常清楚这种制度的优势和局限。总而言之，在20世纪50至60年代，帝国体制与社会主义制度在理念和具体做法上的差异，掩盖了它们之间诸多的相似之处。

为了真正理解中国的过去对他的现在和未来的影响，我们必须认真地考虑中国和欧洲的政治经济中一些长期存在的差异。如果我们转而讨论当代公共财政，并回过头去看本书第六章中提出的那个结论："18世纪中国所有的税收决策都来自中央政府"，然后再认真地思考为什么当时的中国没有形成一个像欧盟那样的政府，我们就能够发现，这其实源于不同的制度基础。在这个基础之上，人们对于北京和布鲁塞尔的公共财政问题抱持着相当不同的预期。对于欧盟而言，要获得相当于国内生产总值10％的资金作为财政经费，需要各成员国做出的主权让渡就已经远远超出了绝大多数亲欧派人士的预期。然而对于中国而言，要使中央政府仅靠这么一点点经费来运作，那简直是不能想象的。同样的，中国政府针对2008年经济危机的刺激方案，是布鲁塞尔欧盟总部无论如何都无法企及的。中国的财政政策既包括中央层面的拨款，也包括各省的具体财政目标，因此许多细节上的问题是交给各省灵活处理的。这样的做法与 18 世纪中期中国官员的救荒措施如出一辙。饥荒赈济的过程,也是由中央政府统一制订计划,省级的官员和机构相互协调与配合。在 2008 年的经济危机之中,欧盟的应对措施显得非常苍白无力。不管是紧急救助措施还是财政刺激方案,都是由各国政府分头运作的。而中国政府则不仅提供了一半以上的财政刺激经费,还亲自制订和监督了许多有助于缓解财政危机的基础设施项目。就在最近,布鲁塞尔的欧盟总部还是没有拨出任何经费来应对希腊的财政危机,最多只能在各国政府之间进行斡旋,最后还是要由各国政府自己决定是否出手相助。欧盟没有足够多的钱去应对欧洲的财政问题,而在欧洲的历史上,也从来没有与中国的灾荒赈济规模相当的财政行为。

在过去的三十多年中,中国经历了一个经济转型的过程,使绝大多数民众从中受惠。这个国家数量庞大的潜在消费者群体,向跨国公司的决策者们提出了五花八门的市场需求。但是这种卓著的经济表现是建立在什么样的基础之上呢? 当代中国问题的研究专家都十分清楚:20 世纪 80 年代中国的经济发展,并不依赖于在欧洲经济史和当代世界经济发展历程中都至关重要的正式制度。在 20 世纪 80 年代和 90 年代初期,中国工业发展的主力是乡镇企业(TVEs)和国家计划之外的企业。这些企业既没有清晰的产权结构,其所从事的交易也难以得到国家正规司法体系的保护。一些中国学者和观察家曾经将这种情形称为"自生自发的发展"。中国的官员不必从一开始就建立正式制度,以规范生产和交易。相反的,在中国变得足够富裕,有足够的资源建立司法基础设施之前,非正式制度能够为国家承担起这方面的巨大成本。然而到目前为止,研究者们还是没有解释清楚,为什么这种"自生自发"式的发展并没有在全世界的范围内普遍出现? 为什么改革开放后的中国在乡镇企业爆发式发展的阶段,能够较为有效地依赖非正式制度? 我们在本书的第三章中提出:非正式制度在中国历史上一直都很重要,它的存在不止为了填补正式制度的空缺,还实实在在地适应和便利了市场交易。在 1949 年之后,中国政府取消了许多非正式制度,并代之以与市场经济并不合拍的正式制度。1949 年至 1970 年代后期,经济政策虽然激进,但是仍然不可能与中国的历史完全绝裂。从 20 世纪 70 年代中期开始,中国的领导人逐渐开始允许和接受,用国家机构和国家计划之外的方式促进经济的发展。于是,人们开始求助于那些还没有被彻底遗忘的非正式制度。由此可见,20 世纪 80 年代中国的经济发展,其实植根于这个国家漫长而丰厚的历史。

从 20 世纪 90 年代开始,随着经济政策和经济环境的转变,中国的企业也在亦步亦趋地发生着变化。工业生产开始向拥有先进技术的工厂转移,与此前的乡镇企业主相比,这些工厂的所有者和管理者都更加看重清晰的产权关系。但是即使是在最好的情况下,契约执行也不可能顺畅无阻,而且在欧美经济环境中视为必不可少或者理所当然的一些产权关系,在当时的中国还是没有得到清晰的界定。我们认为,这样的差异至少可以部分地归因于中国人久已有之的一些偏好和经验。将本书第三章中的结论与更晚近的历史放在一起观察,我们就能够不断地提醒自己:千万不要深陷于曾经流行一时的"历史终结论"之中,简单地认为所有的制度终究会殊途而同归。

同样的,我们在本书中所做的分析,并不能支持这样的观点,即认为中国的发展推翻了美国或者更广泛意义上的西方的经济实践。此外,我们也并不能够同意"文明冲突"的论调。这种论调常常将不同的经济实践归结于一些所谓根深蒂固的差异,而这些差异会注定导致不同的地区陷于敌对。我们在本书中反复强调:在一个地区行之有效的经济原则,在另一个地区也同样行得通。我们所看到的差异,其实归根结底是历史对于制度的影响。这种影响通常潜藏在一个宏大的、自成一格的社会情境之中。

这种视角集中地体现在本书的第五章,也就是对于信用制度和金融市场的探讨。我们从空间的差异入手,去解释近代早期欧洲的各类金融环境,以及我们所知不那么详尽的帝制晚期中国的金融环境。我们发现,欧洲的金融市场上包含着各种类型的借贷,许多国家的金融市场也能够及时地回应各种信用需求。欧洲各国的政府虽然并没有大量地收集私人信贷市场的数据,但是她们所推行的政策极大地影响到了这些市场的制度安排。而且欧洲各国形式各异的金融实践,也并没有使欧洲各地的经济呈现出参差不齐的发展状况。也就是说,欧洲可以在不明显影响经济绩效的前提下,包容千差万别的金融实践。中国经济史的研究者们还没有发掘出足够多的数据,以使我们能够看到这个帝国不同地区金融实践的差异。然而我们所看到的材料还是可以说明:第一,没有发展起欧洲式的金融制度,并不意味着中国没有行之有效的金融制度;第二,在工业革命前夕,获得资本方面的限制并不见得是制约经济发展的决定性因素。此外,今天的欧洲国家也要为金融制度的多元化付出代价——其中最典型的例证,就是因调控失败而导致的冰岛国家破产。

与欧洲相反,中国在 1949 年之后建立起了一个强大的中央政府,她有能力重整中国的信用制度和金融市场,并动用政府的力量去制定和推行正式制度。她调控金融政策的能力,使得中国不必像欧盟那样,长期被各个国家的多元化和自行其是所困扰。我们想要向读者强调的是,中国和欧洲之间的这种差异的确是存在的,尽管中国已经在一轮又一轮改变了正式制度的银行改革和金融改革之中,给各种地方性的、不那么正式的金融制度留下一个生存的空间。不考虑中国和欧洲的金融体系各自具有的优势,简单地认为欧洲和美国的制度更加优越,中国的制度必然会向欧洲和美国看齐,是相当轻率和幼稚的。中国政府目前所推行的改革,使中国的金融运作越来越接近于以欧洲和美国经验为蓝本的国际标准,但是中国的金融体系仍然与欧洲和美国的金融体系有着很大的差别(范祚军 2007)。总而言之,中国的金融制度和欧美的金融制度都经历着改革与调适,有一些改革措施使二者变得更为相似。但是还有一些不常为人们所提及的特征,反映着二者长久以来的差异。

　　当代世界经济的差异，有着深植于历史的政治诱因，但是绝大多数当代世界的研究者们却忽略了这一点。我们认为，这很可能会使人们对于未来可能会发生的变化缺少敏锐的预见。这本书当然不是为了论证历史维度的社会科学多么擅长于应对现实问题、预见未来。我们只是希望探究并解释中国和欧洲在几个世纪中甚为不同的经济表现。我们将各自的专业背景结合在一起，共同完成这项研究。而这一次的合作，也令我们重新思考并抛弃了一些比较经济史研究中常用的方法。

　　在解释一些由来已久的经济制度差异时，社会科学家非常热衷于强调"历史的阴影"。在他们看来，许多认知的、文化的和政治的因素叠加在一起，形成了一个浓重的阴影，使整个社会被锁闭在一个特定的制度框架之中。不管是非正式制度、宗教条规还是宗族组织，都属于规范化政策领域之外的行为模式，使得社会长期陷于贫穷之中。尽管他们并没有断言，由于路径依赖，这样的社会基本不可能出现制度变迁，但是却纷纷指出，有一些社会在制度变革的过程中会经历异乎寻常的困难（La Porta 等 1997，1998；Acemoglu 等 2001；Engerman 与 Sokoloff 1997）。尽管一系列旨在提升个人福利的技术和制度被发明和设计出来，但是这个世界上也只有一部分地区可以充分地享受它们所带来的福祉。总而言之，在解释为什么有些社会可以实现近代经济转型，有些社会却迟迟不能做到的时候，研究者们通常最关心的就是制度差异。我们充分尊重此前研究者对于"路径依赖"和"制度锁闭"的各种论述，但是我们仍然认为，在做出这样的论断之前一定要特别小心，因为表象往往是带有欺骗性的。在经济和政治背景发生变化的情况下，那些看起来似乎是"路径依赖"的制度立时会发生变化。关于所谓的"革命"或"变革"，我们的立场和视野更多地放在政治这一层面。我们的研究显示，要使一些社会从贫困中摆脱出来并不需要进行彻头彻尾的文化重塑，只要改变那些桎梏着经济发展的政治机制即可。我们的研究显示出，要达到这样的目标，简单地复制西方的制度（如民主）是远远不够的。事实上，中国和欧洲的历史都呈现出一种渐进的演变。在这个过程中,既有内生的因素为了因应新的环境而发生的转变,也有外来的因素介入原有的制度结构之中。

本书的研究还说明,如果社会科学希望真正对人类社会的变革形成某种程度的助益,那就必须将地方性的历史知识与高度抽象的政治、经济理论结合在一起。因为学科之间的隔阂与界限,这似乎并不容易做到。经济学家常常将历史学家的知识视为"无甚大用的细枝末节",而历史学家和区域研究者又往往将经济学视为与现实世界相脱节的理论建构。更加不容乐观的是,研究欧洲和北美的学者往往用他们的一孔之见,去评判世界上其他所有的制度。在他们看来,因为欧洲最早完成了近代经济转型,她就一定拥有世界上最优越的制度。他们循着这样一条思路追问下去,所有其他的制度自然就变成了"落后"和"低级"。经济学家尤其认同这样的思路,因为他们所经受的学术训练也特别强调"决策最优化"。然而在本书的前面各个章节中我们都可以看到,这样的取向必然会使研究者误入歧途。

本书的比较经济史研究最中心的关怀以及最突出的优势,就在于既探索历史又面向现实。在前面的七个章节中,我们讲述了中国和欧洲的历史,并对其经济发展历程进行了分析,旨在使读者能够体会到:理解工业革命之前欧洲和中国经济发展背后的政治脉络,既是可能的也是必要的。我们尤其希望强调的是:我们的研究抓住了促成中国和欧洲经济变革最关键的因素,而此前所有的研究都未能做到这一点。如果我们的方法尚有可取之处,我们希望本书的读者或许能够借助本书的研究范式去思考一些本书所涉及的历史时段和主题之外的问题。这些问题,或许潜藏在更晚近的历史时段之中,或许会在未来的某一个时刻与我们不期而遇。

参考文献

（以作者姓氏英文字母为序）

阿西莫格鲁,达龙(Acemoglu, Daron),西蒙·约翰逊(Simon Johnson)与詹姆斯·A. 罗宾逊(James A. Robinson)(2001),《原殖民地的发展比较:一项经验研究》(The Colonial Origins of Comparative Development: An Empirical Investigation),刊于 *American Economic Review* 91,5: 1369—1401.

阿西莫格鲁,达龙(Acemoglu, Daron),西蒙·约翰逊(Simon Johnson)与詹姆斯·A. 罗宾逊(James A. Robinson)(2005),《欧洲的崛起:大西洋贸易,制度变迁与经济发展》(The Rise of Europe: Atlantic Trade, Institutional Change, and Economic Growth),刊于 *American Economic Review* 95, 3:546—579.

艾兹赫德,S. A. M. (Adshead, S. A. M.)(2004),《唐代中国:世界历史上的东方崛起》(*Tang China:the Rise of the East in World History*),London.

艾莱斯纳·艾尔波托(Alesina Alberto)与恩里科· 斯波劳雷(Enrico Spolaore)(2003),《国家的规模》(*The Size of Nations*),Cambridge.

艾伦,罗伯特·C. (Allen, Robert C.)(1992),《圈地与约曼:梅德兰南部地区农业发展史,1450—1850》(*Enclosure and Yeoman; The Agriculture Development of the South Midlands. 1450—1850*);Oxford.

艾伦,罗伯特· C. (Allen, Robert C.)(2001),《从中世纪到第一次世界大战欧洲工资和价格的大分流》(The Great Divergence in European Wages and Prices from the Middle Ages to the First World War),刊于 *Explorations in Economic History* 38, 4: 411—447.

艾伦,罗伯特· C. (Allen, Robert C.)(2004),《洛克先生遇到指数问题:1704年广州和伦敦的生活水平》(*Mr. Lockyer Meets the Index Number Problem: The Standard of Living in Canton and London in 1704*),Mimeo, Oxford University.

艾伦,罗伯特·C.（Allen，Robert C.）(2009a),《全球视角中的英国工业革命》(*The British Industrial Revolution in Global Perspective*),Cambridge.

艾伦,罗伯特·C.（Allen，Robert C.）(2009b),《微观视角中的英国工业革命：珍妮纺纱机在英国、法国和印度》(The Industrial Revolution in Miniature：The Spinning Jenny in Britain，France，and India),刊于 *Journal of Economic History* 69，4：641—672.

艾伦,罗伯特·C.（Allen，Robert C.）,J.-P. 巴西诺(J. P. Bassino),马德斌(Debin Ma),C. 摩尔-穆拉塔(C. Moll-Murata)与 L. 范·赞登(L. Van Zanden)(2007),《中国的工资、价格与生活水平,1738—1925：与欧洲、日本和印度的比较》(*Wages，prices，and living standards in China，1738—1925: in comparison with Europe，Japan，and India*),Mimeo，Oxford University.

阿尔托夫,S.（Altorfer，S.）(2004),《18 世纪伯尔尼政府在伦敦资本市场上的投资行为》(The Canton of Berne as an investor on the London Capital Market in the Eighteenth Century),伦敦经济学院工作底稿.

安达雅,L.（Andaya，L.）(1999),《与外部世界的联系和东南亚社会的适应性,1500—1800》(Interactions with the Outside World and Adaption in Southeast Asian Society,1500 - 1800),收入《剑桥东南亚史》(*The Cambridge History of Southeast Asia*),第 1 卷,第 2 部分,第 1 章,N. 塔林(N. Tarling)主编,Cambrige：1—57.

安德森,B. L.（Anderson，B. L.）(1969a),《律师与兰开夏的早期资本市场》(The Attorney and the Early Capital Market in Lancashire),收入《利物浦与默西塞德：港口与其腹地的经济和社会史论文集》(*Liverpool and Merseyside: Essays in the Economic and Social History of the Port and Its Hinterland*),R. 哈里斯（R. Harris)主编,London：50—57.［再次发表于 F. 克鲁泽(F. Crouzet)主编《工业革命中的资本形成》(*Capital Formation in the Industrial Revolution*),London：223—267].

安德森,B. L.（Anderson，B. L.）(1969b),《从行省的视角看 18 世纪的金融革命》(Provincial Aspects of the Financial Revolution of the Eighteenth Century),刊于 *Businiss History* 11,1：11—22.

阿贝洛特·G.（Arbellot，G.）(1973),《18 世纪法国交通道路大事纪》(La grande mutation des routes en France au milieu de ⅩⅤⅢe siècle),*Annales，Histoires，Sciences Sociales* 28,3：745—772.

阿里吉,乔万尼（Arrighi，G.）(2007),《亚当·斯密在北京：21 世纪的谱系》(*Adam Smith in Beijing: Lineages of the Twenty-first Century*),New York.

巴哈瑞·R.（Baehrel，R.）(1961),《16 世纪末至 1789 年法国巴县普罗旺斯大区乡间的增长变化》(*Une Croissance，la basse-Provence yuyale fin 16ᵉ—1789*).Paris.

贝罗奇,P.（Bairoch, P.），J. 巴图（J. Batou），P. 谢弗尔（P. Chèvre）(1988),《公元 800 年至 1850 年的欧洲城市人口》(*The Population of European Cities from 800 to 1850*),Geneva.

贝茨,R.（Bates, R.），A. 格雷夫.（A. Greif），M. 列维（M. Levi），J.-L. 罗森塔尔（J.-L. Rosenthal）与 B. 温加斯特（B. Weingast）(1998),《分析性叙述》(*Analytic Narratives*),Princeton.

比多,G.（Béaur, G.）(2000),《法国 17 世纪农业史:1715—1815 年法国农村的消极与转变》(*Historie agraire de la France au XVIIIe siècle: Inerties et changements dans les campagnes françaises entre 1715 et 1815*),Paris.

贝克尔,G.（Becker, G)(1981),《家庭论》(*A Treatise on the Family*),Cambridge.

贝克,W.（Beik, W.）(1989),《17 世纪法国的绝对专制主义与社会:朗格多克地区的国家权力和地方贵族》(*Absolutism and Society in Seventeenth-Century France: State Power and Provincial Aristocracy in Languedoc*),Cambridge.

伯格,M.（Berg, M.）(1986),《制造业的时代:英国的产业、创新与工业,1700—1820》(*The Age of Manufactures: Industry, Innovation and Work in Britain, 1700—1820*),Oxford.

伯格,M.（Berg, M.）(1994),《工厂、车间与工业组织》(Factories, Workshops, and Industrial Organization),In *The Economic History of Britain since* 1700,Vol. 1, 1700—1860, 2nd, ed., R. Floud and D. N. McCloskey. Cambridge:123—150.

白凯（Bernhardt, K.）(1992),《长江下游的地租、赋税与农民反抗斗争:1840—1950》(*Rent, Taxes and Peasant Resistance: The Lower Yangzi Region, 1840 - 1950*),Stanford,Calif.

贝弗里奇,W.（Beveridge, W.）(1965),《12 至 19 世纪英国的物价和工资》(*Prices and Wages in England from the Twelfth to the Nineteenth Century*),London.

毕汉思（Bielenstein, H.）(1986),《王莽:汉之中兴和后汉》(Wang Mang:The Restoration of the Han Dynasty and Later Han),In *The Cambridge History of China*, vol. 1, ed. D. Twitchett and M. Loewe. Cambridge:223—290.

比森,T. N.（Bisson, T. N.）(2009),《12 世纪危机:权力、贵族身份与欧洲政府的起源》(*The Crisis of the Twelfth Century: Power, Lordship, and the Origins of European Government*), Princeton.

卜德（Bodde, D.）(1986),《秦国与秦帝国》(The State and Empire of the Ch'in),in *the Cambridge History of China*, vol, 1, ed. Twitchett and M. Loewe. Cambridge:20—103.

博加特,D.（Bogart, D.）(2005),《公路信托基金与 18 世纪之交通革命》

（Turnpike Trusts and the Transportation Revolution in Eighteenth Century England），刊于 *Explorations in the Economic History* 42：479—508.

博加特，D.（Bogart, D.），M. 德瑞里克曼（M. Drelichman）与 J.-L. 罗森塔尔（J.-L. Rosenthal）（2009），《国家与私营机构》, In *Unifying the European Experience: An Economic History of Modern Europe*, ed. S. Broadberry and K. O'Rourke, Cambridge.

博加特，D.（Bogart，D.）与 G. 理查德森（G. Richardson）（2010），《英国工业化进程中的产权与国会》(Property Rights and Parliament in Industrializing Britain)，*Journal of Law and Economics*, 54(2)：241—274.

邦尼，R.（Bonney，R.）主编（1995），《经济体系与国家财政》(*Economic System and State Finance*)，New York.

邦尼，R.（Bonney，R.）主编（1995）:《欧洲财政国家的兴起:1200—1850》(*The Rise of the Fiscal State in Europe*, c. 1200—1850)，New York.

邦尼，R.（Bonney，R.）（2007）:《投石党运动的辩解? ——路易十四修建凡尔塞宫的花费》(Vindication of the Fronde? The Cost of LouisXIV'SVersailles Building Program)，*French History* 21, 2：205—225.

波提切利，M.（Botticini, M.）（2000），《"仁慈政府"的神话:中世纪和文艺复兴时期意大利的个人信用市场、公共财政和犹太放贷者的角色》(A Tale of 'Benevolent' Governments：Private Credit Markets, Public Finance, and the Role of Jewish Lenders in Medieval and Renaissance Italy)，*Journal of Economic History* 60, 1：164—189.

巩涛（Bourgon, J.）（2004），《中国民法形成过程中的权力、自由与习俗》(Rights, Freedoms, and Customs in the Making of Chinese Civil Law, 1900‐1936)，In *Realms of Freedom in Modern China*, ed. W. Kirby. Stanford, Calif.：84—112.

博耶－桑布（Boyer-Xambeu, M. T.），德莱普拉斯（Deleplace, G.）与吉拉德（Gillard. L）,《1717—1873 年复本位（货币）制、汇率和金银价格》(*Bimétalisme, taux de change et prix de l'or et de l'argent, 1717‐1873*)，Cahier de L'I. S. M. E. A.，Serie A. F. Paris, 19—20.

勃兰特，L.（Brandt, L.）（1989），《中国中东部的商业化与农业发展》(*Commercialization and Agriculture Development: Central and Eastern China, 1870‐1937*)，Cambridge.

勃兰特，L.（Brandt, L.）与 T. 罗斯基（T. Rawski）（2008），《中国经济大转型》(*China's Great Economic Transformation*)，Cambridge.

勃兰特，L.（Brandt, L.），S. 罗泽尔（S. Rozelle）与 M. 特纳（M. Turner）（2004），《地方政府的行为与中国农村产权的形成》(Local Government Behavior and Property Right Formation in Rural China)，*Journal of Institutional and Theoretical*

Economics(*JITE*)160,4：627—662.

布罗代尔,F.(Braudel,F.)(1966),《菲利普二世时期的地中海与地中海世界》(*The Mediterranean and the Mediterranean World in the age of Philip Ⅱ*),2nd rev. ed. Glasgow.

布罗代尔,F.(Braudel,F.)(1966),《15 至 18 世纪的物质文明、经济和资本主义》(*Civilisation matérielle et capitalism*,ⅩⅤe-ⅩⅤⅢe siècle)Paris. English translation,1973. Capitalism and material life,1400—1800,Translated from the French by Miriam Kochan,New York.

布伦南,T.(Brennan,T.)(1997),《勃艮第与香槟：近代早期法国的酒类贸易》(*Burgundy to Champagne: The Wine Trade in Early Modern France*),Baltimore.

布伦南,T.(Brennan,T.)(2006),《18 世纪香槟地区的农民与借贷》(Peasants and Debt in Eighteenth Century Champagne),*Journal of Interdisciplinary History* 37,2：175—200.

布伦纳,R.(Brenner,R.)(1976),《工业革命前欧洲的农村阶层结构与经济发展》Agrarian Class Structure and Economic Development in Preindustrial Europe, *Past and Present* 70：30—75.

布鲁尔,J.(Brewer,J.)(1989),《权力的关键：战争、金钱与英国政权》(*The Sinews of Power: War, Money and the English State, 1688‑1783*),New York.

布朗,H. 菲普斯(Brown,H. Phelps)与 S. V. 霍普金斯(S. V. Hopkins)(1981),《工资和价格的视角》(*A Perspective of Wages and Prices*),London and New York.

布里,J. B.(Bury,J. B.)(1928),《蛮族对欧洲的入侵：系列讲座》(*The Invasion of Barbarians: A Series of Lectures*),London.

卡费洛,W.(Caferro,W.)(1998),《雇佣兵与锡耶纳的衰落》(*Mercenary Companies and the Decline of Siena*),Baltimore.

卡罗米瑞斯,C. W.(Calomiris,C. W.)(1995),《拒绝"全能银行"的代价：从德国的经验来看美国的金融,1870—1914》(The Cost of Rejecting Universal Banking：American Finance in the German Mirror, 1870‑1914),In *Coordination and Information：Historical Perspectives on the Organization of Enterprise*,ed. N. R. Lamoreaux and D. M. G. Raff,Chicago：257—315.

坎贝尔,B.(Campbell,B.)(2006),《土地》(The Land),In *Social History of England*,1200—1500,ed. R. Horrox and M. Ormrod,Cambridge：179—237.

坎贝尔,J. B.(Campbell,J. B.)(2002),《罗马帝国的战争与社会,31BC-AD284》(*War and Society in Imperial Rome, 31BC-AD284*),London.

卡罗索,V.(Carosso,V.)(1967),《美国投资银行的历史》(*Investment Banking in America, a History*),Cambridge.

恰亚诺夫，A. 瓦西里耶维奇（Chaianov，V. Vasilevich）（1966），《农民经济理论》（*The Theory of Peasant Economy*），Homewood，Ill.

邱澎生（2008）：《当法律遇上经济：明清中国的商业法律》，台北。

克拉克，G.（Clark，G.）（2001），《债务、赤字与"挤出效应"：1727—1840 年的英国》（Debt，Deficits，and Crowding Out：England 1727‐1840），*European Review of Economic History*，5,3：403—436.

克拉克，G.（Clark，G.）（2007），《告别施舍：世界经济简史》（*A Farewell to Alms: A Brief Economic History of the World*），Princeton.

科斯，R.（Coase，R.）（1937），《企业的本质》（The Nature of the Firm），*Economica*，n. s.，4，16：386—405.

科林斯，M.（Collins，M.）（1991），《英国的银行和工业金融》（*Banks and Industrial Finance in Britain*，1800‐1939），Cambridge.

克德里，M.（Courdurié，M.）（1974），《法国马赛 18 世纪公共集体债务——从关于借贷利息论辩到借贷投资与融资》，（*La dette des collectivités pubkiques de Marseille au XVIIIe siècle. Du débat sur le prêt à intérêt au financement par l' enprunt*），Marseille.

道丹，G.（Daudin，G.）（2005），《法国 18 世纪：贸易与繁荣》（*Commerce et prospérité: la france au XVIIIe siècle*），Paris.

戴维斯，L. E.（Davis，L. E.）与 R. A. 赫滕巴克（R. A. Huttenback）（1986），《希伯来文与帝国的追求：英帝国主义的政治经济，1860—1912》（*Mamon and the Pursuit of Empire: The Political Economy of British Imperialism*，1860‐1912），Cambridge.

德利尔，G.（Delille，G.）（2003），《市长与修道院长——15 世纪至 18 世纪西方地中海地区的中央集权和地方权力》（*Le maire at le Prieur: Pouvoir central et pouvoir local en Méditerranée occidentale*，*XVe-XVIIIe siècle*），Civilisation et sociétés，vol 112，Bibliothèque des écoles française d'Athènes et de Rome；vol. 259/2，Paris.

德隆，B.（De Long，B.）与 A. 施莱弗（A. Shleifer）（1993）：《王子与商人：工业革命前欧洲的城市发展》（Princes and Merchants：European City Growth before the Industrial Revolution），*Journal of Law and Economics* 36：671—702.

德·莫尔，T.（de Moor，T.）与 J. L. 范. 赞登（L. Van Zanden）（2008），《女孩的力量：中世纪晚期至近代早期欧洲的婚姻模式和北海地区的劳动力市场》（Girl Power：The European Marriage Pattern and Labour Markets in the South Sea Region in the Late Medieval and Early Modern Period），*Economic History Review* 63,1：1—33.

邓钢（Deng，G.）（1993）：《发展还是停滞：技术连续性与前现代中国农业》

（*Development versus Stagnation: Technological Continuity and Agricultural Progress in Pre-modern China*），London.

德·鲁维尔（de Roover，R.）(1948)《美第奇银行的组织、管理、运营和衰落》（*The Medici Bank: Its Organization，Management，Operations and Decline*），New York.

德·鲁维尔（de Roover，R.）(1953)《14 至 18 世纪的文字替换革命》（*L' évolution de la Lettre de Change，XIVe-XVIIIe siècles*），Paris.

德·弗里斯，J.（de Vires，J.）(1984)：《欧洲城市化》（*European Urbanization，1500 - 1800*），Cambridge.

德·弗里斯，J.（de Vires，J.）(2008)：《勤勉革命：消费行为与家庭经济，从 1650 年至今》（*The Industrious Revolution : Consumer Behavior and the Household Economy，1650 to the Present*），Cambridge.

德·弗里斯，J.（de Vires，J.）与 Ad 范·德伍兹（Ad Van der Woude）(1997)：《现代经济的发韧：荷兰经济的成功、失败与延续，1500—1815》（*The First Modern Economy: Success，Failure，and Perseverance of the Dutch Economy，1500 - 1815*），Cambridge.

德永，P.（Deyon，P.）(1996)，《法国的早期工业化》（Proto-industrialization in France），In *European Proto-industrialization*，ed. S. Ogilivie and M. Cerman，Cambridge：38—48.

戴蒙德，J.（Diamond，J.）(1997)，《枪炮、病菌与钢铁：人类社会的命运》（*Guns，Germs，and Steel: The Fate of Human Societies*），New York.

迪克森，P. G. M.（Dickson，P. G. M.）(1967)，《英国的金融革命》（*The Financial Revolution in England*），London.

狄宇宙（Di Cosmo，N.）(2004)，《古代中国及其敌人：游牧民族在东亚历史中的崛起》（*Ancient China and Its Enemies: The Rise of Nomadic Power in East Asian History*），Cambridge.

狄德罗，D.（Diderot，D.）与 J. 达朗贝尔（J. D'Alembert）编撰（1755 - 1772），《百科全书》（*Encyclopédie ou Dictionnaire raisonné des sciences，des arts et des métiers*），35vols，Paris.

迪西科，M.（Dincecco，M.）(2009)，《财政中央集权化、有限的政府和欧洲的公共开支》（Fiscal Centralization，Limited Government，and Public Revenues in Europe，1650—1913），*Journal of Economic History* 69，1：48 - 103.

迪西科，M.（Dincecco，M.）(2010)，《从古代到近代的权力的分化：一项量化分析》（Fragmented Authority from Ancien Régime to Modernity：A Quantitative Analysis），*Journal of Institutional Economics* 6：305 - 328.

丁昶贤(1986)：《中国近代机器棉纺工业设务、资本、产量、产值的统计和估量》，刊于《中国近代经济史研究资料》,第 6 卷,上海.

迪特马.J.(Ditmar,J.)(2009),《城市、制度与发展:Zipf 法则的形成》(*Cities, Institutions and Growth: The Emergence of Zipf's Law*),University of California.

多马,E.(Domar,E.)(1970),《奴隶制与农奴制的原因:一个假想》(The Causes of Slavery or Serfdom: A Hypothesis),*Journal of Economic History* 30,1: 18 - 32.

德瑞里克曼,M.(Drelichman,M.)(2005),《蒙特祖玛的诅咒:美洲白银与荷兰瘟疫》(The Curse of Montezuma: American Silver and the Dutch Disease),*In Explorations in Economic History* 42,3: 349—380.

德瑞里克曼,M.(Drelichman,M.)与 H-J. 沃斯(H-J. Voth)(2009),《来自地狱的借款:菲利普二世时期的借贷、税收和违约,1556—1598》(Lending to the Borrower from Hell: Debt and Default in the Age of Philip II,1556 - 1598),Mimeo,University of British Columbia.

德雷兹,J.(Drèze,J.)与 A. 森(A. Sen)(1989):《饥饿与公共行为》(*Hunger and Public Action*),New York.

达比,G.(Duby,G.)(1974):《欧洲经济的早期发展:7 至 12 世纪的武士与农民》(*The Early Growth of the European Economy: Warriors and Peasants from the Seventh to the Twelfth Century*),Ithaca,N. Y.

达比,G.(Duby,G.)(1979):《9 至 15 世纪法国和英国的农村经济与乡村生活》(*L' écomomie rurale et la vie des campagnes dans l' Occident medieval France, Angletrre, Emprie, IXe-XVe siècles; Essai de synthède et perspectives de recherches*),Paris.

戴史翠(Dykstra,M.)(未注明出版日期):《重庆的商业纠纷调解:1875—1949》(Commercial Dispute Meditation in Chongqing: 1875 - 1949),Mimeo,University of California, Los Angeles.

戴森,H.(Dyson,H.)(2003):《法国的财产与继承法:原则与实践》(*French Property and Inheritance Law: Principals and Practices*),Oxford.

埃伦伯格,R.(Ehrenberg,R.)(1922):《富格尔的时代:16 世纪的财政资本与信用市场》(*Das Zeitalter der Fugger: Geldkapital und Creditverkehr im 16. Jahrhundert.*)3rd. ed. Jena.

埃利奥特,J. H.(Elliott,J. H.)(1986):《奥利瓦雷斯公爵:一个衰落时代的政治家》(*The Count-Duke of Olivares: The Statesman in an age of Decline*),New Haven.

欧立德(Elliott,M.)(2001):《满洲之道:八旗与晚期中华帝国的族群认同》(*The Manchu Way: The Eight Banners and Ethnic Identity in Late Imperial China*),Stanford,Calif.

艾尔曼,B.(Elman,B.)(2005):《以他们自己的方式:科学在中国,1550 - 1900》

(*On Their Own Way: Science in China*, *1550 - 1900*),Cambridge.

伊懋可(Elvin, M.)(1972):《高水平均衡陷阱:传统纺织工业难以创新的原因》(The High-Level Equilibrium Trap: The Causes of the Decline of Invention in the Tradition Textile Industries), *In Economic Organizations in Chinese Society*, ed. E. Willmott, Stanford, Calif. : 137 - 172.

伊懋可(Elvin, M.)(1973):《中国过去的模式》(*The Pattern of the Chinese Past*),Stanford, Calif.

伊迈,R.(Emigh, R.)(2003):《托斯卡纳的物权转移》(Property Devolution in Tuscany), *Journal of Interdisciplinary History* 33,3:385 - 420.

恩格曼,S.(Engerman, S.)与 K. 索科洛夫(K. Sokoloff)(1997):《新世界经济中的要素禀赋、制度与不同的经济发展道路:一个美国经济史学家的视角》(Factor Endowments, Institutions, and Differential Growth Paths among New World Economies: A View From Economic Historians of the United States), In *How Latin America Fell Behind: Essays on the Economic Histories of Brazil and Mexico*, 1800 - 1914, ed. Stephan Haber, Stanford, Calif. : 260 - 304.

爱波斯坦,S. R.(Epstein, S. R.)(1998):《工业革命前欧洲的手工业行会、学徒制度与技术变迁》(Crafts Guilds, Apprenticeship, and Technical Change in Preindustrial Europe), *The Journal of Economic History* 58, 3: 684 - 713.

爱波斯坦,S. R.(Epstein, S. R.)(2000):《自由与发展:欧洲国家和市场的崛起,1300—1750》(*Freedom and Growth: The Rise of States and Markets in Europe*, *1300 - 1750*),London.

范金民(1998):《明清江南商业的发展》,南京。

范金民(2007):《明清商事纠纷与商业诉讼》,南京。

范祚军(2007):《区域金融调控论》,北京。

科大卫(Faure, D.)(2006):《中国与资本主义:近代中国商业企业的历史》(*China and Capitalism: A History of Business Enterprise in Modern China*),Hong Kong.

科大卫(Faure, D.)(2007):《皇帝与祖宗:华南的国家与宗族》(*Emperor and Ancestor: State and Lineage in South China*), Stanford, Calif.

费丝言(Fei, S)(2009):《谈判城市空间:都市化与晚明南京》(*Negotiating Urban Space: Urbanization and Late Ming Nanjing*),Cambridge.

弗格森,N.(Ferguson, N.)(1998)《世界银行家:罗斯柴尔德家族的历史》(*The World's Banker: The History of the House of Rothchild*),vol. 1, London.

费里,J.(Ferrie, J.)(1999):《成为美国佬:美国南北战争前的欧洲移民,1840—1860》("*Yankeys Now*": *European Immigrants in the Antebellum United States*, *1840—1860*),New York.

范德雷,R.(Findlay,R.)与 K. 欧若克(K. O'Rourke)(2007):《权力与富裕、贸易、战争以及公元 1000 年后的世界经济》(*Power and Plenty，Trade，War，and the World Economy in the Second Millennium*),Princeton.

富格尔,R. W.(Fogel,R. W.)(2004):《逃离饥饿与夭折,1700—2100,欧洲、美国和第三世界》(*The Escape from Hunger and Premature Death 1700 - 2100，Europe，America，and the Third World*),Cambridge.

弗兰克,A. G.(Frank,A. G.)(1998):《白银资本:重视经济全球化中的东方》(*Reorient: Global Economy in the Asian Age*),Berkley,Calif.

傅衣凌(1956):《明清时代商人及商业资本》,北京。

藤井宏(1953—1954):《山西商人的研究》,36,1:1-44;2:32—60;3:65—118;4:115—145.

藤田昌久(Fujita, M.),P. R. 克鲁格曼(P. R. Krugman)与 A. 维纳布尔(A. Venables)(2001):《空间经济学:城市、区域与国际贸易》(*The Spatial Economy: Cities，Regions，and International Trade*),Cambridge.

加伦森 D. W.(Galenson D. W.)与 C. L. Pope(C. L. 波普)(1989):《农业前沿地带的经济和地理流动性:来自爱荷华州阿珀努斯镇的证据》(Economic and Geographic Mobility on the Farming Frontier: Evidence from Appanoose Country, Iowa，1850—1870.),*Journal of Economic History* 49, 3:635—655.

盖瑞,P. J.(Geary, P. J.)(2002):《国家的神话:欧洲的中世纪起源》(*The Myth of the Nations: The Medieval Origins of Europe*),Princeton.

吉尔德布鲁姆,O.(Gelderblom,O)(2000):《南尼德兰的商人与阿姆斯特丹市场的兴起(1578—1630)》(*Zuid-Netherlandse Kooplieden en de Opkomost van de Amesterdamse Staelmarkt(1578 - 1630)*),Hilversum.

吉尔德布鲁姆,O.(Gelderblom,O)(即出):《面对暴力与机会主义:布鲁日、安特卫普和阿姆斯特丹的长距离贸易组织,1250—1650》(*Confronting Violence and Opportunism: The Organization of Long Distance Trade in Burges，Antwerp，and Amsterdam，c. 1250 - c. 1650*),Princeton.

吉尔德布鲁姆,O.(Gelderblom,O)与 J. 琼克(J. Jonker)(2004):《完成一次金融革命:荷兰东印度贸易中的金融与阿姆斯特丹资本市场的兴起,1595—1612》(Completing a Financial Revolution: The Finance of the Dutch East India Trade and the Rise of the Amsterdam Capital Market, 1595 - 1612),*Journal of Economic History* 64, 3:641 - 672.

吉尔德布鲁姆,O.(Gelderblom,O)与 J. 琼克(J. Jonker)(2006):《荷兰共和国国债市场研究,1600—1800》(*Exploring the Market for Government Bonds in the Dutch Republic，1600 - 1800*),Mimeo, Utrecht University.

吉尔德布鲁姆,O.(Gelderblom,O)与 J. 琼克(J. Jonker)(2008):《集体精神还

是财富积累？理解荷兰公债的结构与增长》(Collective Spirit or Aggregate Wealth? Understanding the Structure and Growth of Holland's Public Debt, 1514 - 1713), Mimeo, Utrecht University.

谢和耐(Gernet, J)(1962):《蒙元入侵前夜中国的日常生活,1250—1276》(*Daily Life in China on the Mongol Invasion, 1250 - 1276*), Stanford.

格申克龙, A.(Gerschenkron, A.)(1962):《经济落后的历史透视》(*Economic Backwardness in Historical Perspective: A Book of Essays*), Cambridge.

戈兹曼, W.(Goetzmann, W.)与 E. 科尔(E. Koll)(2006):《中国合伙制的历史：国家庇护、公司法与控制的问题》(The History of Corporate Ownership in China: State Patronage, Company Legislation, and the Issue if Control), In *A History of Corporate Governance around the World: Family Business Groups to Professional Managers* ed. R. K. Morck, Chicago: 149—184.

古德曼, M.(Goodman, M.)(1997):《罗马世界：公元前 44 年至公元 180 年》(*The Roman World*), London.

格拉夫, D.(Graff, D.)(2002):《中世纪中国的战争, 300—900》(*Medieval Chinese Warfare, 300—900*), London.

格朗特, M.(Grant, M.)(1978):《罗马的历史》(*History of Rome*), New York.

格兰瑟姆, G.(Grantham, G.)(1993):《劳动分工：工业革命前法国的农业产量和专业化》(Divisions of Labour: Agricultural Productivity and Occupational Specialization in Pre—industrial France), *Economic History Review* n. s. 46, 3: 478—502.

英国(1870):《典当业特别委员会报告》(*Report from the Select Committee on Pawnbrokers*), 下议院会议文件, Vol. Ⅷ.

格雷夫, A.(Greif, A.)(1989):《中世纪贸易中的声誉与合作：马格里布商人的经验》(*Reputation and Coalitions in Medieval Trade: Evidence on the Maghribi Traders*), *Journal of Economic History* 49, 4: 857—882.

格雷夫, A.(Greif, A.)(2006):《制度与近代经济的道路：中世纪贸易的教训》(*Institutions and the Path to the Modern Economy: Lessons from Medieval Trade*), Cambridge.

格罗夫, L.(Grove, L.)(2006):《中国经济革命：20 世纪的乡镇企业》(*A Chinese Economic Revolution: Rural Entrepreneurship in the Twentieth Century*), Lanham, Md.

吉南, T. W.(Guinnane, T. W.)(2002):《大大小小的委托监督：德国的银行体系,1800—1914》(Delegated Monitors, Large and Small, 1800 - 1914), *Journal of Economic Literature* 40, 1:73—124.

吉南, T. W.(Guinnane, T. W.), R. Harris(R. 哈里斯), N. R. 拉莫若(N. R.

Lamoreaux)与 J.-L. Rosenthal(J.-L. 罗森塔尔)(2007):《摆正公司的位置》(Putting the Corporation in Its Place),*Enterprise and Society* 8,3:687-729.

古特曼,M.(Guttmann,M.)(1980):《近代早期低地国家的战争与乡村生活》(*War and Rural Life in the Early Modern Low Countries*),Princeton.

哈巴库克,H. J.(Habbakuk, H. J.)(1962):《19 世纪美国和英国的技术:追求节省劳动力的创新》(*American and British Technology in the Nineteenth Century: The Search for Labour-Saving Inventions*),Cambridge.

哈勃,S.(Harber,S.)(1991):《工业聚焦与资本市场:对于巴西、墨西哥和美国的比较研究,1830—1930》(Industrial Concentration and the Capital Markets: A Comparative Study of Brazil, Mexico, and the United States, 1830-1930),*Journal of Economic History* 51,3:559-580.

哈勃,S.(Harber,S.),N. 莫尔(N. Maurer)与 A. 雷佐(A. Razo)(2003):《产权的政治:政治动荡、可信承诺与墨西哥的经济发展,1876—1929》(*The Politics of Property Rights: Political Instability, Credible Commitments, and Economic Growth in Mexico, 1876-1929*),Cambridge.

哈伊纳尔,J.(Hajnal, J.)(1965):《透视欧洲的婚姻模式》(European Marriage Patterns in Perspective),In *Population in History*, ed. D. Glass and D. Eversly, London:101-138.

希尔,J. R.(Hale, J. R.)(1985):《文艺复兴时期欧洲的战争与社会,1450—1620》(*War and Society in Renaissance Europe*,*1450-1620*), Baltimore.

霍尔,J. R.(Hall, J. R.)(1985):《权力与自由:西方崛起的因果》(*Power and Liberties: The Causes and Consequences of the Rise of the West*),Oxford.

滨下武志(1989):《近代中国经济史研究》,东京。

韩格理(Hamilton, G.)(2006):《中国的商业与资本主义》(*Commerce and Capitalism in Chinese Societies*),New York.

汉利,A. G.(Hanley, A. G.)(2005):《地方资本:巴西圣保罗的金融制度与经济发展,1850—1920》(*Native Capital: Financial Institutions and Economic Development in São Paulo, Brazil, 1850-1920*)Stanford, Calif.

哈里斯,R.(Harris, R.)(2005):《英国东印度公司与公司法》(The English East India Company and the History if Company Law), in *VOC 1602-2002: 400 Years of Company Law*, Series Law if Business and Finance, Vol. 6, ed. E. Gepken—Jager, G. van Solige, and L. Timmerman. New York:219-237

哈里斯,R.(Harris, R.)(2008):《近代早期欧亚贸易的制度活力:康曼达契约与公司》(The Institutional Dynamics of Early Modern Eurasian Trade: The Commenda and the Corporation),工作论文。

哈里森,L(Harrison, L.)与 S. 亨廷顿(S. Huntington)主编(2000):《文化的重

要作用:价值观影响人类进步》(*Culture Matters: How Values Shape Human Progress*),New York.

海霍,J.(Hayhoe, J.)(2008):《开明封建制:十八世纪勃艮第北部的领主司法与乡村社会》(*Enlightened Feudalism: Seigneurial Justice and Village Society in Eighteenth-Century Northern Burgundy*),Rochester, N. Y.

希瑟,P.(Heather, P.)(2006):《罗马帝国的衰落:罗马人与蛮族的新历史》(*The Fall of the Roman Empire: A New History of Rome and the Barbarians*),Oxford.

赫利希,D.(Herlihy, D.)与 C. 克拉皮斯科-尤伯(C. Klapisch-Zuber)(1985):《托斯卡纳家族:关于 1427 年佛罗伦萨卡塔斯托家族的研究》(*Tuscans and Their Families: A Study of the Florentine Catasto of 1427*),New Haven.

赫希曼,A. O.(Hirschman, A. O.)(1970):《退出、呼吁与忠诚:对企业、组织和国家衰退的回应》(*Exit, Voice and Loyalty: Responses to Decline in Firms, Organizations, and States*),Cambridge.

霍夫,K.(Hoff, K.)与 J. E. 斯蒂格利茨(J. E. Stiglitz)(2004):《大爆炸之后?后共产主义社会法治的障碍》(After the Big Bang? Obstacles to the Emergence of the Rule of Law in Post-Communist Societies),*American Economic Review* 94, 3: 753 - 763.

霍夫曼,P. T.(Hoffman, P. T.)(1996):《传统社会中的发展:1450—1815 年的法国乡村》(*Growth in a Traditional Society: The French Countryside, 1450 - 1815*),Princeton.

霍夫曼,P. T.(Hoffman, P. T.)(2011):《价格、军事革命与欧洲在暴力方面的相对优势》(Prices, the Military Revolution, and Europe's Comparative Advantage in Violence),*Economic History Review*, 64(*supplement* S1): 39 - 59.

霍夫曼,P. T.(Hoffman, P. T.)与 K. 诺伯格(K. Norberg)(1994):《财政危机、自由与代议制政府,1450—1789》(*Fiscal Crises, Liberty, and Representative Government, 1450 - 1789*),Stanford, Calif.

霍夫曼,P. T.(Hoffman, P. T.), G. 波斯泰尔-维内(G. Postel-Vinay)与 J.-L. Rosenthal(J.-L. 罗森塔尔)(2000):《无价格的市场:巴黎信用市场的政治经济学,1660—1870》(*Priceless Markets: The Political Economy of Credit in Paris, 1660 - 1870*),Chicago.

霍夫曼,P. T.(Hoffman, P. T.)(2008):《旧式信息经济与法国传统信用市场非同寻常的延续,1740—1899》(The Old Economics of Information and the Remarkable Persistence of Traditional Credit Markets in France, 1740 - 1899),未刊手稿,加州理工学院。

霍夫曼,P. T.(Hoffman, P. T.)(2011):《历史、地理与 19 世纪法国抵押贷款

市场》(History, Geography, and the Markets for Mortgage Loans in Nineteenth-Century France), In *Understanding Long-Run Economic Growth: Essays in Honor of Kenneth L. Sokoloff*, ed. D. L. Costa and N. R. Lamoreaux. Chicago.

霍夫曼,P. T. (Hoffman, P. T.)与 J. -L. Rosenthal(J. -L. 罗森塔尔)(1997):《近代早期欧洲的战争与政治经济:经济发展的历史教训》(The Political Economy of Warfare and Taxation in Early Modern Europe: Historical Lessons for Economic Development)In The *Frontiers of the New Institutional Economics*, ed. J. Drobak and J. Nye. San Diego, Calif. : 31 - 55.

霍默,S. (Homer, S.)与 R. 西拉(R. Sylla)(1991):《利息率的历史》(*A History of Interest Rates*),第 3 版, New Brunswick.

黄鉴晖(1994):《中国银行业史》,太原。

黄鉴晖(2002):《山西票号史》,太原。

黄宗智(Huang, P.)(1985):《华北的小农经济与社会发展》(*The Peasant Economy and Social Change in North China*),Stanford, Calif.

黄宗智(Huang, P.)(1990):《长江三角洲的小农经济与乡村发展 1350—1988》(*The Peasant Economy and Rural Development in the Yangzi Delta, 1350 -1988*), Stanford, Calif.

黄宗智(Huang, P.)(1996):《清代的法律、社会与文化:民法的表达与实践》(*Civil Justice in China: Representation and Practice in the Qing*),Stanford, Calif.

亨特,E. S. (1994):《中世纪的超级公司:佛罗伦萨佩鲁兹公司的研究》(*The Medieval Super-Companies: A Study of the Peruzzi Company of Florence*), Cambridge, UK.

伊原弘与梅村坦主编(1997):《宋与欧亚大陆中部地区》(世界历史),东京。

江苏省长公署第四科编(1919):《江苏省实业视察报告书》,出版地不详。

琼斯,E. L. (Jones, E. L.)(1981):《欧洲奇迹:欧洲与亚洲历史上的环境、经济与地理政治学》(*The European Miracle: Environments, Economies and Geopolitics in the History of Europe and Asia*), Cambridge.

琼斯,E. L. (Jones, E. L.)(1988):《发展再现:世界历史中的经济变迁》(*Growth Recurring: Economic Change in World History*), Oxford.

凯勒,W. (Keller, W.)与薛华(C. Shiue)(2007):《工业革命前夕中国和欧洲的市场》(Markets in China and Europe on the Eve of the Industrial Revolution), *The American Economic Review* 97: 1189 - 1216.

科兹,D. (Kertzer, D.)与 M. 巴尔巴利(M. Barbagli)(2001—2002):《欧洲家庭史》(*The History of the European Family*)第二卷, New Haven.

金,S. (Kim, S.)(1995):《市场的拓展与生产的地域分布:美国地区制造业结构的变迁,1860—1987》(Expansion of Markets and the Geographic Distribution of

Activities：The Trends in U. S. Regional Manufacturing Structure，1860－1987），*Quarterly Journal of Economics* 110，4：883－908.

金德尔伯格，C.（Kindleberger，C.）（1984）：《西欧金融史》（*A Financial History of Western Europe*），London.

柯伟林（Kirby，W.）（1995）：《没有合作的中国：20世纪中国的公司法与商业企业》（China Unincorporated：Company Law and Business Enterprise in Twentieth-Century China），*Journal of Asian Studies* 54，1：43－63.

岸本美绪（2007）：《帝制晚期中国的土地市场与土地纠纷》（Land Markets and Land Conflicts in Late Imperial China），提交乌德勒支"从历史视角看法律与经济发展学术研讨会"论文。

科尔，B.（Kohl，B.）（1998）：《卡拉莱西统治时期的帕多瓦》（*Padua under the Carrara，1318－1405*），Baltimore.

库兰，T.（Kuran，T.）（2003）：《伊斯兰商业危机：中东地区商业欠发达的制度根源》（The Islamic Commercial Crisis：Institutional Roots of Economic Underdevelopment in the Middle East），*Journal of Economic History* 63，2：414－446.

库兰，T.（Kuran，T.）（2004）：《为什么中东的经济不发达：制度停滞的历史机制》（Why the Middle East Is Economically Underdeveloped：Historical Mechanism of Institutional Stagnation），*Journal of Economic Perspectives* 18，3：71－90.

拉莫洛克斯，N. R.（Lamoreaux N. R.）与 J.-L. 罗森塔尔（J.-L. Rosenthal）（2005）：《法律制度与商业的结构性选择：对19世纪中期法国和美国的比较》（Legal Regime and Business's Organizational Choice：A Comparison of France and the United States during the Mid-Nineteenth Century），*American Law and Economic Review* 7，1：28－61.

兰达，J.（Landa，J.）（1994）：《信任、种族与身份：超越新制度经济学的种族贸易网络、合同法和礼物交换》（*Trust，Ethnicity，and Identity：Beyond the New Institutional Economics of Ethnic Trading Networks，Contract Law，and Gift-Exchange*），Ann Arbor.

兰德斯，D. S.（Landes，D. S.）（1979）：《钟表制造：对企业及其变迁的个案研究》（*Watchmaking：A Case Study in Enterprise and Change*），*Business History Review* 53，1：1－39.

兰德斯，D. S.（Landes，D. S.）（1983）：《时间的革命：钟表与近代世界的形成》（*Revolution in Time：Clocks and the Making of the Modern World*），Cambridge.

兰德斯，D. S.（Landes，D. S.）（1998）：《国家的财富与贫穷：为什么有的国家如此富裕而有的国家却如此贫穷》（*The Wealth and Poverty of Nations：Why Some are So Rich and Some So Poor*），New York.

拉·波塔 R.(La Porta R.),F. 洛佩兹·西拉内斯(F. Lopez-de-Silanes),A. 施莱弗(A. Shleifer)与 R. W. 维什尼(R. W. Vishny)(1997):《外部融资的法律决定因素》(Legal Determinants of External Finance),*Journal of Finance* 52,3:1131 - 1150.

拉·波塔 R.(La Porta R.),F. 洛佩兹·西拉内斯(F. Lopez-de-Silanes),A. 施莱弗(A. Shleifer)与 R. W. 维什尼(R. W. Vishny)(1998):《Law and Finance》(法律与金融),*Journal of Political Economy* 106,6:1113 - 1155.

雷伟立(Lavely, W.)与王国斌(R. Bin Wong)(1992):《华北地区的分庭分裂与迁移》(Family Division and Mobility in North China),*Comparative Studies in Society and History*,34,3:439 - 463.

雷伟立(Lavely, W.)与王国斌(R. Bin Wong)(1998):《马尔萨斯主义论述之修正:关于中国明清时期人口演变的比较研究》(Revising the Malthusian Narrative: the Comparative Study of Population Dynamics in Late Imperial China),*Journal of Asian Studies* 57,3:714 - 748.

李中清(Lee, J.)与康文林(C. C. Campbell)(1997):《中国农村的财富与命运:辽宁的社会结构和人口行为,1774—1873》(*Fate and Fortune in Rural China: Social Organization and Population Behavior in Liaoning,1774 - 1873*),Cambridge.

李中清(Lee, J.),康文林(C. C. Campbell)与谭国富(T. Guofu)(1992):《辽宁农村的杀婴与家庭计划,1774—1873》(Infanticide and Family Planning in Rural Liaoning, 1774 - 1873),In *Chinese History in Economic Perspective*,ed. T. Rawski and L. Li,Berkley, Calif.:149 - 176.

李中清(Lee, J.)与王丰(Wang Feng)(2001):《人类的四分之一:马尔萨斯神话与中国的现实,1700—2000》(*One Quarter of Humanity: Malthusian Mythology and Chinese Realities,1700 - 2000*),Cambridge.

李中清(Lee, J.)与王国斌(R. Bin Wong)(1991):《清代中国的人口迁移以及他们的文化遗产》(Population Movements in Qing China and Their Linguistic Lagacy),In *Languages and Dialects of China*,ed. W. Wong,Journal of Chinese Linguistics Monograph Series no. 3. Berkeley, Calif.:52 - 77.

勒华拉杜里,E.(Le Roy Ladurie)(1966):《朗格多克的农民》(*Les Paysans de Languedoc*),两卷,Paris.

利维,M.(Levi, M.)(1989):《规则与收入》(*Of Rule and Revenue*),Berkeley, Calif.

李伯重(Li, B.)(1998):《江南农业的发展》(*Agriculture Development in Jiangnan,1600 - 1850*),New York.

李伯重(2003):《多视角看江南经济史,1250—1850》,北京。

李金明(1990):《明代对外贸易史》,北京。

李,M. Y.(Li, M. Y.)(2003):《从历史制度的视角看中国的公共财政与经济发展,1840—1911》(Essays on public finance and economic development in a historical institutional perspective：China 1840‐1911),斯坦福大学博士学位论文。

梁治平(1996):《清代习惯法：社会与国家》,北京。

林德特,P. H.(Lindert, P. H.)(2004):《不断增长的公共开支：自 18 世纪以来的社会性开支与经济增长》(*Growing Public: Social Spending and Economic Growth since the Eighteenth Century*),Cambridge.

卢克特,T.(Luckett, T.)(1992):《1740 年至 1789 年法国的信用与商业社会》(Credit and Commercial Society in France, 1740‐1789),博士学位论文,Princeton University.

勒夫拉诺,R.(Lufrano, R.)(1997):《可敬的商人：中华帝国晚期的商业与自我教育》(*Honorable Merchants: Commerce and Self-Cultivation in Late Imperial China*),Honolulu.

卢西(Lüthy, H)(1959—1961):《从南特敕令到大革命之间的法国新教银行》(*Labanque protestante en France de la revocationde l'Edit de Nantes à la Revolution*),2vols,Paris.

林奇,J.(Lynch, J.)[1964] 1991:《西班牙：从民族国家到世界帝国,1516—1698》(*Spain, 1516‐1598: From Nation State to World Empire*),London.

马德斌(Ma, D)(2006):《中国传统的法律与商业：制度视角中的"大分流"》(Law and Commerce in Traditional China：An Institutional Perspective on the "Great Divergence"), *Keizai-Shirin* 73,4：1‐28.

麦考利,M.(Macauley, M.)(1998):《社会权力与法律文化：中华帝国晚期的讼师》(*Social Power and Legal Culture: Litigation Masters in Late Imperial China*),Stanford, Calif.

马格尼克,T.(Magnac, T.)与 G. 波斯泰尔-维内(G. Postel-Vinay)(1997):《19世纪中期法国农业和工业的工资竞争》(Wage Competition between Agriculture and Industry in Mid-Nineteenth-Century France),*Explorations in Economic History* 34,1：1‐26.

马尔萨斯,T. R.(Malthus, T. R.)[1806](1992):《人口原理》(*An Essay on the Principle of Population*; or, A View of Its Past and Present Effects on Human Happiness),Cambridge.

砺波护与武田幸男主编(1997):《隋唐帝国与古代朝鲜》,《世界历史》第 6 卷,东京。

曼素恩(Mann, S.)(1987):《商人与中国官僚机构,1750—1950》(*Local Merchants and the Chinese Bureaucracy, 1750‐1950*),Stanford, Calif.

曼素恩（Mann，S.）（1992）:《家庭手工业与清代国家政策》（Household Handcrafts and State Policy in Qing Times），In *To Achieve Security and Wealth*，ed. J. Leonard and J. Watt. Ithaca，N. Y. : 75 - 96.

马蒂亚斯，P.（Mathias，P.）与 P. 奥布莱恩（P. O'Brien）（1976）:《1715—1810 年英国和法国的税收:对于社会税收和经济税收的比较》（Taxation in Britain and France，1715 - 1810: A Comparison of the Social and Economic Incidence of Taxes Collectec for the Central Governments），*Journal of European Economic History* 5，3: 601 - 650.

麦克洛斯基，D.（McCloskey，D.）（1975）:《英国公地的存续》（The Persistence of English Fields），In *European Peasants and Their Markets*，ed. W. Parker and E. Jones，Princeton: 73 - 114.

麦克洛斯基，D.（McCloskey，D.）（1976）:《作为风险行为的英国敞田制》（English Open Fields as Behavior towards Risk），*Research in Economic History* 1: 124 - 170.

麦奎尔，M.（McGuire，M.）与 M. 奥尔森（M. Olson）（1996）:《专制与多数统治的经济学:看不见的手与权力的使用》（The Economics of Autocracy and Majority Rule: The Invisible Hand and the Use of Force），*Journal of Economic Literature* 34，1: 72 - 96.

麦克尼尔，W. H.（McNeill，W. H.）（1976）:《瘟疫与人》（*Plagues and Peoples*），Garden City，N. Y.

麦克尼尔，W. H.（McNeill，W. H.）（1982）:《攫取权力:公元 1000 年后的技术、武力与社会》（*The Pursuit of Power: Technology，Armed Force，and Society since A. D. 1000*）Chicago.

麦斯基尔，J.（Meskill，J.）（1979）:《一个中国拓殖家族:台湾雾峰林家，1729—1895》（*A Chinese Pioneer Family: The Lins of Wu-Feng Taiwan，1729 - 1895*），Princeton.

米肖（Michaud，C）（1991）:《旧制度下的教会和金银:法国神职人员 16 至 17 世纪的记录》（*L'Eglise et l'argent sous l'Ancien Régime: Les receviurs généraux du clergé de France aux XVⅠe—XVⅡe siécles*），Paris.

米基，R，C.（Michie，R. C.）（1999）:《伦敦股票交易史》（*The London Stock Exchange: A History*），Oxford.

莫基尔，J.（Mokyr，J.）主编［1985］1989:《工业革命的经济学》（*The Economics of Industrial Revolution*）Totowa，N. J.

莫基尔，J.（Mokyr，J.）（1990）:《财富的杠杆:技术创新与经济发展》（*The Lever of Riches: Technological Creativity and Economic Progress*），New York.

莫基尔，J.（Mokyr，J.）（2002）:《雅典娜的礼物:知识经济的历史起源》（*The

Gifts of Athena: Historical Origins of the Knowledge Economy),Princeton.

莫基尔,J.(Mokyr, J.)(2009):《文明的经济:1700—1850 年间的英国经济史》(*The Enlightened Economy: An Economic History of Britain 1700 - 1850*),New Haven.

孟德斯鸠(Montesquieu)[1784](1951):《论法的精神》(*De L'esprit des Lios*),Paris.

森正夫(1969):《16 至 18 世纪的荒政与地主佃户关系》,《东洋史研究》,27,4:69 - 111。

莫瑞斯-铃木,T.(1994):《日本的技术变迁》(*The Technology Transformation of Japan*),Cambridge.

莫里纳斯(Morlinas,René)(1981):《法国教皇的犹太人》(*Les juifs du Pape en France*),Toulouse.

穆勒,R.C.(Muller, R. C.)(1997):《威尼斯的货币市场:银行、恐慌与公债,1200—1500》,(*The Venetian Money Market: Banks, Panics, and the Public Debt, 1200 - 1500*),Baltimore.

芒罗,J.(Munro, J.)(2005):《西班牙美利诺羊毛与佛兰德窗帘商:中世纪晚期低地国家的工业变迁》(Spanish Merino Wools and the Nouvelles Draperies: An Industrial Transformation in the Late Medieval Low Countries),*Economic History Review*,58,3:431 - 484.

尼尔,L.(Neal, L.)(1993):《金融资本主义的崛起:理性时代的国际资本市场》(*The Rise of Financial Capitalism: International Capital Markets in the Age of Reason*),Cambridge.

尼尔,L.(Neal, L.)(1994):《工业革命期间商业金融》(The Finance of Business during the Industrial Revolution), In *The Economic History of Great Britain since 1700*, Vol. 1, 1700 - 1860, 2nd ed., ed. R. Floud and D. N. McCloskey, Cambridge:11 - 33.

尼尔,L.(Neal, L.)与 S,奎因(S. Quinn)(2003):《伦敦作为 17 世纪金融中心崛起时的市场与制度》(Markets and Institutions in the Rise of London as a Financial Center in the Seventeenth Century), In *Finance, Intermediaries, and Economic Development*, ed. S. Engerman et al. Cambridge:11 - 33.

李约瑟(Needham, J.)主编(1954—2008):《中国科学技术史》(*Science and Civilization in China*),Cambridge.

娜菲,J.(Nef, J.)(1950):《战争与人类进步:工业文明崛起之研究》(*War and Human Progress: An Essay on the Rise of Industrial Civilization*),Cambridge.

吴振强(Ng, C.)(1983):《贸易与社会:1683—1735 年间中国沿海的厦门贸易网络》(*Trade and Society: The Amoy Network on the China Coast, 1683 - 1735*),

Singapore.

西嶋定生(Nishijima, S.)(1984):《中国早期棉织工业的形成》(The Formation of the Early Chinese Cotton Industry), In *State and Society in China: Japanese Perspectives on Ming-Qing Social and Economic History*, ed. L. Grove and C. Daniels. Tokyo: 17 - 77.

西嶋定生(Nishijima, S.)(1986):《西汉的经济和社会史》(The Economic and Social History of the Former Han), In *The Cambridge History of China*, vol. 1, ed. Michael Loewe, Cambridge: 551 - 552.

牛贯杰(2008):《17 至 19 世纪中国的市场与经济发展》,合肥。

诺斯,D. C.(North, D. C.)(1981):《经济史上的结构与变迁》(*Structure and Change in Economic History*), New York.

诺斯,D. C.(North, D. C.)(1990):《制度、制度变迁与经济表现》(*Institutions, Institutional Change, and Economic Performance*), Cambridge.

诺斯,D. C.(North, D. C.)与 R. P. 托马斯(R. P. Thomas)(1971):《庄园体系的兴起与衰落:一个理论模型》(The Rise and Fall of the Manorial System: A Theoretical Model), *Journal of Economic History* 31, 4: 777 - 803.

诺斯,D. C.(North, D. C.), J. J. 瓦利斯(J. J. Wallis)与 B. R. 温加斯特(B. R. Weingast)(2009):《暴力与社会秩序:解释有记载人类历史的一种概念框架》(*Violence and Social Orders: A Conceptual Framework of Interpreting Recorded Human History*), New York.

纳恩,N.(Nunn, N.)(2008):《非洲奴隶贸易的长期影响》(The Long-term Effects of Africa's Slave Trades), *Quarterly Journal of Economics* 123, 1: 139 - 176.

奥格尔维,S.(Ogilvie, S.)(2003):《艰辛的生活:近代早期德国的女性、市场与社会资本》(*A Bitter Living: Women, Markets and Social Capital in Early Modern Germany*), Oxford.

奥格尔维,S.(Ogilvie, S.)与 M. 瑟曼(M. Cerman)(1996):《欧洲的原工业化》(*European Proto-industrialization*), Cambridge.

奥斯特洛戈尔斯基(Ostrogorsky, G.)(2002):《拜占庭史》(*History of the Byzantine State*), Piscataway, N. J.

潘敏德(Pan, M.)(1996):《农村信贷与明清江南小农生产的概念》(Rural Credit and the Concept of Peasant Petty Commodity Production in Ming-Qing Jiangnan), *Journal of Asian Studies* 55, 1: 94 - 117.

帕克,G.(Parker, G.)(1996):《军事革命:军事技术革新与西方的兴起》(*The Military Revolution: Military Innovation and the Rise of the West*, *1500 - 1800*), Cambridge.

帕特拉根,E.(Patlagean,E.)(2007):《9 至 15 世纪的拜占庭》(*Un Moyen Age grec:Byzance,9e - 15e Siècle*),L'evolution de I'humanité,Paris.

佩佐洛,L.(Pezzolo,L.)(2005):《意大利城市国家的证券和政府债务》(Bond and Government Debt in Italian City States,1250 - 1650),In *The Origins of Value: The Financial Innovations that Created Modern Capital Markets*,ed. W. N. Goetzmann and K. Geert Rouwenhorst ,Oxford:145 - 163.

菲斯特,U.(Pfister,U.)(1994):《16—18 世纪瑞士的农村信贷》(Le Petit credit rural en Suisse au XVIe - XVIIe Siècles),*Annales,Histoire Sciences Sociales* 6:1339 - 1358.

彭慕兰(Pomeranz,K.)(1997):《传统中国企业形式再观:济宁玉堂酱园中的家族、商号与金融》(Traditional Chinese Business Form Revisited: Family, Firm, and Financing in the History of the Yutang Company of Jining,1756 - 1956),*Late Imperial China* 18,1:1 - 38.

彭慕兰(Pomeranz,K.)(2000):《大分流:欧洲、中国与现代世界经济的发展》(*The Great Divergence: Europe, China and the Making of the Modern World Economy*),Princeton.

波斯泰尔-维内,G. (Postel-Vinay,G.)(1994):《19 世纪法国劳动力市场的解体》(The Disintegration of Labour Market in Nineteenth-Century France),*In Labour Market Evolution*,ed. G. Grantham and M. MacKinnon,London and New York: 64 - 84.

波特,D.(Potter,D.)(2004):《海湾中的罗马帝国,公元 180—395 年》(*The Roman Empire at Bay AD 180 - 395*),London.

波特,M.(Potter,M.)与 J.-L. 罗森塔尔 (J.-L. Rosenthal)(1997):《法国的政治与公共财政:1660 至 1790 年勃艮第的不动产》,*Journal of Interdisciplinary History* 27,4:577 - 612.

奎因,S.(Quinn,S.)(2004):《金钱、金融与资本市场》In*Industrialization*, 1700 - 1860,Vol. 1 of *The Cambridge Economic History of Modern Britain*,ed. R. Floud and P. Johnson,Cambridge:147 - 174.

奎因,S.(Quinn,S.)(2008):《主权债务证券化:公司作为英国的主权债务重组机制 1694—1750》(Securitization of Sovereign Debt: Corporations as a Sovereign Debt Restructuring Mechanism in Britain 1694 - 1750),工作论文。

兰金,M.(Rankin,M.)(1986):《精英行动主义与中国的政治转型》(*Elite Activism and Political Transformation in China*),Stanford,Caifl.

罗斯基,T.(Rawski,T.)(1989):《战前中国的经济发展》(*Economic Growth in Prewar China*),Berkley,Calif.

雷迪,W. M.(Reddy,W. M.)(1984):《市场文化的兴起:1750—1900 年间的纺

织品贸易与法国社会》(*The Rise of Market Culture: The Textile Trade and French Society*, *1750－1900*),New York.

里卡多,D.（Ricardo,D.）［1817］(1973)：《政治经济与税收的原则》(*The Principles if Political Economy and Taxation*),London.

罗森塔尔,J.-L.（Rosenthal,J.-L.）(1992)：《革命的成果:1700 至 1860 年间的产权、诉讼与法国农业》(*The Fruits of Revolution: Property Rights*, *Litigation and French Agriculture*, *1700－1860*),Cambridge.

罗森塔尔,J.-L.（Rosenthal,J.-L.）(1993)：《1630 至 1788 年法国东南部地区的信用市场与经济变迁》(Credit Markets and Economic Change in Southeastern France 1630－1788),*Explorations in Economic History* 30,1:129－157.

罗森塔尔,J.-L.（Rosenthal,J.-L.）(1998)：《极权主义政治经济再思考》(The Political Economy of Absolutism Reconsidered),In *Analytic Narratives*,ed. R. Bates et al. Princeton:63－108.

罗茂锐（Rossabi,M.）(1983)：《中国和她的邻居:10 至 14 世纪》(*China among Equals: The Middle Kingdom and Its Neighbors*, *10－14th Century*),Berkley,Calif.

罗茂锐（Rossabi,M.）主编(1988)：《忽必列汉和他的时代》(*Khubilai Khan*, *His Life and Time*),Berkley,Calif.

络德睦（Ruskola,T.）(2000)：《公司和家族的概念:从中国视角看比较法和发展理论》(Conceptualizing Corporations and Kinship:Comparative Law and Development Theory in a Chinese Perspective),*Stanford Law Review* 52:1599－1729。

萨宾,D.（Sabean,D.）(1998)：《内卡豪森的家族,1700—1780》(*Kinship in Neckarhausen*,*1700－1780*),Cambridge.

夏伊德尔,W.（Scheidel,W.）(2009)：《罗马与中国:古代世界帝国的比较视角》(*Rome and China: Comparative Perspectives on Ancient World Empires*),Oxford.

施纳佩尔,B.（Schnapper,B.）(1957)：《十六世纪的年金:一个信贷工具的历史》(*La rentes au XV siècle:Histoire d'un instrument de Crédit*),Paris.

斯科维尔,W.（Scoville,W.）(1960)：《迫害胡格诺派与法国的经济发展,1680—1720》(*The Persecution of Huguenots and French Economic Development*,*1680－1720*),Berkley,Calif.

森,A.(1981)：《贫困与饥荒:论权利与剥夺》(*Poverty and Famines: An Essay on Entitlement and Deprivation*),Oxford.

瑟瓦斯（Servais,P)(1982)：《十八世纪的女神》(*La rente constitu ée dans le ban Herve au XVⅢe siècle*),Brussels.

斯波义信（Shiba,Y.）(1970)：《宋代中国的贸易与社会》(Commerce and Society

in Sung China),Ann Arbor.

斯波义信(Shiba, Y.)(1977):《宁波与它的腹地》(Ningpo and Its Hinterland), In *The City in Late Imperial China*, ed. G. William Skinner, Stanford, Calif:422.

滋贺秀三(Shiga, S.)(2002):《清代中国的法律与审判》第2版,东京。

薛华(Shiue, C.)(2002):《18世纪中国的运输成本与跨地区整合》(Transport Costs and the Geography of Arbitrage in Eighteenth Century China), *The American Economic Review* 92,5:1406-1419.

施坚雅(Skinner, G. W.)(1977a):《城市与地方体系层级》(Cities and the Hierarchy of Local System), In *The City in Late Imperial China*, ed. G. W. Skinner, Stanford, Calif.:275-351.

施坚雅(Skinner, G. W.)(1977b):《19世纪中国的区域性城市化》(Regional Urbanization in Nineteenth-century China), In *The City in Late Imperial China*, ed. G. W. Skinner, Stanford, Calif.:211-252.

斯密,A.(Smith, A.)[1776]1976:《国富论》(*An Inquiry into the Nature and Causes of the Wealth of Nations*),Chicago.

史乐民:(Smith, P. J.)(1991):《征税于天府之国:1074—1224年的马匹、官僚主义和四川茶业的衰落》(*Taxing Heaven's Storehouse: Horses, Bureaucrats, and the Destruction of the Sichuan Tea Industry, 1074-1224*), Harvard-Yenching Institute Monograph Series, Cambridge.

索科洛夫,K.(Sokoloff, K.)与D.多勒(D. Dollar)(1997):《农业季节性与早期工业经济的制造业结构:英国与美国的比较》(Agriculture Seasonality and the Organization of Manufacturing in Early Industrial Economies:The Contrast between England and the United States), *Journal of Economic History* 57, 2:288-321.

索科洛夫,K.(Sokoloff, K.)与V.提卡克瑞(V. Tchakerian)(1997):《农业区的制造业:来自南部和中西部地区的证据》(Manufacturing Where Agriculture Predominates:Evidence from the South and Midwest in 1860), *Explorations in Economic History* 34, 3:243-264.

索洛,L.(Soltow, L.)与J.L.范赞登(J. L. van Zanden)(1998):《16至20世纪荷兰的收入与财富不均衡》(*Income and Wealth Inequality in the Netherlands, 16th-20th Century*),Amsterdam.

史景迁(Spence, J.)(1990):《追寻现代中国》(*The Search for Modern China*), New York.

斯塔萨维奇,D.(Stasavage, D.)(2003):《公债与民主国家的诞生:1688至1789年的法国和英国》(*Public Debt and the Birth of the Democratic State: France and Great Britain 1688-1789*), Cambridge.

塔贝里尼,G.(Tabellini, G.)(2008):《合作的范畴:价值与激励》(The Scope of

Cooperation：Values and Incentives），*Quarterly Journal of Economics* 123，3：905 -
950.

田中正俊（Tanaka，M.）（1984）:《16 至 17 世纪江南的乡村制造业》（Rural
Handicraft in Jiangnan in the Sixteenth and Seventeenth Centuries），In *State and
Society in China：Japanese Perspectives on Ming - Qing Social and Economic
History*，ed. L. Grove and C. Daniels，Tokyo：79 - 100.

汤象龙（1987）:《中国近代财政经济史论文选》,成都。

托尼，R. H.（Tawney，R. H.）（1966）:《中国的土地与劳动力》（*Land and Labor
in China*），Boston.

泰勒，K.（Taylor，K.）（1999）:《早期王国》（The Early Kingdoms），In *The
Cambridge History of Southeast Asia*，vol. 1，part 1，Chap. 2，ed. N. Tarling，
Cambridge：137 - 182.

寺田隆信（1972）:《山西商人研究》,京都。

蒂利，C.（Tilly，C.）（1984）:《大结构，长过程，大比较》（*Big Structures，Large
Process，Huge Comparisons*），New York.

蒂利，C.（Tilly，C.）（1990）:《强制、资本与欧洲国家》（*Coercion，Capital，and
European States，AD 990 - 1990*），Cambridge.

特蕾西，J. D.（Tracy，J. D.）（1985）:《哈布斯堡荷兰的金融革命》（*A Financial
Revolution in the Habsburg Netherlands*），Berkley，Calif.

特里韦拉托，F.（Trivellato，F.）（2009）:《熟悉的陌生人：犹太离散社群、里窝那
与近代早期的跨文化贸易》（*The Familiarity of Strangers：The Sephardic
Diaspora，Livorno，and Cross Cultural Trade in the Early Modern Period*），New
Haven.

津谷，N.（Tsuya，N.），王丰（F. Wang），G. 阿尔特（G. Alter）与李中清（J. Lee）
（2010）:《谨慎与压力：1700 至 1900 年欧洲和中国的生育与人口行为》（*Prudence
and Pressure：Reproduction and Human Agency in Europe and Asia，1700 -
1900*），Cambridge.

崔瑞德（Twichett，D.）主编（1979）:《剑桥中国隋唐史》（*The Cambridge History
of China，Vol 3，Sui and T'ang China，589 - 906 AD*）*Part One*，Cambridge.

崔瑞德（Twichett，D.）与傅海波（H. Franke）主编（1994）:《剑桥中国辽西夏金
元史》（*Cambridge History of China. Vol. 6. Alien Regimes and Border States，
710 - 1368*）. Cambridge.

崔瑞德（Twichett，D.）与鲁惟一（M. Loewe）主编（1987）:《剑桥中国秦汉史》
（*Cambridge History of China. Vol. 1，The Ch'in and Han Empires*）. Cambridge.

范岱克（Van Dyke，P.）（2005）:《广州贸易：1700 至 1845 年中国沿海地区的生
活与企业》（*The Canton Trade：Life and Enterprise on the China Cost，1700 -

1845). Hong Kong.

瓦尔迪,L.(Vardi,L.)(1993):《土地与织机:1600 至 1800 年法国北部地区的农民与收益》(*The Land and the Loom: Peasants and Profits in Northern France, 1600 - 1800*). Durham.

范里安,H.(Varian,H.)[1978]1984:《微观经济学分析》(*Microeconomics Analysis*)第二版,New York.

维尔德,F.(Velde,F.)与 D. 韦尔(D. Weir)(1992):《1746 至 1793 年间法国金融市场与政府的债务政策》(The Financial Market and Government Debt Policy in France, 1746 - 1793)*Journal of Economic History* 52,1:1 - 40.

维尼(Veyne,P.)(1976):《面包与尖叫:社会学史上的政治学》(*Le pain et le crique:sociologie historique d'un pluralisme politique*),Paris.

傅高义(Vogel,E.)(1979):《日本第一》(*Japan as Number One*). Cambridge.

沃特,J.(Vogt,J.)(1965):《罗马衰亡》(*The Decline of Rome*). New York.

万志英(Von Glahn,R.)(1996):《财富之源:11 至 18 世纪中国的货币与货币政策》(*Fountain of Fortune: Money and Monetary Policy in China 1000 - 1700*). Berkeley.

沃勒斯坦(Wallerstein,I.)(1974—1989):《现代世界体系》(*The Modern World-System*)三卷本,New York.

沃利斯,J. J.(Wallis,J. J.)(2000):《美国政府的长期金融政策:1790—1990》(American Government Finance in the Long Run:1790 to 1990)*Journal of Economic Perspectives* 14,1:61 - 82.

王业键(Wang,Y)(1973):《清代田赋刍论》(*Land Taxation in Imperial China, 1750 - 1911*). Cambridge.

韦伯,M.(Weber,M.)(1930):《新教伦理与资本主义精神》(*The Protestant Ethnic and the Spirit of Capitalism*). Translated by Talcott Parson. London.

范德威,H.(Wee,H. van der.)(1988):《中世纪晚期至 18 世纪低地国家的工业发展与城市化和逆城市化现象》(Industry Dynamics and the Process of Urbanization and De-urbanization in the Low Countries from the Late Middle Ages to Eighteenth Century, A Century)In *The Rise and Decline of Cities in Italy and the Low Countries*, ed. H. van der Wee. Leuven:307 - 381.

范德威,H.(Wee,H. van der.)与 M. Verbreyt(M. 范布伦特)(1997):《1822 至 1997 年的比利时兴业银行:一个长期的挑战》(*The Generale Bank, 1822 - 1997: A Continuing Challenge*). Tielt.

魏光奇(1986):《清代后期中央集权财政体制的瓦解》,《近代史研究》,第 1 期,207—230。

韦尔,D. R.(Weir,D. R.)(1984):《压力下的生活:1670 至 1870 年间的法国和

英国》(Life Under Pressure：France and England，1670 - 1870)*Journal of Economic History* 44，1：27 - 47.

魏丕信(Will，P. -E.)与王国斌(R. Bin Wong)(1991)：《养民：1650 至 1850 年间中国的民间仓储体系》(*Nourish the People: The State Civilian Granary System in China，1650 - 1850*). Ann Arbor.

魏特夫(Wittfogel，K.)(1957)：《东方专制主义：对于极权主义的比较研究》(*Oriental Despotism: A Comparative Study of Total Power*). New Haven.

王国斌(Wong R. Bin)(1994)：《帝制中国扩张和收缩的尺度》(Dimensions of State Expansion and Contraction in Imperial China)*Journal of Economics and Social History of the Orient* 37，1：54 - 66.

王国斌(Wong R. Bin)(1997)：《转变的中国：历史变迁与欧洲经验的局限》(*China Transformed: Historical Change and the Limits of European Experience*). Ithaca，N. Y.

王国斌(Wong R. Bin)(1999)：《农业帝国的政治经济及其近代遗产》(The Political Economy of Agrarian Empire and Its Modern Legacy)In *China and Imperial Capitalism：Genealogies of Sinological Knowledge*，ed. T. Brook and G. Blue. Cambridge：210 - 245.

王国斌(Wong R. Bin)(2001)：《统治和经济发展的正式制度和非正式制度：比较视野中的清帝国》(Formal and Informal Mechanisms of Rule and Economic Development：The Qing Empire in Comparative Perspective)*Journal of Early Modern History* 5，4：387 - 408.

王国斌(Wong R. Bin)(2004)：《海洋中国与农业中国的政治经济之间的关系》(Relationships between the Political Economies of Maritime and Agrarian China，1750 - 1850)In *Maritime China and the Overseas Chinese Communities*，ed. Wang Gengwu and Ng Chin-Keong. Wiesbaden.

王国斌(Wong R. Bin)(2007)：《民主政体或民主政体建立以前的财政开支》(Les Politiques de dépenses sociales avant ou sans démocratie)*Annales，Histoire Sciences Sociales* 62，6：1405 - 1416.

王国斌(Wong R. Bin)(即出)：《中国的税收和善治》(Taxation and Good Governance in China)In *Fiscal States in Europe and Asia*，ed. B. Yun Catalilla et al. Cambridge.

里格利,E. A. (Wrigley，E. A.)(1967)：《英国经济、社会变迁进程中伦敦的重要性：1650—1750》(A Simple Model of London's Importance in Changing English Society and Economy，1650 - 1750)*Past and Present* 37：44 - 70.

里格利,E. A. (Wrigley，E. A.)(1985)：《城市发展与农业变迁：近代早期的英国与欧洲大陆》(Urban Growth and Agriculture Change：England and the Continent in the Early Modern Period)*Journal of Interdisciplinary History* 15，4：683 – 728.

里格利，E. A.（Wrigley, E. A.）（1988）：《延续、变迁与机遇：英国工业革命的特征》（*Continuity，Chance and Change: The Character of the Industrial Revolution in England*）Cambridge.

里格利，E. A.（Wrigley, E. A.）与 R. 斯科菲尔德（R. Schofield）（1981）：《英国人口史》（*The Population History of England*）Cambridge.

许涤新，吴承明主编（2000）：《中国资本主义发展史》（Chinese Capitalism，1522 – 1840）New York.

颜色（Yan, S）（2008）：《1858 至 1936 年中国的实际工资和收入差距》（Essays on Real Wages and Wage Inequality in China，1858 to 1936）加州大学洛杉矶分校博士学位论文。

杨涛（Yang，D. T.）（2008）：《中国的农业危机和饥荒：一项调查和与苏联的比较》（China's Agricultural Crisis and Famine of 1959 – 1961：A Survey and Comparison to Soviet Famines)*Comparative Economic Studies* 50，1：1 – 29.

杨国桢（1988）：《明清土地契约文书研究》，北京。

叶世昌，潘连贵（2004）：《中国古近代金融史》，北京。

范赞登，J. L.（Zanden, J. L. van）（2007）：《技能溢价与"大分流"》（The Skill Premium and the Great Divergence)未发表手稿，Utrecht University.

范赞登，J. L.（Zanden, J. L. van）与 A. 范瑞尔（A. van Riel）（2004）：《继承的限制：19 世纪的荷兰经济》（*The Strictures of Inheritance: The Dutch Economy in the Nineteenth Century*），Princeton.

曾小萍（Zelin，M.）（1990）：《富荣盐业精英的崛起与衰落》（The Rise and Fall of the Furong Well-Salt Elite)In *Chinese Local Elites and Patterns of Dominance*，ed. J. Esherick and M. Rankin. Berkley, Calif. ：82 – 109.

曾小萍（Zelin，M.）（2004）：《晚清的经济自由》（Economic Freedom in Late Imperial China)In *Realms of Freedom in Modern China*，ed. W. Kirby. Stanford, Calif. ：57 – 83.

曾小萍（Zelin，M.）（2005）：《自贡商人：早期近代中国的工业企业》（*The Merchant of Zigong: Industrial Entrepreneurship in Early Modern China*）New York.

曾小萍（Zelin，M.），欧中坦（J. K. Ocko）与加德拉（R. Gardella）（2004）：《早期近代中国的契约与产权》（*Contract and Property in Early Modern China*）Stanford, Calif.

郑昌淦（1989）：《明清农村商品经济》，北京。

周育民（2000）：《晚清财政与社会变迁》，上海。

周志初（2002）：《晚清财政经济研究》，济南。

致　谢

　　这本书的写作,缘起于 20 多年前李中清(James Z. Lee)所组织的一个研习班的课堂讨论。在此后的日子里,这项研究得到了加州许多学术同仁的支持,尤其是加州大学的经济史研究团队,给许多章节的写作提供了许多中肯的建议。而我们在加州大学尔湾分校和加州大学洛杉矶分校共同开设的一系列课程,直接促成了本书的写作。巴黎经济学院曾召开了为期一天的关于中国和欧洲的学术研讨会,我们在这次会议上首次报告了本书的最后两章。本书的最终定稿,在很大程度上受益于加州大学洛杉矶分校经济史研究中心于 2009 年 5 月召开的一次学术研讨会。在这次会议上,Robert Allen,Steve Haber,James Robinson 和 Ross Thomson 都对本书进行了极有启发的点评。Dan Bogart,Oscar Gelderblom,Philip Hoffman,Naomi Lamoreaux,Gilles Postel-Vinay 和 Howard Rosenthal 拨冗评阅了本书的全部初稿。哈佛大学出版社提供了清样之后,Timothy Guinnane 和彭慕兰成为了我们最严苛的读者,他们的批评和建议使得本书大为增色。有赖于哈佛大学出版社的 Michael Aronsontt,Heather Hughes,Weschester 图书服务中心的 Melody Negron 以及 Charles Eberline 的帮助,本书才得以迅速、简洁而顺利地走完了出版流程。Sabrina Boschetti 在本书即将出版的时候及时施以援手，帮助我们完成了本书参考文献的编纂。Paula Scott 则极其耐心而且认真地阅读和编辑了本书的初稿，我们只能将所有的谢意在此一并献上。

"海外中国研究丛书"书目

1. 中国的现代化 [美]吉尔伯特·罗兹曼 主编 国家社会科学基金"比较现代化"课题组 译 沈宗美 校
2. 寻求富强:严复与西方 [美]本杰明·史华兹 著 叶凤美 译
3. 中国现代思想中的唯科学主义(1900—1950) [美]郭颖颐 著 雷颐 译
4. 台湾:走向工业化社会 [美]吴元黎 著
5. 中国思想传统的现代诠释 余英时 著
6. 胡适与中国的文艺复兴:中国革命中的自由主义,1917—1937 [美]格里德 著 鲁奇 译
7. 德国思想家论中国 [德]夏瑞春 编 陈爱政 等译
8. 摆脱困境:新儒学与中国政治文化的演进 [美]墨子刻 著 颜世安 高华 黄东兰 译
9. 儒家思想新论:创造性转换的自我 [美]杜维明 著 曹幼华 单丁 译 周文彰 等校
10. 洪业:清朝开国史 [美]魏斐德 著 陈苏镇 薄小莹 包伟民 陈晓燕 牛朴 谭天星 译 阎步克 等校
11. 走向 21 世纪:中国经济的现状、问题和前景 [美]D. H. 帕金斯 著 陈志标 编译
12. 中国:传统与变革 [美]费正清 赖肖尔 主编 陈仲丹 潘兴明 庞朝阳 译 吴世民 张子清 洪邮生 校
13. 中华帝国的法律 [美]D. 布朗 C. 莫里斯 著 朱勇 译 梁治平 校
14. 梁启超与中国思想的过渡(1890—1907) [美]张灏 著 崔志海 葛夫平 译
15. 儒教与道教 [德]马克斯·韦伯 著 洪天富 译
16. 中国政治 [美]詹姆斯·R. 汤森 布兰特利·沃马克 著 顾速 董方 译
17. 文化、权力与国家:1900—1942 年的华北农村 [美]杜赞奇 著 王福明 译
18. 义和团运动的起源 [美]周锡瑞 著 张俊义 王栋 译
19. 在传统与现代性之间:王韬与晚清革命 [美]柯文 著 雷颐 罗检秋 译
20. 最后的儒家:梁漱溟与中国现代化的两难 [美]艾恺 著 王宗昱 冀建中 译
21. 蒙元入侵前夜的中国日常生活 [法]谢和耐 著 刘东 译
22. 东亚之锋 [美]小 R. 霍夫亨兹 K. E. 柯德尔 著 黎鸣 译
23. 中国社会史 [法]谢和耐 著 黄建华 黄迅余 译
24. 从理学到朴学:中华帝国晚期思想与社会变化面面观 [美]艾尔曼 著 赵刚 译
25. 孔子哲学思微 [美]郝大维 安乐哲 著 蒋弋为 李志林 译
26. 北美中国古典文学研究名家十年文选 乐黛云 陈珏 编选
27. 东亚文明:五个阶段的对话 [美]狄百瑞 著 何兆武 何冰 译
28. 五四运动:现代中国的思想革命 [美]周策纵 著 周子平 等译
29. 近代中国与新世界:康有为变法与大同思想研究 [美]萧公权 著 汪荣祖 译
30. 功利主义儒家:陈亮对朱熹的挑战 [美]田浩 著 姜长苏 译
31. 莱布尼茨和儒学 [美]孟德卫 著 张学智 译
32. 佛教征服中国:佛教在中国中古早期的传播与适应 [荷兰]许理和 著 李四龙 裴勇 等译
33. 新政革命与日本:中国,1898—1912 [美]任达 著 李仲贤 译
34. 经学、政治和宗族:中华帝国晚期常州今文学派研究 [美]艾尔曼 著 赵刚 译
35. 中国制度史研究 [美]杨联陞 著 彭刚 程钢 译